教育部基础教育课程教材发展中心组织编写

中小学学科教学关键问题指导丛书

小学英语教学关键问题指导

Xiaoxue Yingyu Jiaoxue Guanjian Wenti Zhidao

上海市教育委员会教学研究室　研发

朱　浦　主编

王　蔷　指导

高等教育出版社·北京

内容提要

本丛书由教育部基础教育课程教材发展中心组织编写。

本书梳理了24个小学英语教学关键问题及课堂教学的解决方案，阐述了教学关键问题的理论研究和问题梳理的来龙去脉。每个教学关键问题配有1~2个教学案例和2个微课程（含说课、上课、反思、点评），全方位地呈现了对小学英语教学关键问题的课堂实践和指导。读者可以扫描二维码观看微课程。本书及配套的数字化资源有助于教师提升教学品质，发展教师专业素养，从而促进学生学科素养的养成和能力的提升。

本书可作为小学英语教师的培训教材，供小学英语教师自学或研修使用，可作为小学英语教师资格考试的参考书，也可作为高等院校相关专业师范生的教学参考书，还可供英语教育研究者参考使用。

图书在版编目（CIP）数据

小学英语教学关键问题指导／朱浦主编；教育部基础教育课程教材发展中心组织编写．--北京：高等教育出版社，2016.2（2023.12重印）

（中小学学科教学关键问题指导丛书）

ISBN 978-7-04-044586-2

Ⅰ.①小… Ⅱ.①朱… ②教… Ⅲ.①英语课-小学-教学参考资料 Ⅳ.①G623.312

中国版本图书馆CIP数据核字（2016）第005616号

策划编辑 魏振水 王文颖　责任编辑 王文颖　封面设计 王 鹏　版式设计 马 云
插图绘制 杜晓丹　责任校对 高 歌　责任印制 赵 振

出版发行 高等教育出版社
社　　址 北京市西城区德外大街4号
邮政编码 100120
印　　刷 北京鑫海金澳胶印有限公司
开　　本 787mm×1092mm 1/16
印　　张 16.75
字　　数 340千字
购书热线 010-58581118
咨询电话 400-810-0598
网　　址 http://www.hep.edu.cn
　　　　 http://www.hep.com.cn
网上订购 http://www.hepmall.com.cn
　　　　 http://www.hepmall.com
　　　　 http://www.hepmall.cn
版　　次 2016年2月第1版
印　　次 2023年12月第10次印刷
定　　价 39.80元

物 料 号 44586-00

丛书编委会

本册编委会

主　　审：王　蔷

主　　编：朱　浦

学术指导：施嘉平　顾立宁

编写人员：（按姓氏拼音顺序排列）

陈勤凤　陈一明　陈　鹰　董海运　侯明翠　黄春霞

孔　琦　鲁　勤　祁承辉　瞿莉蓉　沈雯晴　施洪青

施玮菁　王　慧　王　珏　王梅宝　吴旻烨　奚　敏

徐　运　杨建中　叶建军　赵爱明　赵静华　朱　虹

序　言

十五年来，基础教育课程改革成效显著。主要表现在，德育为先、能力为重、全面发展的教育理念得到普遍认同，符合素质教育和时代要求的课程教材体系不断完善，教育教学改革和人才培养模式改革不断深化。为了每一个学生的发展，广大中小学教师努力在更新教育理念、改革教育方法、推进教学育人等方面进行探索。

从实施层面来看，基础教育课程改革还面临着诸多严峻的挑战。特别是在课堂教学方面。从整体上看，广大中小学教师对课程标准的理解和研究水平还不高，基于课程标准的教学实践能力还比较薄弱，新课程理念与教学实践之间还缺乏深度融合；注重知识传授、忽视学科核心素养培养的教学现象比较普遍；机械训练、死记硬背的学习方式还没有发生本质变化，自主合作探究的学习方式尚未全面推开。这些问题的存在，影响着教学改革的全面深入推进，影响着国家课程的高质量校本化实施，影响着课堂教学质量的提升。

为研究解决课堂教学面临的诸多问题和困难，教育部基础教育课程教材发展中心（以下简称“教育部课程教材中心”）在广泛征求意见并开展调研工作的基础上，于2014年正式启动了“中小学学科教学关键问题实践研究”项目。本项目紧密围绕基础教育各学科课程标准的实施，以各学科教学关键问题的梳理、提炼与解决为突破口，遵循“自上而下”与“自下而上”相结合的研究理念，广泛发动基层教研机构专业力量和中小学骨干教师，充分凝聚来自基层的实践智慧，协同攻关，着力解决，帮助中小学教师在教学实践中准确把握并贯彻落实课程标准的思想精髓和根本要求，旨在显著提升中小学教师的教学研究水平和教学水平，整体提升国家课程校本化实施水平。在研究过程中，我们充分发挥信息化手段在优质课程教学资源传播上的巨大优势，建设网络资源平台，确保开发的优质课程教学资源在更大范围内使更多的中小学教师受益。

根据当前实际情况，本项目研究分为两个阶段组织实施。第一阶段，围绕义务教育各学科教学关键问题开展实践研究。第二阶段，待教育部正式印发修订后的普通高中各学科课程标准后，启动普通高中各学科教学关键问题实践研究。目前呈现给大家的是小学和初中学段各学科教学关键问题实践研究的成果。

在项目研究中，明确“教学关键问题”的内涵至关重要。课题研究组认为，必须基于课程标准，站在立德树人的高度，对“教学关键问题”的本质内涵进行界定。基于此，课题研究组认为，“教学关键问题”指的是：对培养学生核心素养有着重要影响的教学问题。这与一般意义上所指的关于具体知识点的、琐碎的、零散的教学问题有着本质区别。可以从四个方面来理解“教学关键问题”的指向：一是如何选取对学生发展最有价值、最有意义的核心学习内容；二是如何引导学生形成学科核心思想方法、核心能力及重要价值观；三是如何进行有效的教与学的活动设计，有力支持教学目标的实现；四是如何对教学进行全过程、持续性的发展性评价。教学关键问题的提炼与有效解决，为中小学教师深入理解课程标准，高质量开展基于课程标准的教学，提供了实在、具体的载体；对深化课程改革、整体提高教学效益、显著提升育人水平、促进教师专业发展，具有重要的现实意义。

为了准确提炼各学段各学科教学中的关键问题，避免随意性和主观性，经认真研究，课题研究组提出了三种互补并行的思路。思路一，认真研读义务教育各学科课程标准，特别是课程理念、课程目标、课程内容、实施建议中的重要论述，从中提炼学科教学关键问题。思路二，通过文献检索，全面总结学科核心思想与方法，特别是学科中的核心概念与原理，提炼教学关键问题。思路三，基于大样本的课堂观察、学业监测、教研活动和教师培训活动，梳理师生在课堂教与学的过程中普遍存在的难点和困惑，提炼教学关键问题。最终提炼出的教学关键问题具有内在的逻辑性，体现了系统性和整体性。

本项目对教学关键问题进行实践研究，在于力图消除理论与实践之间的“两张皮”现象，促成理论与实践之间的深度融合。一方面，重视科学理论在解决教学关键问题上的专业指导和方向引领；另一方面，更加强调通过基于多种解决方案的实践教学，进一步验证、完善并丰富理论，从而探寻解决教学关键问题的科学、管用、普遍之道。

梳理提炼、研究解决基础教育各学段各学科教学关键问题，无疑是一项专业性极强、难度颇高、任务艰巨的研究工作，不是一个团队、一个单位就能高质量完成的。教育部课程教材中心高度重视项目研究工作，专门成立了工作领导小组，由田慧生主任担任组长、刘月霞副主任担任副组长。工作领导小组负责对项目研究进行顶层规划和整体设计，指导研制项目工作方案，审定各学科项目研究成果，推动项目研究成果的推广与使用，提高研究成果的社会效益。

为确保项目研究成果质量，教育部课程教材中心组建了以国家基础教育课程标准研制组负责人或核心成员为主的学科专家指导组，遴选确定了教研能力强的省市级教研机构，委托承担不同学科的项目研究任务。在高等教育出版社的支持下，充分发挥各方优势，协同推进研究工作，确保项目研究成果质量。

在项目研究中，教育部课程教材中心充分发挥学科专家指导组的作用。学科指导专家全程参与相应学科的项目研究过程，通过各种方式指导各学科项目组梳理、提炼、研究、解决教学关键问题，审读各学科项目研究成果，确保各学科项目的研究方向和成果质量。在教育部课程教材中心及学科指导专家的指导下，具体承担各学段各学科项目研究任务的省市级教研机构高度重视，组建了学科研究团队。研究团队包括省域内外教学理念先进、研究能力突出、实践经验丰富的特级教师、国培专家、省级学科带头人等教学实践专家，教学实践专家与学科指导专家开展联合攻关，协同研究，确保了成果质量。作为项目研究的合作单位，高等教育出版社在研究经费、微课视频案例展示网络平台建设，以及研究成果编辑、出版、宣传、推广等方面提供了大力支持。

项目最终研究成果主要包括两部分：一是在明确学科教学关键问题内涵的基础上，全面系统梳理、提炼中小学各学段、各学科教学关键问题，提供指向问题解决的实践指导策略，开发与指导策略相对应的文本教学案例资源。二是视频形态的教学关键问题实践解决微课教学案例资源。每个微课视频教学案例包括说课、上课、反思和点评四部分。特别说明的是，各学科教学关键问题的微课教学案例随书赠送，可以通过扫描书中的二维码直接访问学习。

优质课程教学资源要发挥巨大的社会效益，关键在于应用。我们希望，本套资源有助于引领基础教育课堂教学方向，有助于提高中小学教师高水平实施国家课程的能力和水平，有助于整体提升区域基础教育教学质量。同时，我们认为，本套资源对于各级教研机构和教学研究人员开展教研活动，国培机构、教师培训机构开展教师培训和研修活动，师范院校创新教师培养模式，不断提高师范生教学能力，也将发挥重要的专业支持作用。

教育部基础教育课程教材发展中心

2015 年 6 月

目　　录

绪 言

根据《国家中长期教育改革和发展规划纲要（2010—2020 年）》的指导思想和工作方针，为了贯彻以人为本、推进素质教育的教育改革发展战略，实现立德树人的根本任务，教育部基础教育课程教材发展中心启动“中小学学科教学关键问题实践研究”项目，聚焦课堂教学关键问题，组建专业团队开展实践研究，探索多种方式实现成果的推广使用，从而深入推进课程改革，全面提高课程实施质量和课程育人水平。

受教育部课程教材中心委托，上海市教育委员会教学研究室承担小学英语学科教学关键问题的实践研究工作，成立了小学英语学科组，根据总项目组的要求，结合小学阶段英语学科的教学特点，制订了“小学英语教学关键问题实践研究”项目的具体工作方案，通过组建专业团队、建立工作机制，从理解小学英语教学关键问题的内涵入手，提炼小学英语教学关键问题，开展理论和实践研究，最终形成解决小学英语教学关键问题的对策与案例，完成微课程视频制作。

本项目研究的主要步骤如图 0–1 所示。

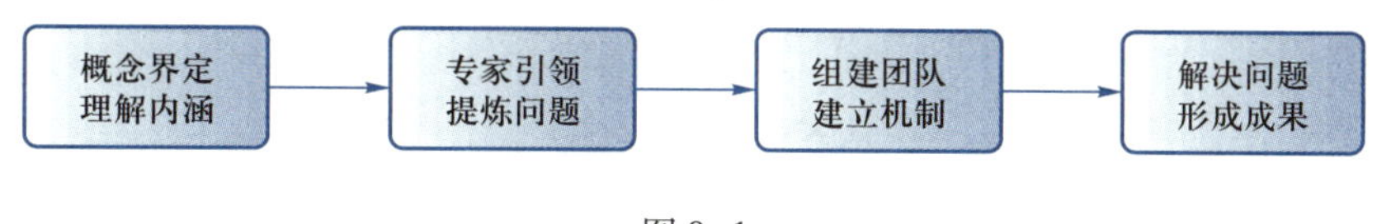

图 0–1

一、理解小学英语教学关键问题的内涵

“关键”是指“事物最关紧要的部分或转折点，对情况起决定作用的因素”；“问题”是指“需要研究、讨论并加以解决的矛盾、疑难”。“教学关键问题”是指在教和学的过程中，教师和学生要解决的、对学科教学起到决定性作用的重点和难点问题。

小学英语教学关键问题是指小学英语教师在小学英语课程的实施过程中所面临的核心问题。这些核心问题不仅综合体现了《义务教育英语课程标准（2011 年版）》（以下简称《课程标准（2011 年版）》）的目标结构、教师课堂教学的要求以及学生语言学习的规律等直接影响教学成效的要素，而且集中反映了教师在落实课程标准中的共性问题，反映了学生在语言学习过程中的重点和难点。

二、提炼小学英语教学关键问题

基于总项目组对“关键问题”的界定以及本项目组对小学英语教学关键问题的内涵理解，提炼小学英语教学关键问题经历的四个阶段，如图 0–2 所示。

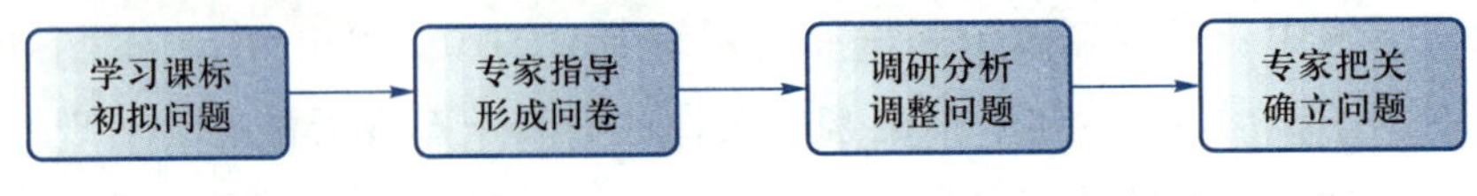

图 0–2

第一阶段：学习课标，初拟问题

本项目组先以《课程标准（2011 年版）》的课程目标结构为依据，提出教学关键问题的确立原则和维度框架（图 0–3），并由项目组核心成员分工梳理，初拟出 50 个小学英语教学中需要研究解决的关键问题。

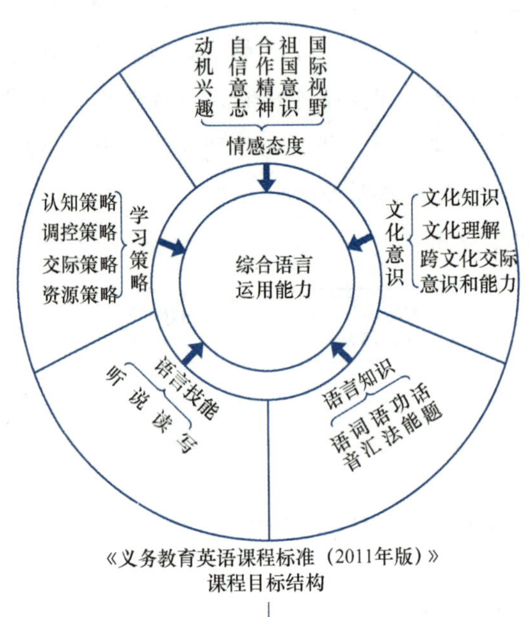

《义务教育英语课程标准（2011年版）》
课程目标结构

教学关键问题的确立原则	教学关键问题的维度框架
● 指向性：问题必须指向课程标准中的核心内容 ● 指导性：问题必须对一线教师在落实课程标准过程中具有教学指导意义 ● 实践性：问题必须来源于广大一线教师的课堂教学实践 ● 分层性：问题必须体现学生在学习过程中的分层要求	● 语言技能：听、说、读、写 ● 语言知识：语音、词汇、语法、功能、话题 ● 情感态度：动机兴趣、自信意志、合作精神、祖国意识、国际视野 ● 学习策略：认知策略、调控策略、交际策略、资源策略 ● 文化意识：文化知识、文化理解、跨文化交际意识和能力

50个教学关键问题

图 0–3

第二阶段：专家指导，形成问卷

接着，项目组组织专家团队，对第一阶段初拟的 50 个教学关键问题进行审核研讨，删去一些与英语课程目标相关性不大、学科特征不显著、不符合一线实际教学现状及缺乏一定普适性的问题，留下 36 个教学关键问题。

第三阶段：调研分析，调整问题

接着，项目组还设计了由两部分内容组成的教师调研问卷：第一部分，要求教师按重要性为 36 个教学关键问题排序；第二部分，要求教师另外提出两个自己认为的教学关键问题。

随后，项目组组织上海市 7 个区县共计 922 位教师完成调研问卷。项目组根据教学关键问题的确立原则和维度框架，对调研结果中排在前 24 位的教学关键问题进行深入分析与研讨，按照课程标准所给出的课程目标结构、分级目标描述以及对语言技能、语言知识、情感态度、学习策略、文化意识五个方面的分级标准，微调了部分问题，增补了相关问题，形成本项目研究所聚焦的 24 个教学关键问题。

第四阶段：专家把关，确立问题

项目组组织专家再次展开研讨，从研究维度的合理性、认知发展的递进性、话语表述的科学性以及学科发展的前瞻性等四个方面，对所形成的教学关键问题进行审视和精致化，最终形成了如下 24 个小学英语教学关键问题：

内容分类与标准			关键问题
语言技能	听说	理解	1. 如何通过多途径的听说活动，帮助学生理解语言内容并进行有效的口头反馈？
		运用	2. 如何在语境中帮助学生正确使用核心语言开展有意义的语言交流？
	读	知道	3. 如何运用有效策略帮助学生了解句子意思，知晓故事或短文大意？
		运用	4. 如何帮助学生在语篇阅读中提取和整理关键信息，正确表达文本的内容？
	写	知道	5. 如何根据图、文语境，通过写的活动，培养学生规范写句的能力？
		运用	6. 如何根据话题，借助图、文提示，培养学生写话的能力？
语言知识	语音	知道	7. 如何引导学生了解基本读音规则，并能够借助规则认读、拼写单词？
	词汇	理解	8. 如何利用直观情境帮助学生理解词义并巩固词汇？
		运用	9. 如何帮助学生在语境中运用所学词汇？
	语法	知道	10. 如何帮助学生知道语法规则？
		理解	11. 如何帮助学生理解常用的语法规则，并做出正确的表达？
	功能	理解	12. 如何在语境中，借助思维工具，帮助学生体验语言表达形式所具有的功能？
	话题	理解	13. 如何通过有效听读活动，帮助学生理解话题和文本所表达的内容？
		运用	14. 如何帮助学生围绕话题进行表达？

续表

内容分类与标准			关键问题
情感态度	主动学习		15. 如何在学习活动中，激发学生主动参与课堂学习活动的热情，提高课堂效益？
	积极合作		16. 如何通过合适的教学活动方式，促进生生之间、师生之间的合作？
	乐于感受		17. 如何在教与学的过程中给学生提供体验中外语言文化的机会，感受差异？
学习策略	认知	抓住关键	18. 如何抓住核心知识，帮助学生积累语言？
		复习归纳	19. 如何引导学生对重要知识点进行梳理、提炼和归纳，促进记忆和理解？
	交际	注意倾听	20. 如何通过学习活动引导学生注意倾听，提高获取信息和表达信息的能力？
		主动体验	21. 如何引导学生主动体验，互动交流，提升表达能力？
		积极交流	22. 如何通过听、说、读、写活动方式，引导学生在语言交流活动中积累必要的学习经历？
文化意识	知识	了解	23. 如何通过适切的学习活动，帮助学生了解在日常生活中，文化差异引起的表达习惯的差异？
	能力	运用	24. 如何通过帮助学生关注英语日常用语，逐步培养其跨文化交际的能力？

三、组织团队，建立机制，开展项目研究

（一）组织专业团队

总项目启动阶段，教育部基础教育课程教材发展中心委托省市级研究机构承担本学科教学关键问题的研究任务时提出，各学科的项目研究需要在专家、学者的支持和引领下，建立由多方共同参与研究的模式，在完成项目研究的同时解决本学科教学中的关键问题，以促进课堂教学质量、提升教师专业素养。

上海市小学英语学科组按照总项目组的要求，确立了项目主持人，并组建了一支由市级学科权威、富有经验的市级培训师、区级资深教研员、一线骨干教师、有技术优势的信息技术人员和富有经验的专业研究人员组成的研究团队，共同承担本项目的研究任务。此外，北京师范大学的王蔷教授受总项目组委派，作为本项目组的专家，指导和引领本项目研究。

序号	姓名	性别	单　　位	职务	职称	职责
1	朱　浦	男	上海市教委教研室	教研员	特级教师	主持
2	施嘉平	女	徐汇区教师进修学院	教研员	特级教师	研究专家
3	顾立宁	男	上海师资培训中心	培训师	特级教师	

续表

序号	姓名	性别	单　　位	职务	职称	职责
4	王　珏	女	上海市师资培训中心	培训师	中学高级	核心团队成员
5	祁承辉	男	虹口区教师进修学院	教研员	特级教师	
6	朱　虹	女	长宁区教育学院	教研员	中学高级	
7	杨建中	男	青浦区教师进修学院	教研员	中学高级	
8	王梅宝	女	闵行区教育学院	教研员	中学高级	
9	瞿莉蓉	女	闵行区教育学院	教研员	中学高级	
10	鲁　勤	女	松江区教师进修学院	教研员	中学高级	
11	叶建军	男	浦东新区教育发展研究院	教研员	中学高级	
12	陈一明	女	徐汇区教师进修学院	教研员	中学高级	
13	施玮菁	女	长宁区江苏路第五小学	教　导	中学高级	一线骨干教师
14	徐　运	女	长宁区愚园路第一小学	教　导	小学高级	
15	吴旻烨	女	宝山区第二中心小学	教　导	小学高级	
16	侯明翠	女	闵行区田园外语实验小学	教研组长	小学高级	
17	沈雯晴	女	闵行区七宝明强小学	教　师	小学高级	
18	陈　鹰	女	徐汇区汇师小学	教　导	中学高级	
19	孔　琦	女	徐汇区世界外国语小学	教研组长	中学高级	
20	董海运	女	虹口区第三中心小学	教研组长	中学高级	
21	奚　敏	女	虹口区上外附小	教研组长	小学高级	
22	陈勤凤	女	青浦区朱家角小学	教　导	中学高级	
23	赵静华	女	青浦区实验小学	教　导	小学高级	
24	黄春霞	女	松江区上师大附属外国语小学	教研组长	小学高级	
25	王　慧	女	松江区泗泾第二小学	教研组长	小学高级	
26	赵爱明	男	浦东新区惠南小学	副校长	中学高级	
27	施洪青	女	浦东新区工商附小	副校长	中学高级	
28	谢忠新	男	浦东新区教育发展研究院	部主任	特级教师	技术

（二）建立项目研究机制

本项目从确定研究方法、明确研究职责、规定研究进度和设定研究保障四个方面建立研究机制。

1. 确定项目研究方法

（1）文献研究法——全面搜集、梳理并学习国内外关于“基于课程标准的教学”的理论、实践研究成果，把握研究与实践的现状、动态与方向，建立项目研究的逻辑起点。在深入解读课程标准的同时，学习关于英语课程、学习认知、教师专业发展等方面的理论，汲取其中的观点，与国内、本市小学英语课程实施和课堂教学的实际发展需求相整合，建立项目研究的设计基础。

（2）调查研究法——确立分类问题，通过问卷、访谈、课堂观察等途径，了解研究专题的教学现状、发展需求等实际情况，聚焦共性的关键问题，明确项目研究的切入点。

（3）实践研究法——以全市 7 个区 14 所不同类型的学校为实验学校，选择有代表性的教师进行实践研究，收集课堂观察、教师教案、教学录像、教学反思、学生学习成果等资料，建立项目研究的资料档案。

（4）案例研究法——就教学关键问题的内容分类，专家、核心团队成员与骨干教师分别形成子项目研究团队，对实验学校和教师教学进行过程性跟踪，就资料内容和实践成效进行分析，提炼并形成解决问题的策略、途径、方法、流程及教学范式案例等资源，丰富、完善项目研究的成果。

2. 明确研究人员职责

（1）项目主持——负责与教育部课程教材中心的项目秘书处联系；组织核心团队讨论与交流，调控项目研究的进度；确定和把握项目研究的目标和方向。

（2）研究专家—— 帮助项目研究人员梳理、提炼教学关键问题；指导学科项目研究人员撰写、修改相关研究文本。

（3）核心团队——根据总项目组和主持人要求，完成项目研究顶层设计和工作方案规划；针对一个教学关键问题，设计、讨论和撰写相关研究内容，形成参考范式，供所有参与研究的骨干教师参考和借鉴；组织、指导所在区域参与本项目研究的骨干教师完成相关教学关键问题的实践研究，撰写研究文本，拍摄微视频；完成项目研究的工作报告、书稿的修改和审读。

（4）骨干教师——在核心团队的指导下，参与教学关键问题的研究；完成相关关键问题研究报告、案例设计等文本撰写工作；参与或指导教师进行微视频的拍摄等。

（5）技术人员——了解每个教学关键问题所涉及的案例；组织微视频技术人员参与微视频的拍摄；对微视频拍摄、制作提出修改建议；完成微视频拍摄的后期剪辑和制作工作。

明确了重点工作及负责人员：

重点工作	负责人员
酝酿参与人员，组建项目研究队伍	主持人
正式启动项目，介绍项目研究方案	主持人
共同学习讨论，初步梳理研究问题	研究专家
组织教师调研，汇总关键研究问题	核心团队

续表

重点工作	负责人员
提炼关键问题，完善修改研究方案	研究专家
确立研究问题，认领相关研究问题	主持人
针对研究问题，讨论文本撰写格式	核心团队
开展研究工作，初步完成文本撰写	研究团队
专家审阅文本，提出文本修改意见	研究专家
修改研究文本，讨论微视频的脚本	核心团队
完成文本修改，撰写微视频的脚本	研究团队
审读研究文本，提出脚本修改意见	研究专家
审读脚本初稿，了解视频拍摄任务	技术人员
完成脚本修订，明确视频拍摄要求	技术人员
组织拍摄团队，完成视频拍摄工作	技术人员
召集多方人员，布置后阶段的工作	主持人
收集整理资料，完成微视频的制作	研究团队
整理汇总资料，完成项目后期审核	核心团队
撰写研究报告，形成项目研究成果	核心团队

3. 设定项目研究保障

（1）项目组专题例会制——由项目主持人召集项目组全体成员进行每月一次的专题研究例会，交流研究工作，分享阶段经验与成果，发现并解决即时问题与困惑，确定后继研究的进展。

（2）子项目组专题研修制——围绕所研究的关键问题，由分管子项目组的核心团队成员组织专题研修活动，根据子项目研究目标、计划和内容等要求，形成文字、录像等资料记录，为每月的项目组专题例会作交流准备。

（3）经费使用制——项目研究中的经费使用严格按照财务管理制度和经费使用规定执行。

项目组还制定了以下工作要求，确保项目的实施：

协同整合的工作模式，即研究过程中，英语学科的小学项目组和初中项目组之间、小学英语各子项目组之间、专题实验校教师之间，充分协同整合，注重沟通交流，形成优势互补、相互学习、合作探研的工作机制与教研文化；资料管理的工作规范，即项目组、各子项目组均安排专人完成专题例会和专题研修活动记录，组内合作完成研究资料的积累和整理工作，定期上交，由项目主持人和专家组审议并提供项目组全体成员交流学习。

四、形成解决关键问题的研究成果

本项目的实施，以课程标准、教育目标分类学和总项目研究方案为依据，研究关键问题的确立原则、维度框架和表述格式，提炼出 24 个小学英语教学关键问题；以课程标准为指导，以人本主义教育观、全语言教育观等理论为依据，对每个教学关键问题的研究价值、内容定义和陈述角度进行分析；以英语课程论、建构主义学习理论、系统教学设计论等为依据，把握每个问题的关键“点”，提出解决问题的策略、方法、流程，通过实践形成解决问题的典型教学案例。

研究内容	研究要素	研究依据
问题提炼	1. 确立原则	《课程标准（2011 年版）》 《布卢姆教育目标分类学（修订版）》 总项目研究方案
	2. 维度框架	
	3. 表述格式	
问题分析	1. 研究价值	《课程标准（2011 年版）》 人本主义教育观 全语言教育观 比较分析与迁移论 英语学习者论
	2. 内容定义	
	3. 陈述角度	
问题解决	1. 问题的关键“点”	英语课程论 社会建构主义学习理论 认知信息处理理论 系统教学设计论 任务型语言教学途径 合作学习理论 文化适应理论 SOLO 分类理论 表现性评价理论等
	2. 解决的策略/方法/流程	
	3. 教学案例	

本项目的研究成果，以项目实践的研究报告、问题解决的研究案例和教学指导的微课程视频三种形式呈现。

（一）小学英语关键问题实践研究报告

研究报告分为四个部分：解读小学英语关键问题的内涵；建构小学英语关键问题的体系；提出小学英语关键问题的多元解决对策；提供文本与视频教学指导案例。

（二）解决关键问题的研究案例

梳理出 24 个教学关键问题，形成 24 个解决问题的案例解析。每个案例从问题的价值、定义和视角进行问题分析；帮助教师把握教学中解决问题的关键点，提供解决问题的策略、流程、方法，通过教学案例片段解析和操作方式建议等给出解决问题的建议；在范例导读的板块中，以一堂课或一个教学片段为例，示范如何在课堂实施中解决问题。

研究案例的构成如下表所示：

问题分析	1. 价值：在《课程标准（2011 年版）》中语言学习的地位
	2. 定义：说明"问题"所涉及的概念
	3. 视角：将学生作为行为主体，强调语言学习经历
问题解决	1. 把握在教学中解决问题的关键点
	2. 提供解决问题的策略/流程/方法等
	3. 案例片段解析
	4. 操作方式建议
范例导读	课例概述
	课例名称、课型（如：新授课：词汇、语法、阅读、写作；复习课、讲评课等）、教材、课题、课时
	（一）案例说明
	1. 教材内容，说明学习材料在小学学习阶段的地位以及学科育德、文化等方面的隐性的内涵
	2. 学生的学习基础
	3. 本课时的核心知识、技能、话题、功能等在《课程标准（2011 年版）》中的提法、分级要求等
	4. 对本课时的核心知识、技能、话题、功能等的解读
	5. 可以支撑本课时的核心知识、技能等教学目标达成的相关知识、技能
	6. 也许会影响本课时的核心知识、技能等的落实的相关知识、技能
	（二）教学目标
	1. 表述的核心词：能/能够……
	2. 表述的参考词：课程标准所提供的行为描述用词
	（三）设计思路
	1. 针对"关键问题"的解决展开
	2. 体现课程特征
	3. 说明对教材提供的主要学习材料的处理
	（四）教学流程
	提供教学主体设计的流程图
	教学评析
	1. 解析"关键问题"解决的情况
	2. 评析本课时"教学目标"的达成情况
	3. 提出意见和建议

（三）项目研究微视频

本项目研究成果除了提供问题解决的文本案例，还为每个教学关键问题提供了两个配套的微课程。微课程是依托文本成果而产生的。微视频紧紧围绕教学关键问题的解决而展开，旨在帮助观课教师准确把握解决问题的切入点，凸显解决问题的关键举措。

每个微课程由说课、上课、反思和点评四段微视频组成，以具体教学内容为载体，既示范该关键问题的课堂教学解决过程，也体现语言技能、语言知识、情感态度、学习策略和文化意识等方面的关键问题在单元整体设计、单课教学实施中相辅相成的教学关联。

微课程名称	呈现形式	主要内容	时间安排
关键问题	教学观摩与述评	说课 上课 反思 点评	30 分钟左右

五、项目成果的推广使用

本项目的研究基于英语课程标准的精神、语言学习的规律和课堂教学的需求而展开，关注在小学英语课堂教学中如何达成课程标准要求的重点与难点，通过对小学阶段英语课程实施过程中教学关键问题的准确把握、系统分析和实践解决，为改进小学英语课堂教学提供确实可行的策略、方法、流程、操作行为和方向性建议，从而提高课堂教学成效，助推教师专业化发展，持续推进英语课程目标的实现与课程要求的落实，促进全国各地区小学英语学科教学的均衡发展，使课程标准能够真正落到实处。

分享与推广项目成果，可以体现本项目研究以下四个方面的意义与价值：

（一）落实课程标准的实证研究，优化教师的课堂教学过程

《义务教育英语课程标准（2011 年版）》的课程目标分为语言技能、语言知识、情感态度、学习策略和文化意识等五个维度。在教学过程中落实课程标准，需要教师从只关注或偏重知识训练的“育分”，走向从五个维度共同构建的“育人”。本项目研究从五个维度的分级学习要求展开，以多维度的视角，呈现了课堂教学的过程设计与实施，提供了解决教学关键问题的依据、策略、流程、方法以及操作案例。教师可以参考案例所示范的目标设定、内容导入、教学组织、语言交流、讲解演示、提问反馈等具体教学建议，反思、改变、优化自己的课堂教学过程，在实践中落实课程标准。

（二）改变缺乏语境的教学现状，丰富学生的必要学习经历

课程标准以学生能用英语做事的描述方式设定各级目标要求，强调教师要通过创设接近实际生活的各种语境，采用循序渐进的语言实践活动，培养学生的语言运用能力。在英语教学中，缺乏语言环境是阻碍学生语用能力发展的关键因素。本项目的研究案例，帮助教师换位思考，站在学生学习的视角，通过提供话题、语篇和功能意念创设语境，为学生提供知识与技能兼顾的学习内容，参与和体验互动的学习方式，训练和思维共存的学习过程，让学生在学会学习、体验语用的学习经历中逐级达到不同维度的学习要求，感受英语学习能力和使用能力的发展。

（三）根据教学水平和学习需求，探索课程资源的整合利用

课程标准是教材编写的依据。教材内容是对课程标准的解读、转换与再组织，必须符合课程标准的要求。不同版本的教材有不同的编写体例、结构模式和内容呈现方式。由于不同地区经济发展、自然条件、文化传统存在差异，教材的选择与使用必须符合当地的教育水平和学生的学习需求。本项目的所有案例，在解析课程标准的基础上，帮助教师分析教材、把握教材，不仅提供了如何根据教学需要对教材内容进行取舍和调整的方法与实例，还提供了如何整合利用板书、媒体、图片、实物、影音以及教材配套资源以外的各种教学资源的方法与实例，丰富教学内容，从而提高学生的英语学习成效。

（四）把握小学英语教学关键问题，提高地区的学科教学成效

本项目聚焦的教学关键问题，源于课堂教学实践，是一线教师普遍感到困惑的共性问题。在优质师资并不充分的地区，从事教研、科研、师训等引领学科发展的专业人员和一线教师，可以根据已有的教学认识和经验，选择首要关注或亟待解决的关键问题，尝试在有限的课时中改变相应的教学实践，从而在短时间内取得突破，提升课堂教学成效。对于小学英语教学领先的地区，教研员、科研员、师训员、骨干教师等也可以借鉴本项目的顶层设计和研究要点，以提高教育质量为目的，把握学科发展方向，生成新的教学关键问题，开展实证研究。在不同地区的教师梯队建设中，可以参考本项目的团队组建和研究过程，汇聚学科队伍，构建学科基地，集中教学与科研的优势，发挥学科带头人的专业引领作用；还可以通过文本和视频成果生成的途径，探索教学问题、教研专题、科研课题和培训课程之间的成果转化，拓宽原有的学科视野，突破经验的行为模式，改变教师的职业行为，有计划地推进学科均衡发展。

本项目研究既引导教师关注一些教学实践中被忽视的问题，也为教师提供了可借鉴的操作案例，以期抛砖引玉，启发教师的思考。不可否认，本项目的研究仍有一定的地域性和局限性。对于项目成果的应用，不同地区的教师可以取其部分或举一反三，以便在实践中突破、改进本项目现有的研究局限，在后继研究中整合全国小学英语教学研究的资源，汇集各方面的教学与研究智慧，促进教师的交流和发展，使课程标准在不同地区的教学中得以全面落实。

本项目研究的成果，既是地区教研室、学校教研组和高等院校合作的成果，也是课程专家、学科专家和教学专家合作的成果，体现了理论与实践的整合，教学、研究与培训的整合。本项目的完成，首先要感谢教育部基础教育课程教材发展中心所给予的机会，让我们得以在项目研究中对上海的小学英语学科教学进行阶段性总结、反思与提升。

感谢总项目组在实施过程中所提供的经验交流和跨学科范例，为我们的研究拓宽思路，明确方向。

感谢北京师范大学的王蔷教授，每每在我们研究的关键时刻提出具体意见和实施建议，促进本项目有序、深入地开展。

感谢上海市教育委员会教学研究室，把本项研究列为重大项目任务，高度重视、充分关注、全力支持，全面保障了项目研究的顺利进行。

感谢参与本项目的所有教师和工作人员，以全力以赴的工作态度和奉献精神投入项目实施的全过程，在研究时限内数易其稿，确保研究质量和成果品质。

感谢阅读、使用本书的教师，诸位对案例的思考和教学中的实践，就是对本项目工作的认可。请大家对本项目组的研究提出修改意见，和我们分享教学实施的经验和优质资源，在此一并预先感谢。

教学关键问题1　如何通过多途径的听说活动，帮助学生理解语言内容并进行有效的口头反馈？

教学关键问题提出

在小学英语课堂教学中，一部分教师在设计听说活动和口头反馈检测中存在一些实践问题，如：听说活动的形式比较单一，“听教师说英语（或听录音材料）后回答”是常见的方式；听说活动过程中不能很好地考虑学生学习的真实体验，明星学生替代整班学生思维，以一概全，忽视全体学生的听说和表达的体验，在一大部分学生还没有理解语言内容时就开始反馈检测。一些教师在课后反思中经常会提到：“学生的口头表达能力不强”，产生此现象的原因，教师往往会归结于“学生表达的自信度不够”“学生语言积累少，无法流利表达”等。

教学关键问题分析

学习的成效是“教”与“学”双向活动的结果。语言学习有其特有的规律，学生听说能力的发展没有达到预期，往往和教师在教学过程中忽视了从“听”到“说”的语言学习过程有关，语言学习要经过感知、理解、模仿、初步反馈直至运用的学习过程。跳跃式的教学，使得学生害怕听，由于“听不懂”而“说不出”，听说活动效率低。

听、说、读、写是学习和运用语言必备的四项语言基本技能，是学生进行交际的重要形式。“听”是分辨和理解语言的能力，即听并理解口语语言的含义；“说”是运用口语表达思想、传递信息的能力。小学英语课程针对小学生的身心发展的特点，侧重把听说作为英语学习的主要手段和英语理解与表达的形式，同时，采用听、说、写、玩、演、做、唱、视听等形式，表现语言习得和综合语言运用能力培养的效果。口头反馈能检测和促进语言的吸收和思维能力的发展。有效的口头反馈要在增加可理解语言输入的同时，不断进行基于理解的有效输出。

在小学英语课堂教学中，学生体验语言的学习过程离不开多途径的听说活动。

教学关键问题解决

儿童的语言是从日常语言环境中习得的，布鲁姆把认知领域的教育目标按照由低级到高级的水平共分为六级，如图 1–1 所示。

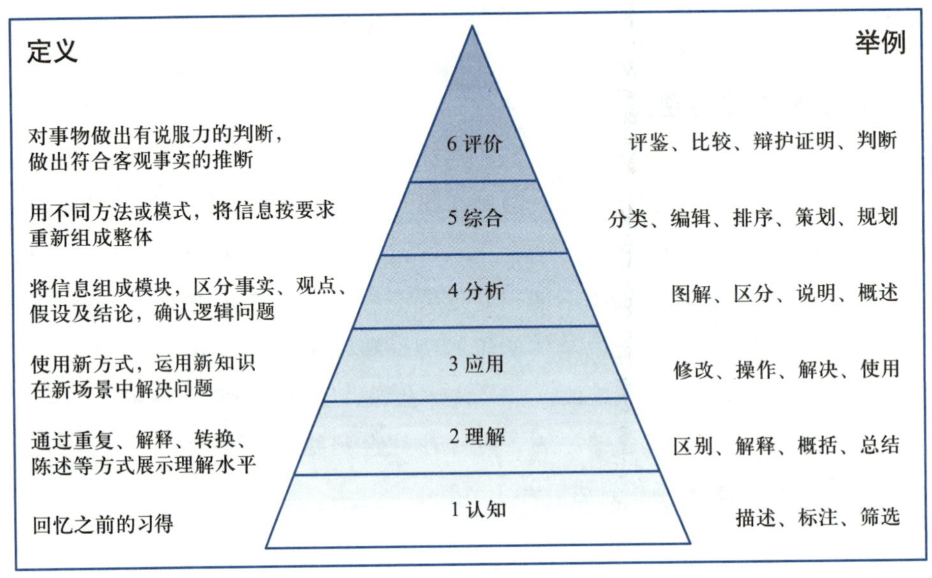

图 1–1

本教学关键问题旨在帮助学生达成布鲁姆教育认知目标分类的第二级水平，即：学生在记忆学习过的材料的基础上，能通过重复、解释、转换、陈述等方式展示其对材料的理解水平，通过思维活动认识规律、获得他人传达的意义。

如何帮助学生达成从“认知”到“理解”的目标？教学流程如图 1–2 所示。

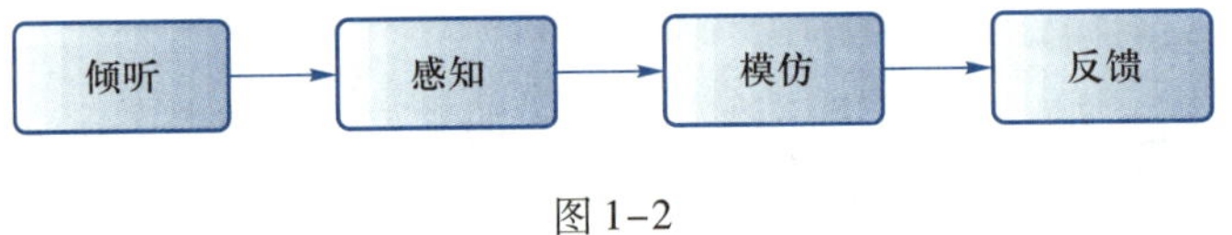

图 1–2

儿童学习语言先从听别人说话开始，初步感知说话人的语言内容，进而模仿说话人说话。在此过程中，学习者逐步掌握和运用各类词法、语法，并会用各种方式对听的内容进行反馈，再按照言语规则表达自己的意思，最后达到用语言与人交流的目的。在课堂教学中，学生听说能力的发展没有达到预期，往往和教师在教学过程中忽视了从“听”到“说”的语言学习过程有关，语言学习必须经过“感知”“模仿”初步“反馈”直至运用的学习过程。

如何通过多途径的听说活动，帮助学生理解语言内容并能进行有效的口头反馈？教师在教学中可以尝试以下策略：

（一）直观媒体辅助，帮助学生初步感知语言内容

英语教学应尽可能让学生多接触英语，给学生提供可理解的语言输入。小学英语听力的培养宜视听结合。这里的视听结合是指利用实物、图片、简笔画、影像、肢体动作、表情等直观手段创设情境、模拟情境。听说活动的设计中，教师可以用好各种直观媒体和手段，将抽象的语言变直观，便于学生观察和认识，促进学生理解和掌握输入的语言内容。

1. 精选媒体素材，呈现完整语言内容

为了提高小学生参加听力活动的兴趣，教师在组织听说活动之前，可以将听说的文本材料“直观化”，即：精心选择和听说活动涉及的语言相关联的媒体素材，设计好这些直观媒体呈现的方式、时机，与有声语言结合，恰到好处地帮助学生理解完整的语言内容，降低听说活动的难度。

例如，《英语（三年级起点）》六年级下册（上海教育出版社）Unit 6 PE lessons 教学中，教师让学生听一段文字，反馈 Swimming lesson 中所需要的各种服装。在这个听说活动中，教师播放录音媒体，同步设计了直观画面。

For a swimming lesson, you need:

- a swimsuit and a swim hat. The swimsuit should not be too big or too small.（图 1–3）
- a pair of swimming goggles. So the water does not get into your eyes.（图 1–4）

图 1–3

图 1–4

由此可见，精心设计的视听媒体，在帮助学生初次感知视听材料时，能起到辅助理解的重要作用。

2. 精编听说要求，初步感知语言内容

有了与目标语言内容相符的听说材料，教师还需要设计与目标语言内容相符的听说要求。听说要求必须符合学生学习的实际，教师可以通过让学生“带着问题听”的方式获取整体信息，帮助学生初步感知语言内容。

（1）提“开放预测”的要求：预测能力，是提高听力实效的一种技能。这里的预测是对将听材料的语句成分和内容情节的猜想和估计。一旦学生有了自己对听说材料

的预测，在实际听的过程中，他（她）就会更聚焦于听力内容本身以发现自身预测与实际结果之间的差异，听的专注度也会提高。

例如，《英语（牛津上海版）》二年级下册（上海教育出版社）Module 4 Unit 2 Mother's Day 一课，讲述孩子在母亲节当天给母亲拥抱、亲吻和鲜花以示祝福的故事。在整体呈现语言内容之前，教师先呈现了母亲热泪盈眶的特写照片，同时提出开放问题。

T：It's Mother's Day today. Why is May's mother crying?

S1：Maybe she's not feeling well.

T：Maybe!

S2：No one says "Happy Mother's Day" to her. She's sad.

T：What a pity!

S3：She misses her mother.

T：Good guess!

S4：…

T：Good try! Now let's watch and listen to the story. Then you can get the answer. (Show the cartoon story)

在学生给出了各种预测以后，教师以直观媒体呈现听说材料，帮助学生感知故事内容：母亲因为孩子的拥抱、亲吻和鲜花激动而哭。

（2）提"问题导听"的要求：整体呈现听说内容之前，教师要精心设计问题，帮助学生聚焦整体内容，以初步感知听说内容的信息。这些问题一定是听完整体内容后学生才能反馈的。初听文本，教师设计的问题也要针对整体，问题应该指向文本的一级信息，切忌拘泥于细节。

例如，《义务教育课程标准实验教科书 英语（PEP）（三年级起点）》三年级下册（人民教育出版社）Unit 1 Welcome back to school 的 Part A：教师在帮助学生听懂几个语段了解新来的同学来自什么国家和地区时，可以设计以下问题：How many new friends? What are their names? 直接指向语言材料本身，学生听的过程中只要聚焦于新朋友的姓名和他们的国家（地区）即可。

又如，在教学目标语为校园内地点词汇的对话中，教师可以提出以下问题：How many nice places are there in Peter's school? What are they? 引导学生将听的注意力直接落在校园内地点的数量和名称上，让学生对整个语言内容形成初步的感知。

（3）提"听记同步"的要求：想要让孩子听懂、理解语言材料的内容，若是一味单纯地"听"，是难以提升听力能力的。听的过程中要及时记录重要的内容。在帮助学生初步感知语言内容的过程中，针对小学生的特点，教师可以设计连线、选择、涂色、配对等相对简单的活动，辅助学生进行记录。

3. 适度媒体复现，感知理解语言内容

教师在布置听读活动任务的时候，应当考虑学生的实际听读水平和所选择的听说

材料的难易程度，应该在任务布置和检测的过程中不断调整需要听懂的语言材料的复现频率。必要的重复，可以减轻学生的活动压力，增加对目标语言的理解，提升对听说材料的感悟，也为后面的语言输出奠定基础。切不可为了赶教学时间而忽略给学生体验学习过程的机会。

随着学生年龄的增大和能力的提高，听说活动中直观媒体辅助的量可以逐渐减少。

（二）声像材料支撑，帮助学生正确模仿语言内容

通过基于各种直观媒体辅助的听说活动后，学生对语言内容有了初步的感知，但这还仅仅停留在“语言输入”的层面。为了达成听后反馈的目的，学生还必须对语言材料有内化的过程。内化，始于对听说材料的正确模仿。借助标准的录音、多媒体等声音媒体素材让学生模仿单词的正确发音，是一项重要策略。

1. 模仿语音语调，培养良好语感

在教学中，通过声音媒体素材，让学生模仿字母、词汇的基础读音、重音、意群连读、语调与节奏等，都是必要的学习经历。

例如，《义务教育教科书英语（三年级起点）》四年级下册（上海教育出版社）Module 4 Unit 10 My garden 一课中，需要教授植物各部位的英语名称，如 leaf，roots，flower 等。教师在教学完植物的各部位名词后，出示了描述一棵大树的语句：

This is a plant.

It's a tree.

It has a trunk，branches，leaves and roots.

教师的教学步骤如下：

Step1. 请学生听录音，模仿跟读；

Step2. 同桌共读，相互检测；

Step3. 集体朗读，个别检测。

在此案例中，教师善于利用声像媒体的支撑，让学生精心倾听、大胆模仿。同时，也辅以适当的图像资料，对句子中的升降调、连读等用规范的标记标示出来，把长句的朗读难点突破了，辅助学生正确模仿。

2. 模仿情绪表达，提升语言色彩

在听读模仿的过程中，教师要利用孩子善于大胆表现的特点，让孩子勇于模仿，用夸张的语言表达自己的情感，哪怕是口语交际中一个小小的语气词、音调的高低缓急，都能很好地体现说话人的感情。

教师一定要运用好声像媒体，在学生学习语言的第一时间给予他们正确的语言输入，这是提升听说能力的基础。

（三）目标语言架构，帮助学生有效反馈语言内容

为了检测学生“听”的成效，教师在教学中通常会通过“说”来检测学生是否理

解了语言内容。有效的听说反馈活动必须建立在学生感悟整体听说材料、学习过程中有模仿练习的基础上。设计要点如下：

1. 口头反馈指向听说活动的语言内容

在一次听力练习中，学生获得了大量的语言信息。听后让学生反馈，学生的语言输出需要聚焦于语言内容，这样能更好地反馈学生掌握的效果。在听力反馈活动中，教师常常会用 true or false 的练习来检测学生对语言材料的理解。指向“语言内容”的口头反馈不能简单地停留在 yes or no 的判断上，而应要求学生能完整朗读需要判断的内容，对错误的答案进行修正并再次表述正确的语言内容。

2. 口头反馈有可借助的语言输出框架

除了对语言材料点状内容的反馈，教师在课堂教学中也会安排难度稍高的听后语言反馈活动，如复述段落或者语篇。大段内容的输出，对学生的听说技能是一种挑战。在这个过程中，教师要根据学生的情况，给予一定的语言输出框架支持。

例如，《英语（三年级起点）》六年级下册（上海教育出版社）Unit 1 You and me 中，教材人物 Joe 对自己生活的城市环境作如下介绍：

Hi! I'm Joe. I live in the city. There are a lot of tall buildings in the city. There are a lot of shops and restaurants too. People go to work by car, bus or underground. At the weekend, some people enjoy themselves at the cinema or theatre. Some people visit museums or parks.

在听读模仿后，教师根据学生不同的能力水平，设计了两份反馈作业：

反馈活动一：Fill in the blanks

Joe lives in the city.

There're ________________ in the city.（Things we see）

People go to work by ________________.（Transportation）

People（do）______________________.（Things we do）

反馈活动二：Answer the questions about *Life in the city*

Where does Joe live?

Can we see many tall buildings there? What are they?

How do people go to work?

What do people do at weekends?

“反馈活动一”用填空的方式，让学生完成对语言材料的理解性输出。教师所给出的语言支持包括语言的逻辑顺序、意义内容和语言形式，给学生的支持度比较大。“反馈活动二”则以一系列的问题作为反馈语言的支撑，通过问题顺序和问题指向，辅助学生进行理解性语言输出，要求比活动一稍高。两个活动的设计均很好地体现了教师在听说活动中基于学生实际能力提供语言架构的要求，让学生的语言输出成为可能，帮助学生树立口头反馈的自信心，提高了口头反馈的有效性。

3. 口头反馈能显现学生个体的思维过程

通过语言输出检测学生对语言内容的理解一定能显现学生个体的思维过程和思维能力。学生真正理解语言材料的意义一定是通过听说过程中的思维活动达成的。因此，当学生能用口语表达自己的理解水平时，一定是其真实思维过程的表达。教师在教学中要鼓励学生的这种表达。

例如，在上面的反馈练习中，学生对 How do people go to work in the city? 作答：People usually go to work by underground. It's convenient. 学生的这个回答中，加入文本没有的 convenient 一词，很好地呈现了学生对城市交通的理解和对文本内容本身的理解，思维含量高。

听说活动是小学英语课堂中经常设计的活动。听力理解的过程是学生有目的地运用储存在大脑的原有信息，对所听到的新信息进行选择、整理和加工的过程。为了使听说活动能够促进学生在交际过程中听的能力的发展，活动设计时，教师要转变观念，即把重成果的重心转移到重过程上来，激发学生听的兴趣，使学生养成良好的听的习惯，获得一定的听的技能，能帮助学生理解内容并有效反馈。

范例导读

案例

Great fun with Halloween

教　材：《英语（三年级起点）》六年级下册（上海教育出版社）

Unit 11 Western Festivals Period 2

设计者：张徐婷，上海市闵行区实验小学

（一）案例说明

本课是一节学习英语节日文化的听说课。《课程标准（2011 年版）》指出：语言具有丰富的文化内涵，在学习英语的过程中，接触和了解英语国家的文化有益于对英语的理解和使用，能提高学生对中外文化差异的敏感性和鉴别能力，进而提高跨文化交际能力。在“文化意识分级标准（二级）”中也提出了“了解英语国家中的重要节假日”“知道英语国家中典型的食品和饮料的名称”等要求。

本课内容选自 Unit 11 Western Festivals。本单元主要向学生介绍 Christmas，Halloween，Easter，Thanksgiving 四个节日的基本信息及特色活动。学生通过学习，知道这四个西方国家独有的节日文化（包括节日的具体时间、代表食物、节庆活动等），在了解节日文化的同时学习语言知识、体验节日情感。本单元设计了基于单元主题的四个话题

（四个课时）：Western holidays briefing，Great fun with Halloween，Colourful Easter，My favourite western holiday。

本节课的话题 Great fun with Halloween，围绕核心词 fun 展开。学生需要理解一些与万圣节有关的新词汇和词组，如 Jack-o'-lantern，fancy dress，trick or treat 等，知道万圣节的相关风俗，并在图片等音像资料和板书的提示下，从 date、decoration、clothes、game 四个方面用已经学会的各类句型（to be 句型，there be 句型，can 句型等）按照一定的逻辑顺序进行口头反馈，有条理地描述万圣节。

（二）教学目标

（1）正确朗读 Jack-o'-lantern、fancy dress 和 trick-or-treating 等与万圣节有关的新词，知道它们在万圣节中的具体内涵。

（2）通过观看视频、阅读语篇、活动体验，获取与万圣节相关的日期、装饰物、服饰、游戏等相关信息，能运用新旧句型描述万圣节。

（3）在阅读语篇、活动体验中，感受万圣节装饰、服饰、游戏的乐趣，了解不同的节日文化。

（三）设计思路

1. 加一加，丰富文本资源

教材中仅用了21个词汇描述 Halloween，只涉及日期和讨糖游戏的结果：Children get candy from their neighbors. 简单的描述不能揭示出 Halloween 特有的乐趣。因此，基于学生的能力和语言水平，教师对本课教学内容进行了整合：

Great fun with Halloween

Halloween is a popular western holiday. It is on the 31st of October. It is a fun holiday.

At Halloween, we can see Jack-o'-lanterns everywhere. We make them by ourselves. We put them in the windows, by the doors, under the trees and next to the fences. At night, we light them up. They look so scary but fun.

At Halloween, we like fancy dresses. Some of us dress like animals. Some of us dress like monsters or famous people. We all look interesting. We have "fancy-dress" parties and meet different people. Isn't it fun?

At Halloween, we go "trick-or-treating" from house to house. We knock on our neighbors' doors and ask "trick-or-treat". They must give us sweets or chocolate. Or you know, we play a trick on them. We can knock on the doors and run away. What a fun time!

We have great fun with Halloween!

2. 看一看，听一听，了解节日文化

Great fun with Halloween 再构文本共有三个语段，这三个语段分别描述了 Halloween 这一节日的三大要素（Jack-o'-lanterns，fancy dresses，trick-or-treat）。由于西方节日离学生的实际生活较为遥远，学生缺乏相关的生活经验，因此为了让学生能更深入了解这三个语段的内容及其中所蕴涵的“fun”，在本课时的教学中要利用大量的视频，帮助学生理解语言内容，同时利用直观并有冲击力的画面帮助学生感受“fun”这一节日氛围。

3. 画一画，玩一玩，感受节日乐趣

Halloween 的核心氛围为 fun。为了让学生在学习过程中充分感受到 fun，光靠阅读文本是不够的。于是在教学过程中，教师专门设计了学生的体验活动，如通过做一做南瓜灯、设想一下参加 fancy-dress party 时想扮演的角色、与老师一起玩一玩 trick-or-treat 游戏等，从而真正感受到 Halloween 的有趣。

4. 想一想，说一说，描述文化体验

让学生进行复述是较高层次的语言活动，本课内容是文化类体验，故难度更高。在教学中，教师可尝试板书核心词汇提示的方式，帮助学生进行有效口头反馈。

（四）教学流程

本节课教学流程如图 1–5 所示。

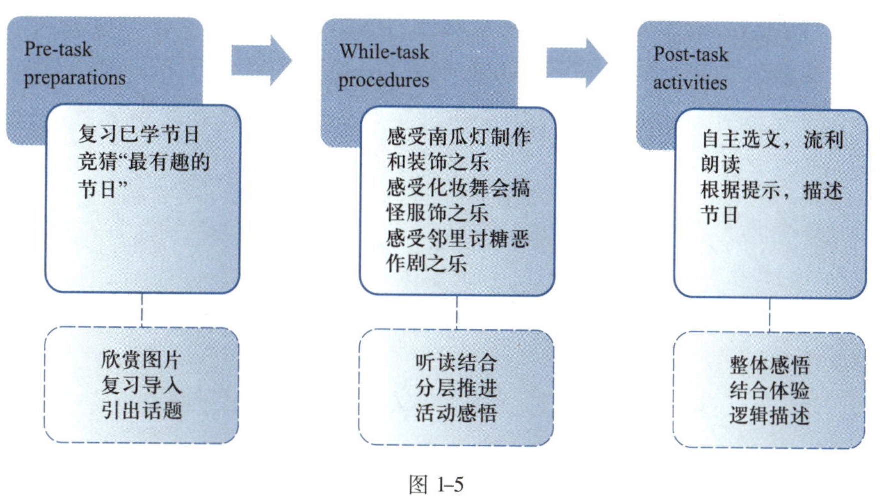

图 1–5

【教学评析】

这是一节基于语篇理解带动文化体验的英语课。

1. 从内容上说，文字篇幅比较长，但用词巧妙

本课话题为 Great fun with Halloween，教师选择的文本词汇除了板书上三个（Jack-o'-lantern，fancy dress，trick-or-treat）是新词，其余都是学生已有的积累。这篇文章用叠加文本的方式，逻辑清晰，构段表述用词巧妙。

2. 从听说训练方式来说，课堂设计非常巧妙

理解是表达的基础。为了帮助学生理解万圣节的节日内涵，教师利用了非常精致的媒体，用配上纯正语言的画面帮助学生理解 Halloween 的三个趣味要素。直观媒体与配音的整合天衣无缝，说到 We see Jack-o'-lanterns everywhere. 画面马上出现房屋上到处装饰的南瓜灯，且各有不同，呈现出万圣节装饰的趣味。说到 fancy dress，媒体中也同步出现了孩子、大人扮鬼、扮名人甚至扮演奥巴马的形象，第一时间帮助学生理解了 fancy dress 的含义。视听结合的媒体在帮助学生理解文本中的作用功不可没。

3. 基于语篇与语境，分段处理听说材料

教师分段处理万圣节三个趣味要素，在每次提出听说训练任务时，都用开放的问题 Why does Jack-o'-lantern (fancy dress, trick-or-treat) full of fun? 带动听力和阅读活动，使学生在听读过程中聚焦文字材料，获取有效信息。

教师为了辅助学生进行有效的口头反馈，利用关键词提示的方法，给了学生说话的核心词。第一个活动 Make a Jack-o'-Lantern by ourselves，这一部分教师给了 make 和 put 两个动词，足以支撑学生用自己的话反馈南瓜灯制作和摆放的乐趣。后面这样的处理很多。这一训练的设计是基于语境的连续性和语篇内容的完整性，教师将其提炼出来放在这里作为一个阶段性的小结。

4. 从学科育人的角度来说，层层递进

教师的教学从谈论节日到引出 Halloween，从走进南瓜灯到 fun with Halloween，从化装舞会到夸张的 big fun with Halloween，最后从讨糖模拟表演中体验 great fun with Halloween。层层递进的夸张表演、一个个活动的增加使得学生对于万圣节的情绪也发生了改变，文化情感的体验润物无声，直到最后 great fun 的出现，课堂氛围进入欢乐融合的高潮。

基于语篇语境的语言听说训练才是有效的，英语课堂中的听说活动要有语篇主题，要有语境内容。

（点评人：朱浦，上海市教育委员会教学研究室）

微课程 1–1　Great fun with Halloween

微课程 1–2　Plants grow and grow

教学关键问题2 如何在语境中帮助学生正确使用核心语言开展有意义的语言交流?

教学关键问题提出

《义务教育英语课程标准（2011 年版）》指出：基础教育阶段英语课程的总体目标是培养学生综合语言运用能力。综合语言运用能力的培养，绝不能脱离英语语言交流的环境，英语教学活动的开展也不能脱离语言交流的环境。但在实际教学中，开展的语言交流活动常常缺乏语境且流于形式，出现了看似热闹、实则低效的局面，如枯燥讲授多，语境创设少；教师灌输多，学生交流少；学生齐读多，单独表达少；死记硬背多，灵活运用少；课内依赖教师多，课外主动协作少。这样费时、低效的课堂教学脱离了教学为语言的实际运用服务的目的，忽略了语言的实践性和应用性原则，使学生在机械的、浅层次的语言实践环境中难以理解并正确使用核心语言去体验语言的意义和交际功能。

教学关键问题分析

造成费时、低效的课堂教学的主要原因在于教师缺乏语境教学的意识，不能从根本上把握小学英语教学的关键，时常出现关注语境的创设就忽略教学重难点、关注语言知识的传授就忽略语言的交流活动等现实问题，久而久之，导致学生无法在语境中学习、理解、使用核心语言开展语言交流活动。教师在实际课堂教学中常常会产生以下困难和疑惑：

- 怎样的语境是有意义的?
- 怎样帮助学生正确使用核心语言?
- 怎样的语言交流是有意义的?
- 怎样在语境的带动下，帮助学生正确使用核心语言?
- 在怎样的语境下，学生开展的语言交流活动是有意义的?

语境，即语言环境，是在现实情景下运用语言进行交际的具体场合。语境可以是语言要素出现的上下文，也可以包括社会环境、自然环境等因素，是人们进行语言表达活动的依据，是语言交流的土壤。语言交流，即人与人之间用语言相互沟通，是培养学生运用英语进行交际的主要途径，需要互动和参与。任何语言交流都与语境密不可分。因此，在英语课堂中，教师如何在语境中帮助学生正确使用核心语言开展有意义的语言交流，是语言教学的关键问题。

教学关键问题解决

课程标准强调让学生“用语言做事”来培养学生的语言运用能力，提倡教师创设接近实际生活的语境，结合具体的教学环境、教学目标、教学内容、学生的实际水平和需要，设计循序渐进的语言实践活动，来提高学生的综合语言运用能力。

解决“如何在语境中帮助学生正确使用核心语言开展有意义的语言交流”这一教学关键问题的切入点在于，帮助学生以语境为载体，认识和把握核心语言的规律，从激活旧知、学习新知、综合运用等方面引导学生进行多维度的语言交流，关注学生语言积累、语言学习、语言内化、语言运用的学习过程。

鉴于此，教师可以运用不同的策略，通过任务型课堂教学中任务前、任务中和任务后的语境创设，帮助学生循序渐进地使用核心语言开展语言交流，以提升学生语言交流和语言表达的能力。具体教学流程如图 2–1 所示。

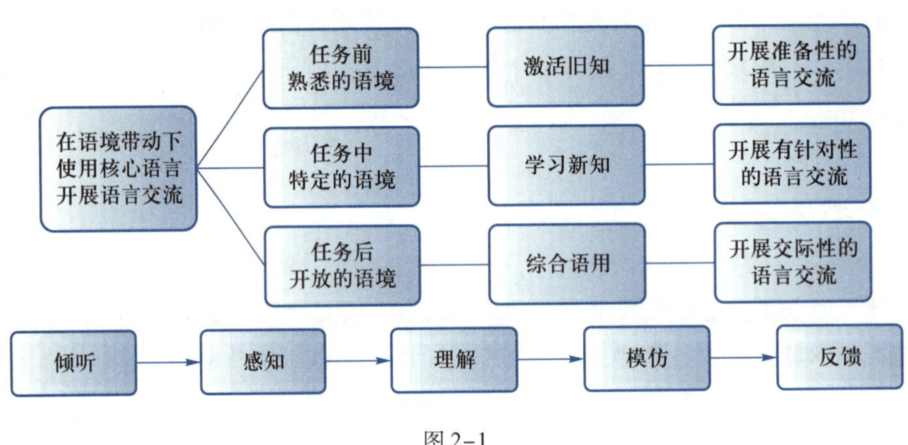

图 2–1

建议教师在开展教学中关注以下策略的使用：

（一）基于熟悉的语境激活旧知，开展准备性的语言交流

准备性的语言交流，属于任务前的教学活动，是任务型课堂教学的必要环节。其主要目的是打开学生思维，为学生做一些语言上的准备，对教学话题、教学内容等做语言知识准备，帮助学生提取已学语言知识，开展语言交流。

教师在帮助学生开展准备性的语言交流时，可以从学生所熟悉的教学话题、教学内容入手，引导学生将注意力集中在熟悉的语言环境中，唤起学生对已学语言知识的回忆，并从语言形式上给予学生指导，通过特定的语言交流，深化学生对已学语言知识的真正理解与体会。

1. 以话题引入，做好语用铺垫

现行的英语教材在编写的理念上普遍都以由易到难、循序渐进过渡为原则，同一话题或相关话题内容会在教材的不同年段出现，但在内容上却不是简单地重复，而是逐步提升对学生语言交流与表达的要求。这既能帮助学生复习已学知识、扫清语言障碍，又能为之后的学习语言、使用语言做好语用铺垫。

因此，教师如能有意识地根据教材编写体系，有效利用课前几分钟的时间，围绕学生熟悉的话题从不同角度进行语言交流，便能帮助学生激活旧知，做到长期的语言积累。

2. 还学生空间，激发学生思维

在开展准备性的语言交流时，还需充分关注每一位学生。给学生空间，让所有学生都能围绕核心目标、核心语言进行语言积累，放飞自己的思维，进行有个体生命意义的独特表达与创造。而教学也能在学生熟悉的语境中，让学生有时间、有机会去选择、决定，去思考，去体验、感悟，去创造、实践、应用。

例如，教师在设计《英语（三年级起点）》五年级下册（上海教育出版社）Module 4 Unit 11 Chinese festivals 时，就可以给学生空间，激发学生的思维。五年级学生对于节日并不陌生。教师可以通过出示教学话题 My favourite Chinese festival，让学生通过 Pair work，Group discussion 等活动形式打开思维，说说自己喜爱某一节日的原因，如季节、天气、穿着、活动、食物等。在这样熟悉的语境中，学生借助视频、音频、文字等教学媒体，在生生互动交流表达的过程中，增加关于节日的语言知识，直观地感受节日的喜悦。这样的教学活动既架起了一座从旧知走向新知的桥梁，又为后续的语言学习做好了语用铺垫。

开展任务前的准备性语言交流，需要教师在开展教学活动前深入研究教材，对学生已经接触并学习过的教学话题、教学语境、教学内容了然于心，尽可能为学生搭建起熟悉的语境。这既建立了学生新旧知识逻辑上的紧密联系，又促进了学生认知和思维等多方面的发展。

（二）基于特定的语境学习新知，开展有针对性的语言交流

有针对性的语言交流属于任务中的教学活动，是课堂教学的核心环节。其主要目的是帮助学生在某一特定的语境下，学习围绕本单元或本课时话题、任务的语言知识，通过师生、生生之间的语言交流落实本单元或本课时的教学目标。

英语刚起步的小学生的认知水平及学习经历并没有达到一定的高度。因此，教师要为他们提供丰富而简单的说话材料，巧妙地将教学内容、学生已有的知识及生活阅历结合在精心设计的教学任务中，让学生在教师预设的特定语境中，轻松自如地学习语言并进行有意义的语言交流，加深学生对所学知识的印象。

1. 真实情境的再现，为学习新知提供便利

《义务教育英语课程标准（2011 年版）》强调学习过程，重视语言学习的实践性和应用性，要求学生在语境中接触、体验和理解真实语言。

因此，只有符合学生认知水平、符合学生心理年龄、基于学生生活的真实语境，才能有真正的语言交流。而在课堂中再现具体、生动、真实的生活化情境，不仅能贴近学生生活实际，营造宽松和谐的学习氛围，帮助学生感受语言的魅力，更有助于培养学生“用英语做事情”的能力。

2. 模拟情境的创设，为理解新知提供帮助

教师可以利用多媒体创设模拟的情境，使课堂教学更加形象化、具体化、情境化，加快与客观事物建立直接的连接，有助于突破教学的重点和难点，为学生开展语言交流提供必不可少的载体。

例如，教师在设计《英语》五年级下册（上海教育出版社）Module 2 Unit 5 At the weekend 时，教师将 Peter 一家周末的快乐生活作为特定的语境，带领学生在梳理 Peter 一家周末生活为何快乐的同时，学习核心词汇 sometimes 和 always 并提炼文本信息，如：Peter 一家周末喜欢做什么、做了什么、说了什么，让学生在理解核心语言的基础上进行针对教学内容的语言交流。

图 2–2 为基于教材、学情再构的文本。图 2–3 为教师在教学 sometimes 和 always 之后让学生初步运用核心语言开展的语言操练。图 2–4、图 2–5 为学生进一步理解核心语言 sometimes 和 always 提供支架，通过同伴问答、自己表述进行语言交流，及时反馈所学新知，感受 Peter 一家周末的快乐生活。

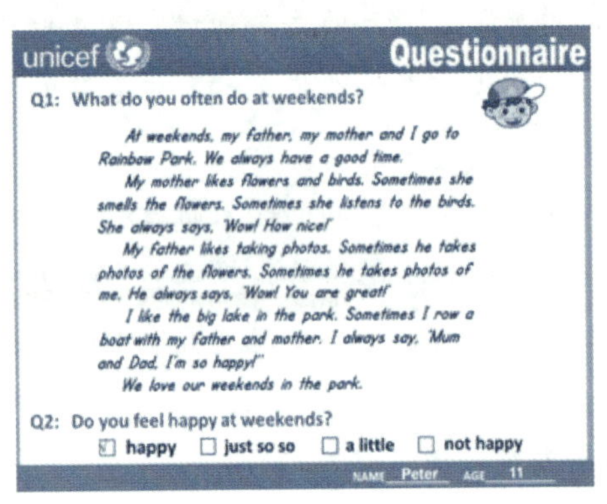

图 2–2

图 2–3

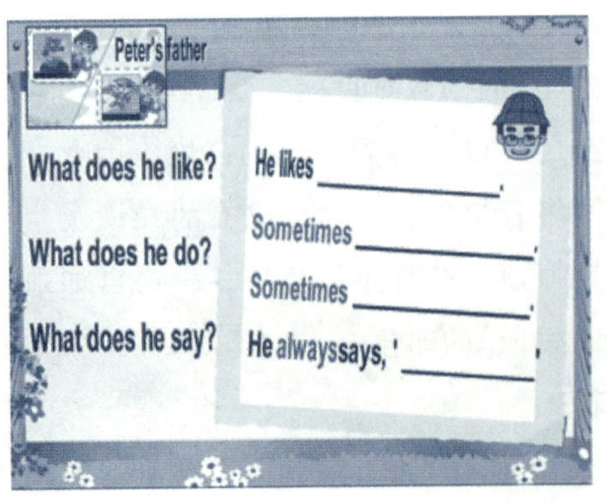

图 2–4

图 2–5

学习新知的过程就是语言输入的过程。模拟情境的创设既可以使学生在这样特定的语境中接触、学习和运用相关的语言知识，也可以通过学习语言，达到完成任务、锻炼能力、形成语用、提升情感的学习目的。

（三）基于开放的语境综合语用，开展交际性的语言交流

交际性的语言交流，属于任务后的教学活动，是课堂教学的重要环节。其主要目的是在任务前、任务中的学习基础之上，让学生在真实开放的语境下，将学习内容内化为自己的知识，以此进行表达、交流和运用。这是学生将所学知识综合运用的过程，也就是语言输出的过程。

1. 借助角色表演，提供交流互动机会

角色表演是学生利用英语进行交际的一种方式。创设语境进行角色表演为学生提供了互动的机会，开发和挖掘了学生运用语言的潜力，激发了他们创造性运用语言的能力。角色表演可分为师生之间的表演和生生之间的表演。师生、生生既可以表演教学内容，加强对本节课教学内容的理解；又可以根据所学内容灵活自由地表演，强化所学知识。

例如，教师在设计《英语》三年级上册（上海教育出版社）Module 3 Unit 8 At the fruit shop 时，可以从学生的生活实际出发，开展语言交流。学生为了完成自己的水果拼盘，要去水果店购买水果。在这一过程中，为了让孩子进一步体验真实的语境，老师可以扮演成水果店营业员。孩子则与“营业员”互动交流，从“营业员”那里购买自己喜爱的水果。在之后的小组活动中，还可以让学生扮演不同角色，在语境中开展对话表演，帮助学生在综合语用的过程中，正确使用核心语言完成买水果、做水果拼盘的任务，使学生在真实的语境中意义化地实现核心语言的正确运用。

2. 结合复述表达，提升语言交际能力

复述是根据语篇的内容、结构等对语篇内容进行重复、重组等形式的表达。复述表达是语篇阅读所要求达到的基本语用输出。在教学中，学生可以利用关键信息的提示，综合运用语篇所呈现的内容和语言，如语音、词汇、语法、语言形式以及表达框架等，进行复述表达。

教师在语境中帮助学生正确地使用核心语言开展有意义的语言交流时，应根据教学任务、教学对象、教学设施、教师本人的素质，选择适当的途径，借助各种手段创设语境，做一个“有心人”。在创设语境时，建议教师注意以下三个方面：

一是语境创设应切合学生生活实际。语境的创设要尽可能地贴近生活，提供与教学内容高度关联且生动直观的现实生活情境。胡编乱造或牵强附会的语境创设只会对正常教学带来负面影响和干扰。

二是语境创设应兼顾学生差异。认知水平受年龄、阅历、知识水平、理解能力等多方面的限制。由于每个学生的生活经历、生长环境等不同，他们的认知水平必然存在差异。因此，在创设语境时，应适合不同程度学生的水平，力图从不同角度、不同

方面提供多样化的设计，使不同能力、不同特点的学生都能获益，不能顾此失彼、有所偏废。

三是语境创设应注意因课而异。虽然语境创设是一种行之有效的教学途径，但它绝非“万金油”。创设语境应因课而异，因具体教学内容而异。如果生搬硬套，纯粹为了创设语境，效果恐怕就要适得其反了。

范例导读

案例

Colourful seasons

教　材：《英语 PEP（三年级起点）》五年级下册（人民教育出版社）
Unit 2 My favourite season Period 2

设计者：沈雯晴，上海市闵行区七宝镇明强小学

（一）案例说明

语言知识是语言运用能力的重要组成部分，是发展语言技能的重要基础。课程标准在第三部分分级标准的语言知识中，确立了对本节话题的定位。“季节”这一话题隶属于二级语言知识，在标准描述中，建议教师帮助学生理解和运用有关“季节”话题的语言表达形式。基于对课程标准的研读、对教材的把握和对学生的认知，本课的重要概念定为“让学生对不同地点的四季特点有所了解”。这一概念的建构涉及以下一些知识：

（1）不同季节的天气。

（2）不同季节中人们的穿着。

（3）不同季节中人们所开展的活动。

针对这些需要学生了解的概念，与以前所学的关于天气、穿着、活动等知识相互整合起来，通过提炼四季多姿多彩的原因：weather，clothes，activities，使学生对不同地点、不同季节的特点和内涵有较为整体的认识，并构建较为完整的知识体系。

本节内容选自《英语 PEP（三年级起点）》五年级下册（人民教育出版社）第二单元，本单元的主题为 My favourite season，是学生在学习及生活中所津津乐道的关于季节的内容。基于五年级学生的认知特点、生活经历，以及教材所给予的语境，教师将这一单元教学内容设计为三个课时，分三个话题，让学生通过语境的不断深入，完成对四季的感受与体验，最终达成单元的总目标。

在第一课时 Beautiful seasons 的语境中，教师注重对学生语言知识的感知，在教学内容中涵盖本单元的目标语言知识，让学生通过学习对话，进行旧知整合、情感渗透，初步感受四季的美好，也为第二、三课时的操练和运用积累大量的语言素材，为单元目标的达成奠定坚实的基础。

在第二课时 Colourful seasons 的语境中，教师根据学生的现有认知水平和生活实际经历，创设学生有话可说、有感可发的语境，注重挖掘学生已有的知识储备，在教学内容中既有丰富目标语言知识的语义，又让学生在熟悉、特定、开放的语境中积累更多的语料，进一步体会到四季不但是美好的，而且是多姿多彩的，为第三课时让学生自己运用语言做了更充分的准备。

在第三课时 My favourite season 的语境中，教师关注学生的学习体验，在真实生活的开放语境中，让学生结合第一、二课时的目标语言，介绍自己最喜爱的季节，表达喜欢这一季节的原因以及它的别具一格，以此来开展语言交流活动，达成本单元的教学目标。

教师力图通过三课时的教学，帮助学生在语境中正确使用核心语言开展有意义的语言交流，展现了"感知—学习—运用"的教学脉络，将学生从学习语言走向运用语言的过程变得更有意义。

下面的内容主要针对第二课时展开。

（二）教学目标

（1）在 colourful seasons 的语境中，学生能在第一课时的基础上学习有关季节活动的核心词汇 plant a tree，have a picnic，ski，ice-skate 及核心句型 What season is it? / Is it...? 同时，在图片及表格的帮助下，能够介绍自己喜爱的某个季节，语音正确，表达较流利。

（2）在 colourful seasons 的语境中，学生能结合旧知及自己在四季中经历过的天气、穿着及活动，运用核心词汇及句型介绍不同地点不同季节的特征，发音正确，语调基本达意，语法基本正确。

（3）在 colourful seasons 的语境中，学生能通过体验不同的季节，挖掘四季多姿多彩的原因，产生对四季的热爱之情。

（三）设计思路

1. 潜移默化，训练思维

这是一节单元统整下的以语篇带动词句学习为主要内容的新授课。本节课将延续第一课时描述四季美好的同时，进一步引导学生寻找四季多姿多彩的原因，并在此基础上，由学生自行归纳出 weather，clothes，activities 是使四季多姿多彩的必备元素，以潜移默化的方式培养学生思考问题的角度。

2. 搜集信息，自主学习

本节课以教材内容为抓手，结合学生现有的认知水平，再构了以 Spring in Shanghai 为蓝本的主体文本（图 2-6），让学生带着提示问题去感知并检索关于 Spring in Shanghai 多姿多彩的原因，有意识地指点学生阅读的方法，让所有学生都能在熟悉的语境中，结合自己的语言积累，去激活旧知，达到本课的基本要求——学会提炼 Spring in Shanghai 多姿多彩的三点原因。

为了使学生在原有的语言积累的语境下，解决对本节课 colourful 一词语义的描述，采用另一个与 Spring in Shanghai 结构相同的主体文本 Winter in Iceland（图 2-7），试图让学生在教师预设的特定语境中自主阅读，通过任务来提取关键信息，初步尝试找寻 Winter in Iceland 多姿多彩的原因。再通过图片及文字的提示，让学生通过 3 个关键信息来表述 Summer in Singapore 和 Autumn in Canada 的多姿多彩，以此初步尝试语用。

In Shanghai, spring is warm and rainy.
The plants grow and grow.
We have shirts and blouses.
We like going outside.
We can plant trees in the garden.
We can have a picnic in the park.
What a colourful season!

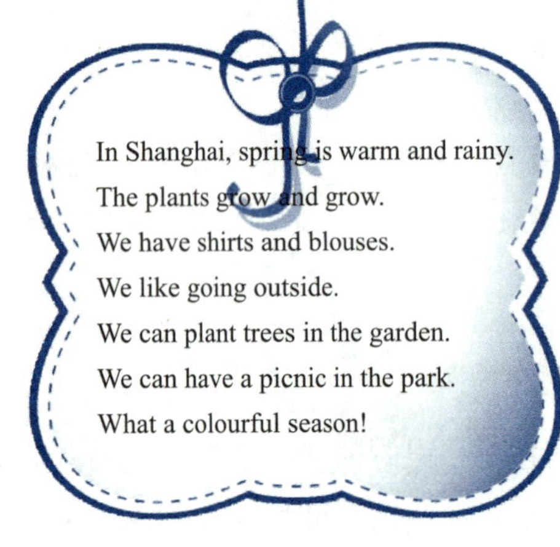

图 2-6

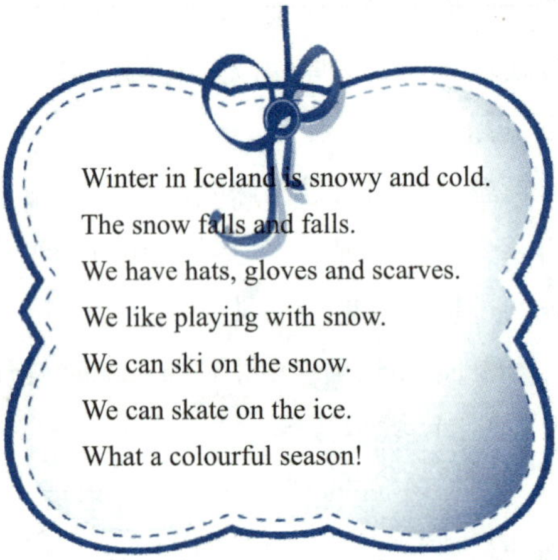

Winter in Iceland is snowy and cold.
The snow falls and falls.
We have hats, gloves and scarves.
We like playing with snow.
We can ski on the snow.
We can skate on the ice.
What a colourful season!

图 2-7

为了能让学生在有意义的语境中运用核心语言开展有意义的语言交流活动，本节课创设了基于学生真实生活的开放语境，让原本就生活在上海的学生结合自己经历过的四季，通过选一选、写一写、说一说、读一读等活动与同伴分享信息，在丰富的语言情境中，开展交际性的语言交流，使课堂活动充满情趣，切实提高课堂教学的有效性。

本节课通过文本教学的推进，帮助学生逐步学会从文本中获取信息、处理信息、分享信息、运用信息，从而提升学生自主学习的能力。

3. 聚焦个体，收获情感

本节课的设计不仅仅停留在让学生对四季进行简单的介绍，更是通过让学生分享和体验主人公 Tony 眼中不同地方的四季，让学生聚焦个体，在学习之余，了解季节不只是自然的场景，它在我们的生活和活动中也是充满色彩的，进而感受季节的多姿多彩。

（四）教学流程

本节课教学流程如图 2-8 所示。

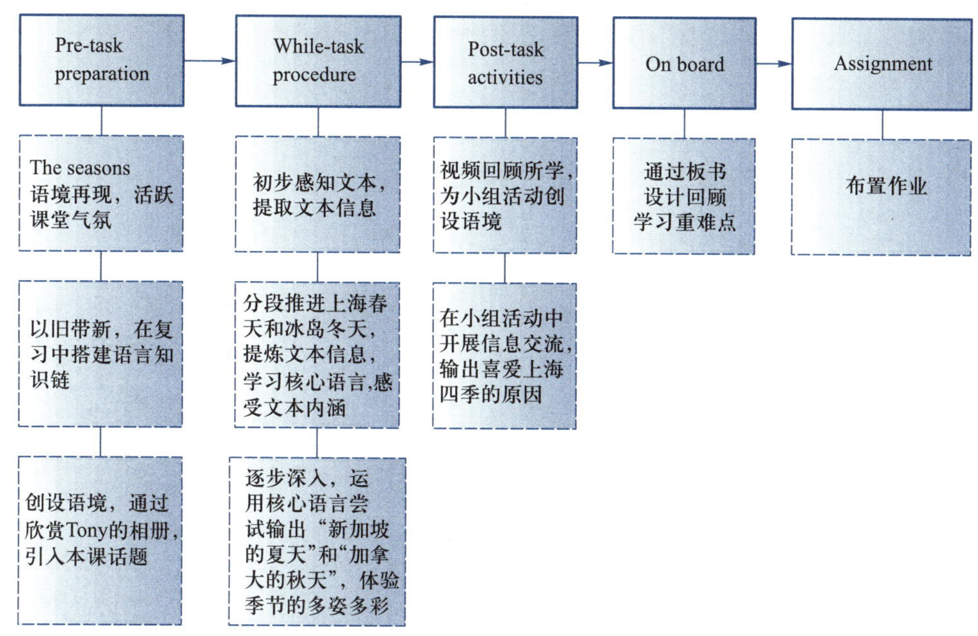

图 2-8

【教学评析】

这节课给人的感受就是美。从这节课可以看到教师对课程标准、教材、学生的把握以及对课堂一种成熟的思考。教师创设了全语境的课堂，将文本内容、文本语言、文本情感无痕地渗透到教学中去，使学生及听课教师在不知不觉中体验了四季的美和多姿多彩。

1. 基于熟悉的语境激活旧知，开展准备性的语言交流

为了使学生打开思维，开展准备性的语言交流，教师对教学话题、教学内容做了一些语言上的准备，帮助学生提取已学语言知识，即：不同季节中的天气、人们的穿着、人们所开展的活动，让学生了解不同地点不同季节的特征。在这一教学过程中，老师为学生搭建起了熟悉的语境 Spring in Shanghai，让这些生活在上海的学生结合自己经历过的四季，唤起对已学语言知识的记忆，通过特定的语言交流，深化对已学语言知识的真正理解与体会。

2. 基于特定的语境学习新知，开展针对性的语言交流

在 Spring in Shanghai 的语境中，学生在教师的帮助下学习了如何获取关于上海的春天多姿多彩的原因：weather，clothes，activities 三点信息。在 Winter in Iceland 的语境中，学生在学习知识的同时，又要根据之前所学的获取信息的方法，在这一特定的语境中，自己尝试从文本中获取信息、处理信息、分享信息、运用信息。而分享信息、运用信息的过程，其实就是在开展有针对性的语言交流活动，让学生运用相关的语言知识，达到完成任务、锻炼能力、形成语用、提升情感的学习目的。

纵观整节课，教师在教学过程中以语篇为载体，通过视听导入、整体感知、分段推进、词句训练、整体感受、尝试语用、互动交流、提升情感这几个步骤来帮助学生完成对四季多姿多彩的体验。不仅在教学过程中帮助学生梳理了教学思路，更引导学生以整体性的思考去开展有意义的语言交流与表达。

（点评人：朱浦，上海市教育委员会教学研究室）

微课程 2-1　Colourful seasons

微课程 2-2　Buying fruit

教学关键问题3　如何运用有效策略帮助学生了解句子意思，知晓故事或短文大意？

教学关键问题提出

语言理解活动应该遵循由表及里、由大意到细节的原则。在开展阅读活动时教师首先应该帮助学生了解句子意思，知晓故事或短文大意。但在实际教学中，教师对如何指导学生循序渐进地开展阅读活动并不明确，教师和学生在实践中常常会遇到以下一些困惑：

教师：如何帮助学生迅速了解故事或短文的主题？如何引导学生联系上下文了解句子意思？如何指导学生寻找并理解主题句？如何指导学生进行意群化的朗读？等等。

学生：碰到不认识的单词该怎么办？如何快速了解所读内容？等等。

《义务教育英语课程标准（2011年版）》指出："语言技能是语言运用能力的重要组成部分，主要包括听、说、读、写等方面的技能以及这些技能的综合运用。听和读是理解的技能……"针对小学阶段的学生，语言技能对于"读"的二级标准描述有："能读懂教材中简短的要求或指令。能看懂贺卡等所表达的简单信息。能借助图片读懂简单的故事或小短文，并养成按意群阅读的习惯。"这些规定既是语言技能内容又是学生学习的目标，这里研究的是"读"技能中的初级阶段，为进一步理解内容做好准备。

教学关键问题分析

小学生缺乏足够的词汇支撑和阅读经验，教师应帮助他们在英语阅读过程中采用有效策略迈开阅读的第一步——了解句子意思、知晓故事或短文大意。在实际教学中，部分教师缺乏对阅读的正确理解，不能遵循学生学习目标的循序渐进原则，忽略"了解""知道"的过程直接要求学生"理解"内容、完成任务，增加了阅读的困难，使学生形成了一些错误的阅读习惯。

"了解"是指通过某种方式获得信息或知识，强调知识获得的过程。"了解"与英语中get to know意思最接近。"知道"即"知晓"，是指经过简单的观察就能获得的事实性知识，一般不需要太多的思考和推理。它与英语中的know意思最接近。"理解"

是指通过思维活动来认识规律、获得他人传达的意义等。与“知道”和“了解”相比较，“理解”更加强调思维的过程。可以认为，“了解”和“知晓”要求学生能指认内容、区别表象，是理解的前认知阶段。“了解句子意思”是指学生通过阅读语篇，借助与文字相关的辅助材料，进行简单的观察推理活动获得句子的大概意思。“知晓故事或短文大意”是指学生采用恰当的阅读策略在简单观察和快速阅读后知道所读内容的大意。在“了解”和“知晓”这一前认知阶段，策略的选择要遵循小学生的年龄特点和认知规律。小学阶段的孩子处于感知运动阶段，他们学习的主要特点是依赖直观的外在感受，看到的事物是缺乏整体的，也缺乏抽象的思维能力。所以，在指导小学生阅读时要优先采取直观形象的手段，如运用图片、实物等激发阅读兴趣和想象；给予学生的阅读材料要尽量生活化，凸显核心意思，强调趣味性和学生对阅读的体验。

教学关键问题解决

学生读懂句子意思，了解故事或短文大意是开展多层次阅读、习得语言知识和语言技能的首要环节。按照布鲁姆的“教育目标分类法”，在认知领域的教育目标可分成知道（知识）、领会（理解）、应用、分析、综合、评价等六级。这里讨论的是属于该分类法中的第一级目标——知道，指认识并记忆。该问题的解决是学生认知目标能进一步深入的前提条件。

课程标准强调突出“核心价值、育人能力、学习经历”，其中学生必要的“学习经历”，要求体现学生认识、理解、熟悉、运用的消化吸收过程，从而形成有效的语言训练的策略。学生在阅读时也有一个从了解、知晓到理解和运用的过程。在阅读的起始阶段，教师可以采取图3-1所示的流程去指导学生达成“了解”和“知晓”的目标。

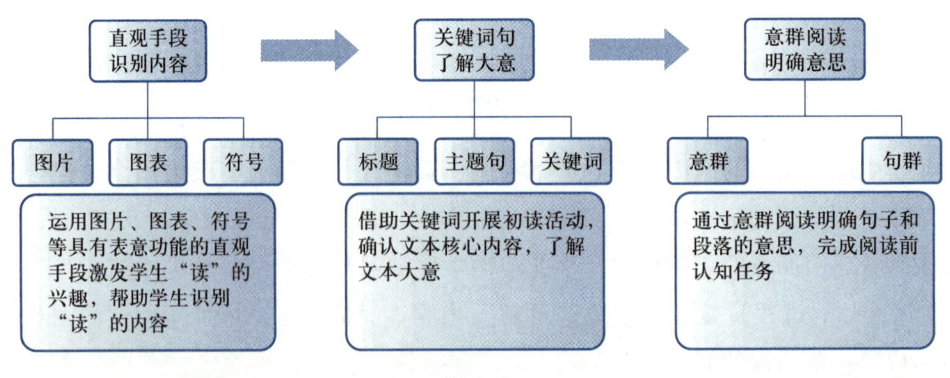

图3-1

（一）运用直观形象手段，帮助学生识别内容

根据小学生的学习特点——形象思维占主导，教师在指导学生开展阅读活动时首

先应采用直观形象的手段去帮助他们识别将要阅读的内容。教师可以借助图片、图表、符号等激发学生读的兴趣，激活已有经验。在阅读教学中，直观形象的图片、声情并茂的多媒体教学手段能帮助学生理解，训练学生思维，激发学生的求知欲，挖掘学生的想象力。

1. 图片

图片是由文本通向学生生活体验的桥梁。面对成段的文字和不时出现的新词汇、新短语，如何让学生正确理解呢？在英语阅读前，教师可以借助指向明确、表意清晰的图片帮助学生了解阅读的语境和相关信息，帮助学生简化短文内容，理解短文内容，更明确地指向短文的重点，提高阅读的速度和效率。

例如，《英语》三年级上册（上海教育出版社）Module 4 Unit 12 The four seasons 中的 Listen and say 部分的教材内容是：In spring, it is warm. In summer, it is hot. In autumn, it is cool. In winter, it is cold. 在这个内容中四个季节单词都属于抽象名词，教师可以在学生阅读前先出示教材提供的春、夏、秋、冬四幅图片。由于这四幅图片具有明显的对比性和表意功能，学生能马上识别它们所指向的四个季节单词。同时教师运用问题激发学生联系已有生活经验识别 warm，hot，cool，cold 这四个表达感受的单词。

通过图片的引导，学生基本能顺利识别所学文本中的句子意思和整体内容，为进一步理解和运用打好充分的基础，留出充足的时间。

2. 图表

图表泛指可直观展示统计信息属性，对挖掘知识和直观、生动感受信息起关键作用的图形结构，是一种很好的将对象属性数据直观、形象地可视化的手段。

图表具有以下表达特性：一是信息表达的准确性，对事物的内容、性质或数量等表达准确无误；二是信息表达的可读性，图表一般都通俗易懂，尤其是用于大众传播的图表；三是图表设计的艺术性，图表是通过视觉的传递来完成，必须符合人们的欣赏习惯和审美情趣，这也是它区别于文字表达的艺术特性。图表的这些特性符合小学生的认知规律，易于激发他们学习的兴趣，有助于他们识别学习的内容。小学教材中也经常使用图表来帮助学生读懂内容。

例如，《英语》六年级上册（上海教育出版社）Module 1 Unit 3 Healthy or unhealthy, Look and read 中的教材内容如图 3-2 所示。

这篇短文的核心内容是健康的生活方式。教师在学生阅读前先出示图 3-3 所示的两张图。引导学生在识别图中的食物单词后观察食物的排列顺序和三角的方向，对比两张图说说两种不同的饮食习惯：Tim eats a lot of ... He eats some ... too. But he doesn't eat ... very often. 之后，让学生选择他们喜欢或认可的饮食习惯并简要说明理由。

有了图表的导入，学生基本了解了将要阅读的内容，为进一步理解 healthy 和 unhealthy 的生活方式做好了充分准备。

Tim and Judy eat a lot of fruit and vegetables. They eat a lot of rice and drink a lot of water. They eat some fish, chicken and eggs. They also drink some milk. They eat a little sweet food.

Tim and Judy often play sport. They are strong and healthy.

Lily and Bob eat a lot of candy, hamburgers, ice cream and chocolate. They drink a lot of cola. They do not like bread, rice, fruit or vegetables.

Lily and Bob do not play sport very often. They are fat and unhealthy.

图 3-2　六年级上册 Module 1 Unit 3 教材内容

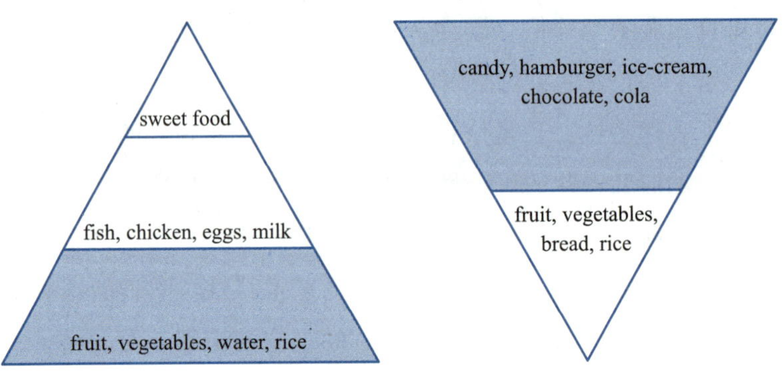

图 3-3　饮食习惯表

3. 符号

符号是具有某种代表意义或性质的标志。不同版本的英语教材都引用了一些生活中常见的符号。比如表示地点的标志（如地铁站），表示规则的标志（如 No smoking），表示方向的符号（如 Exit）等。这些符号既能帮助学生认识词汇，了解句子的意思，又有助于学生知晓通篇内容的重点。教师还可以根据故事或短文编制简单的符号传达核心意思，供学生在阅读的第一阶段迅速了解内容。

例如，《英语》三年级下册（上海教育出版社）Module 3 Unit 9 A day on the farm

中 Listen and say 部分的教材内容主要围绕农场规则，教师可以根据学生情况把对话文本改编成叙述性故事，适当拓展规则的内容供学生阅读。

> Miss Fang and the children visit Mr MacDonald's farm. There are some rules on the farm. Don't litter. Don't pick the flowers. Don't climb the tree. Don't throw stones. The children follow the rules. They see many animals. They have a nice day.

教师在指导学生阅读之前先出示一些标志符号，如图 3-4 所示。

图 3-4　表示规则的符号

首先请学生识别这些符号表达的内容，进而引导学生了解短文中核心句型 Don't ... 的意思。接着通过提问 Where do you see them? Why do we have them in...? 引导学生了解这些符号出现的场所和意义，为正确理解短文做准备。

符号在教学中能传递重要信息，对学习起到事半功倍的推动作用，但教师在选取符号时要注意符号必须是学生生活中熟悉的，符合其已有语言水平。

（二）借助关键词句，了解大意

借助形象直观手段识别阅读内容后，学生进入设定的阅读语境，开始尝试“读”的活动。尽管学生这时已经对所读内容有所了解，但仍有很多学生在阅读中找不到重点，在整体了解内容时存在困难。这时就需要指导学生抓住关键词句去了解故事或短文的大意。在阅读过程中，培养学生寻找关键词句的能力，对帮助学生更快、更准确地了解文本所表达的内容，提高学生读的效率有显著作用。抓住关键词句来读懂文本是进行文本学习的一种重要方法。确定关键词句的过程就是教师引导学生确认文本核心的过程。英语文本中的关键词句主要分成三类：标题（title）、主题句（topic sentence）、关键词（key words）。

1. 标题

标题是标明文章、作品等内容的简短语句。标题是文章的眉目。教师在指导学生开始朗读时可以先从标题入手，通过相关问题引导学生解读标题、了解内容。

例如，《英语》五年级上册（上海教育出版社）Module 1 Unit 1 My future 中的 Read a story 部分的教材内容是故事 Froggy's new job。

阅读故事之前，教师可先请学生仔细读题目，认真思考下列问题：Who's Froggy? What can he do? What may be his job? Why? What can be his new job? Why do you think so? 学生从故事题目出发，通过思考和讨论这些问题，逐步了解故事的主人公和故事发展的线索。

通过阅读和分析标题，学生很快抓住了故事的主要内容，既激发了读的兴趣，又明确了读的思路。

2. 主题句

每个故事或短文都是一个有机的整体。每个段落通常都有一个句子表达它的主题思想，这个句子叫做主题句。

小学高年级教材中出现的阅读语篇都比较完整，教师可以根据实际情况适当改编文本，安排主题句降低学生读的难度。通过寻找、阅读主题句帮助学生先在头脑里树立故事或短文的内容框架，然后再仔细阅读，是了解故事或短文整体内容的好方法。

例如，《英语》五年级下册（上海教育出版社）Module 4 Unit 11 Children's Day 中的 Listen and say 部分。

在教学时教师可以整合内容，重构出以下阅读文本：

> It's Children's Day.
>
> In the morning, Alice and her classmates have a party in the school. They sing and dance. They play games. How fun!
>
> In the afternoon, Alice goes to the zoo with her parents. They see many animals. Alice likes animals. She takes photos with them. How fun!
>
> In the evening, Alice goes to the cinema with her friend. They see a nice film. It's Harry Porter. How fun!

整合重构后的文本段落清晰、内容明确。教师指导学生寻找各段的主题句，学生通过自主尝试后发现主题句均位于段首，且高度概括了各段的主要内容，从而了解该短文是按时间顺序用三个活动来描述儿童节，这样就基本了解了短文的大意。

3. 关键词

抓住关键词是一种很重要、很实用的阅读技巧。关键词在阅读中的妙用在于它能帮助我们快速地确定文本中关键信息的位置，理解文章的基本结构。教师在指导学生读的时候不可能面面俱到，而应抓住能突出故事或短文主要内容的中心词、展示文章思路的线索词、最富有表现力的精彩词。学生如若能准确地抓住关键词，就能达到“牵一词而动全文”的效果，做到事半功倍，还能指引其思维方向，激发其学习兴趣。

例如，《英语》五年级下册（上海教育出版社）Module 3 Unit 7 Open Day, Look and read 部分。

教师在指导学生朗读这篇短文时，首先指导学生找到短文中表示顺序的关键词：first, next, then, after that, finally。这些关键词分别指向 parents 在 open day 这一天的活动顺序和活动内容。学生找到这些关键词也就了解了短文的阅读线索和主要内容。接着教师通过提问，如 What do parents do first? What do they do next? 帮助学生了解短文所描写的具体内容。

抓住关键词不仅提高了学生阅读的效率，同时也有利于学生养成有逻辑地表达的习惯。

（三）通过意群或句群朗读，帮助学生进一步了解意思

学生借助关键词句了解故事或短文的主要内容之后，就要开始进入具体朗读的活动。但这时仍有不少学生抓不住读的重点，对文本的整体了解感到困难。这就需要教师指导学生通过按意群朗读来进一步了解意思。

1. 意群

意群是指句子中按意思和结构划分出的各个成分，每一个成分即称为一个意群。同一意群中的词与词的关系紧密相关，密不可分，否则就会引起误解。

意群的存在，可以让我们更容易理解或学习。阅读时学生应获得一个完整的意群，而不是支零破碎的片段，这个整体越大，就越容易识别和记忆。通过意群朗读，学生能更准确地了解句子意思，并养成良好的阅读习惯。

例如，《英语》四年级下册（上海教育出版社）Module 3 Unit 7 My Day 中的 Listen and say 部分的教材内容如下：

Kitty gets up at seven o'clock. Kitty brushes her teeth at a quarter past seven. Kitty and her mother have breakfast together. Kitty goes to school at a quarter to eight.

在这段文本中大部分句子的意群结构都是相同的，即 who + what to do + when to do。教师可以有意识地训练学生运用停顿、连读正确朗读这些句子，帮助学生掌握意群朗读，使他们快速识别和记忆这些句子，并实现对整篇短文的进一步了解。

意群朗读也可用于检验学生是否了解句子意思，确保文本阅读活动的有效性。

2. 句群

句群，又叫句组，是几个在意义和结构上有密切联系的各自独立的句子组成的言语交际单位，即：由前后连贯共同表示一个中心意思的几个句子组成。一个句群至少要有两个句子，句子之间有一定的逻辑关系，句群中的句子从不同的角度表达中心语义。和意群一样，句群的朗读同样能起到帮助学生了解文本主要内容的作用。

例如，《英语》五年级下册（上海教育出版社）Module 4 Unit 11 Children's Day 的案例中，学生在教师指导下借助主题句快速了解短文叙述的顺序和所要表达的主要意思，也明确了文本的三个主要句群。通过分段的句群朗读，学生能进一步了解各个段落的内容。

由此可见，无论是意群还是句群的朗读，都是保证学生在循序渐进的基础上完成阅读理解的第一阶段目标——了解句子意思、知晓故事或短文大意的有力措施。

范例导读

案例

At the science museum

教　材：《英语（全国版）》六年级上册（上海教育出版社）

Module 3 Unit 8 Visiting Museums Period 2

设计者：陆文蕾，周言枫，青浦区实验小学

（一）案例说明

本课选自《牛津英语（全国版）》六年级上册（上海教育出版社）Module 3 Unit 8 Visiting Museums，是第三模块 Out and about 中第八单元 Visiting Museums 的第二课时。本单元主要从博物馆概述、博物馆特色、博物馆内容三方面进行教学：通过介绍上海科技馆，唤起学生对博物馆的直观的感受；通过介绍罗浮宫、故宫，开拓学生的眼界；让学生谈谈自己眼中的博物馆，加深对各类博物馆的体验和感悟。

针对小学阶段的学生，语言技能二级标准规定："能读懂教材中简短的要求或指令。能看懂贺卡等所表达的简单信息。能借助图片读懂简单的故事或小短文，并养成按意群阅读的习惯。"这些规定既是语言技能内容又是学生学习的目标，本课题研究的是"读"技能中的初级阶段——了解句子意思，知晓故事或短文大意，即如何通过有效的策略和方法指导学生达到"读"这一语言技能目标的初级阶段，为进一步理解读的内容做好准备。

通过前期学习，学生已经对句子、故事和短文内容有了初步的指认能力和良好的阅读习惯，但对关键语句意思的了解还存在一定困难，缺乏梳理并阅读意群或句群从而进一步了解大意的能力。本课中，学生要达到"了解句子意思，知晓故事或短文大意，从而体验博物馆的特色和乐趣"的水平，就需要教师在教学过程中联系已学知识，运用有效策略，指导学生借助关键词句，阅读意群和句群，最终清晰地知晓大意。作为本单元的第二课时，本课的重点是让学生在有效策略的引导下，了解句子意思，知晓短文大意，激发对机器人世界的兴趣，开阔眼界。

（二）教学目标

（1）能通过图片、视频等直观手段了解核心词汇含义，并尝试运用。

（2）能尝试运用核心句型描述 The World of Robots 展厅的特色。

（3）能借助关键词句了解短文大意。

（4）能通过意群或句群的阅读，进一步了解短文意思，体验科技馆特色。

（三）设计思路

本课时通过跟随 Kitty 和 Ben 参观上海科技馆，了解并体验科技馆的代表性场馆——机器人世界。

在 Pre-task 部分，通过讨论，复习前一课时所学；通过朗读，整体感知短文，找出核心词句，自然过渡到新知的学习。

在 While-task 部分，通过对导览图的阅读，形成对上海科技馆的大致了解。在学习机器人世界时，通过视频、文本、小组合作等方式，进行有效阅读，了解大意。

在 Post-task 部分，尝试介绍机器人世界，并联系实际谈谈其他场馆。

在阅读过程中，通过培养学生寻找关键词句的能力，帮助学生更快、更准确地了解文本所表达的内容，了解核心句子意思和短文大意，体验科技馆的特色和乐趣，形成关注关键词句、阅读意群或句群的习惯和能力。最后，学生尝试介绍上海科技馆，在了解大意的基础上表达情感，最终感受到博物馆是个有趣的“课外教室”。

（四）教学流程

本节课教学流程如图 3-5 所示。

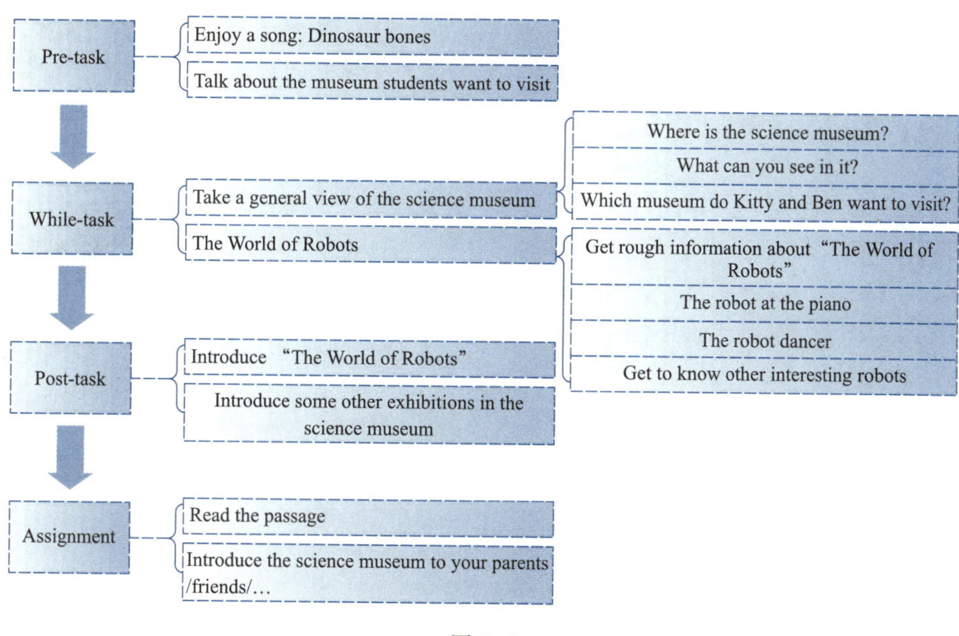

图 3-5

【教学评析】

本节课是《英语（牛津全国版）》六年级上册（上海教育出版社）Module 3 Unit 8 Visiting Museums 的第二课时 At the science museum。本节课主要体现以下两个特点：

1. 真实语境，激发兴趣

教师的教学设计基于课程标准与教材内容，合理且符合学生学力。同时，教师非常重视语境的创设，始终在真实的语境中开展核心词汇的学习。语境、目标和内容相互统一，使得教学的开展更为顺畅。教师创设了看导览图、参观场馆、观看机器人表演等真实的语境，让学生自然投入其中，且语境过渡自然，不显突兀。此外，教师通过丰富的图片、视频等直观手段帮助学生指认和辨识核心词汇，图意结合，也将学生的积极性完全调动了起来，在情境中感受和体验参观的乐趣和收获。

2. 有效引导，激活思维

教师运用多种策略，如听读文本、给文本排序编号、回答问题等一系列活动，引导学生通过各种形式的“读”来了解文本含义。教师还有意识地培养学生有效阅读的方法：引导学生抓取关键词句提炼核心语言，划分意群或句群，在梳理和阅读的过程中进一步了解其中的含义。学生在阅读中学会了思考，能够根据自己的感受和想法有选择地表达，最后的输出完整且有条理。

（点评人：杨建中，上海市青浦区教师进修学院）

微课程 3-1　Mother's Day

微课程 3-2　Children's Day

教学关键问题4　如何帮助学生在语篇阅读中提取和整理关键信息，正确表达文本的内容？

教学关键问题提出

语言技能主要包括听、说、读、写以及这些技能的综合运用。听读作为理解层面的技能，既是英语学习的内容，又是英语学习的手段。要求学生应能初步运用听、说、读、写四项语言技能获取、处理和传递所需信息；在具体语境下开展有效交流。在小学阶段，学生主要掌握以下阅读基本技能：根据图片等提示认读，基本理解大意，理解语篇主要内容，借助图片理解具体信息，朗读。

在语篇教学中，当所读语篇中含有大量信息时，学生会不知该如何表达文本的内容。这主要是因为一些教师过于侧重学生对语言知识的学习，缺乏对学生关键信息提取和整理能力的指导，缺乏指导学生利用关键信息进行表达的策略。在教学中，教师需要帮助学生掌握一定的方法和策略，提取和整理语篇中的关键信息，在具体的语境下进行交流表达。

教学关键问题分析

语篇指的是实际使用的语言单位，是交流过程中一系列连续的语段或句子所构成的语言整体，其中各成分之间，在形式上是衔接的，在语义上是连贯的。简单地说，任何以特定文本整体呈现的语言材料，都可称之为语篇。语篇是学生英语学习的重要语言材料，通过语篇学习，学生能获取信息，吸收语言知识点，了解国内外文化并进行实际交流和表达，从而提高综合语言运用能力。关键信息是指在语篇的学习过程中，能够帮助学生理解语篇、解决重点难点和综合运用语言知识的重要信息。表达是用口说或用文字把思想感情表示出来，本关键问题中所提的“表达文本的内容”指的是通过模拟、转述和扩充语篇语言结构等方式，把对文本内容的理解用语言表示出来。

在教学实践中，为了帮助学生通过阅读语篇，提取和整理关键信息，正确表达文本的内容，教师需要具备指导学生进行有效提取和整理信息的能力和策略，具备指导学生表达的能力和策略；学生需要掌握一定的阅读基本技能，具备理解语篇的能力，具有一定的逻辑思维能力，掌握表达的基本技能等。在实际教学中，教师经常遇到以下一些困难和疑惑：如何帮助学生提取语篇信息？如何确定提取关键信息的标准？如何根据信息，对语篇进行完整的框架设计？如何使关键信息更利于学生对语篇内容的表达？等等。

教学关键问题解决

帮助学生在语篇阅读中提取和整理关键信息，正确表达文本的内容的过程一般包括以下步骤：基于语篇内容，提取相关信息；根据语篇话题，整理关键信息；利用关键信息，表达文本内容。《义务教育英语课程标准（2011 年版）》指出，学生的语言学习和实践活动“应有助于学生学会用英语做事情，特别是用英语获取、处理和传递信息，表达简单的个人观点和感受，从而提升实际语言运用的能力”。在阅读语篇的过程中，要让学生提取和整理关键信息，正确表达文本的内容，需要以下次位概念来支撑，如图 4-1 所示。

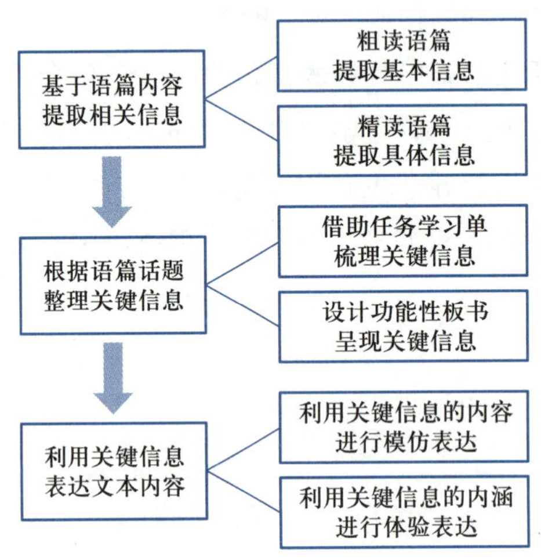

图 4-1　问题解决途径—策略推动

为此，建议教师在开展教学中关注以下策略的使用：

（一）基于语篇内容，提取相关信息

小学生接触的语篇内容通常是鲜活的、生动的、具有一定语境的富有意义的语言材料，其中包含了各种信息。作者将自己头脑中的信息编码，形成语篇，读者再把语篇解码，获取信息。因此，在小学英语教学中，阅读语篇就是教师和学生共同从语篇中获取信息的过程。

1. 粗读语篇，提取基本信息

粗读全文，提取基本信息是阅读语篇的第一个步骤。粗读指的是让学生快速阅读全文，理清文章脉络，明确文章的主题思想。其目的就是通过快速浏览语篇，提取基本信息，帮助学生形成对语篇内容的整体理解。一般来说，需要学生提取的基本信息

包括时间、地点、人物和主要事件等，即解决 when、where、who、what 等问题。在学生粗读前，教师可先设置问题，鼓励学生带着问题阅读语篇，并提取基本信息，也可在学生阅读后组织问答、连线、排序、填词等活动对学生是否获取准确的信息进行检测。

例如，《英语 PEP（三年级起点）》三年级下册（人民教育出版社）Unit 4 Where is my car? 的 Story time 中讲述了 Zip 与 Zoom 捉迷藏的故事。在组织学生阅读故事前，教师先提出两个问题：What are Zip and Zoom playing? Can Zoom find Zip? 学生带着问题快速阅读，积极思考，在教师的引导下不难发现问题的答案：Zip and Zoom are playing hide and seek. But Zoom cannot find Zip. 能回答出这两个问题就说明学生了解了故事大意，获取了语篇的基本信息，可以进行更深入的阅读。

粗读语篇能帮助学生了解语篇大意，提取基本信息，在此基础上，学生可进行更深入的阅读。

2. 精读语篇，提取具体信息

精读语篇，提取具体信息是阅读语篇的第二个步骤。精读指的是在基本了解语篇内容的基础上，通过抓细节、找主题句、猜词义等具体的任务和要求进一步地阅读语篇，从而掌握相应的单词、句型、结构、主旨、内涵等，也就是在教师的引导下，学生提取更多的具体信息。一般来说，学生需要提取的具体信息是事物发生的缘由、发展过程等相对细节的信息，即解决 how、why 的问题。教师在教学中可根据语篇内容为学生创设真实的情境，组织读读、说说、练练、猜猜、唱唱、演演等丰富的活动或游戏，让学生在思考、尝试、合作、参与、探究中提取语篇的具体信息。

例如，《英语（三年级起点）》四年级下册（上海教育出版社）Module 4 Unit 10 My garden 中的故事 Two seeds，短短的六幅图文既包含新词、新句、故事情节，还传递了较多其他信息，如植物生长所需的必要条件包括土壤、阳光、水分，植物的基本组成部分有根、茎、叶、花，以及植物的生长顺序等。在这一教学过程中，教师要求学生通过仔细观察课文插图、阅读语篇，以及回答诸如 The seeds are thirsty, who can help them? 之类的问题，引导学生在语篇中划出关键词，通过观察、思考、讨论等逐步提取植物生长所需的必要条件及其他具体的信息。

由此可见，在语篇阅读教学中，粗读是精读的基础，精读是粗读的深化。教师通过有效引导学生粗读、精读来提取语篇内容的相关信息，可以为学生整理关键信息，正确表达文本的内容打下基础。

（二）根据语篇话题，整理关键信息

在小学英语教学中，语篇的内容都是围绕课时话题编写的。围绕话题展开教学是培养学生综合语言运用能力的有效手段。因此，在语篇阅读中，教师要根据话题，对提取的相关信息进行梳理，整理出关键信息，为学生综合运用这些信息奠定基础。

1. 借助任务学习单，梳理关键信息

任务学习单是教师根据课程要求和学生实际设计并提供给学生进行自主学习的一种支架式任务单。在教学中使用任务学习单，学生运用目的语进行理解、交际，他们的注意力也同样集中在语段的意义上。在完成任务的过程中，学生自然地、有意义地增进了目的语的习得。在阅读语篇的过程中，学生通过粗读、细读，提取出的语篇信息是多方面的。这些信息涵盖了与话题、语篇的主要陈述点、教学重难点等方面。借助任务学习单，可以引导学生在任务的驱动下，围绕话题，对提取的信息进行筛选、逻辑分类等，从而提炼出语篇的核心语义。

例如，《英语（牛津上海版）》四年级第二学期（试用本）(上海教育出版社) Module 4 Unit 2 Festivals in China 中，教师为了让学生根据话题 The Spring Festival 整理出语篇的关键信息，设计了以下任务学习单。

While-task worksheet

Fill in the blanks.（选择正确的信息，填入表格中）

visit friends and relatives　　watch fireworks

like the beautiful fireworks　　January or February

important Chinese festival　　fish and dumplings

The Spring Festival

Month	
Food	
Activities	

这就要求学生对信息进行筛选，把不需要的、不重要的、重复的信息去除，并通过表格中的 Month，Food，Activities 三项，帮助学生对信息进行逻辑分类。

由此可见，在语篇阅读中，借助任务学习单，梳理关键信息，能够帮助学生提纲挈领地理解全篇，抓住文本的精髓，从而帮助学生对文本内容进行准确表达。

2. 设计功能性板书，呈现关键信息

板书是教师在备课中构思的艺术结晶，是学生感知信息的视觉渠道，是发展学生智力和形成良好思维品质的桥梁和工具。板书如同微型教案，教师在教学过程中运用文字、符号、绘图、列表等提炼语篇精华，将关键信息进行整体处理，呈现在黑板上。成功的板书不是单纯呈现单词、句型的单列式教学的板书，而必须是凸显文本话题、内容、语言和情感的具有语义功能的板书。

例如，《英语（三年级起点）》四年级上册（上海教育出版社）Module 4 Unit 11 Shapes 中，教师根据语篇内容，设计话题为 A super designer。本课时的板书设计（图 4–2），图文并茂，话题、内容和语言一目了然。

A super designer				
What shape	What	Who	Why	
I have ...	I can make ...	for ...		
6 squares			put food	
1 rectangle 4 circles			ride	
1 triangle 1 star			dance	

图 4-2　功能性板书设计

最后，学生能利用各种形状，为家人或朋友设计一份礼物，并从 What shape、What、Who、Why 四个方面运用核心词汇和句型介绍和描写设计礼物的意图。

在教学过程中，板书中所呈现的关键信息，使学生对语篇内容的理解更清晰全面，为学生围绕话题进行语用输出搭建了很好的支架。根据语篇话题，整理关键信息，是培养学生阅读能力的一项有效策略。但是，在小学阶段，由于年龄特征与思维水平的限制，学生需要在教师的引导下进行信息梳理，从而进一步提高学生的表达能力。

（三）利用关键信息，表达文本内容

英语表达能力是指用恰当的英语词汇和语言结构表达思维内容的心智能力。在语篇阅读教学中，利用关键信息进行表达，能促进学生对语篇内容和语言的理解与运用，还能帮助学生深入体验语篇的内涵，在表达过程中提高英语综合运用能力。

1. 利用关键信息的内容，进行模仿表达

模仿表达，是根据语篇的内容、结构等，对所读语篇进行重复、重组等形式的表达，是控制型表达。模仿表达是语篇阅读所要求达到的基本的语用输出。在教学中常用的教学活动有朗读、复述、转述、表演等。利用关键信息，能帮助学生综合运用语篇所呈现的内容和语言，例如语音、词汇、语法、语言形式以及表达框架等进行模仿表达。

例如，《英语（三年级起点）》五年级下册（上海教育出版社）Module 3 Unit 9 Seeing the doctor 中，教师基于教材内容将课时话题定为 Kitty has a bad cold。

在教学过程中，教师通过一系列的教学活动帮助学生整理出以下关键信息：

Symptoms（症状）		Advice（建议）
not well		take some medicine
a headache	You should	drink a lot of water
a fever		have a good rest
a cold	You shouldn't	go to bed late

接着，学生利用所得关键信息的内容给出 Kitty 在感冒时的建议。在这里，关键信息的内容能够帮助学生建立完整的认知结构，辅助学生进行模仿表达。

因此，合理利用关键信息的内容能够帮助学生建立完整的认知结构，辅助学生表达语篇大意及具体内容。

2. 利用关键信息的内涵，进行体验表达

体验表达要求学生在理解文本内容的基础上，加入个人情感和见解进行表达，是自由型表达。与模仿表达相比，体验表达对学生的阅读和表达能力提出了更高层次的要求。当学生已经对文本的内容有了基本理解后，教师要引导学生围绕关键信息的内容深入挖掘所得关键信息的内涵，使其对文本的内涵理解上升到一个新高度，从而帮助学生进行体验表达。

例如，《英语 PEP（三年级起点）》六年级下册（人民教育出版社）Unit 1 How tall are you? 中的 Story time，教师通过提问：What do you think of the hippo? 引导学生理解关键信息的内涵。在学生理解之后，再追问：What can you learn from the story? 让学生在理解每个人都有自己独特的天赋的基础上，进行自我意见的表达。这既是对所读语篇理解后的综合运用，同时培养了学生的自信心，让每个学生都明白天生我材必有用。

由此可见，关键信息的内涵能够帮助学生表达自己的见解，从而更深刻地理解文本的内容及其背后的含义。利用关键信息，正确表达文本的内容是培养学生表达能力的一种有效策略。因此，教师要注重对学生提取和整理关键信息能力的培养，促进学生对文本内容和内涵的理解，提高学生的语用表达能力。

范例导读

案例

A toothless tiger

教　材：《英语（三年级起点）》五年级下册（上海教育出版社）
Module 3 Unit 9 Seeing the doctor Period 3

设计者：董陈，上海市青浦区朱家角小学；沈晓琴，上海市青浦区颜安小学

（一）案例说明

本课案例选自《英语（三年级起点）》五年级下册（上海教育出版社）Module 3 Unit 9 Seeing the doctor，是第三模块 Things we do 中第三个单元 Seeing the doctor 的第三课时。本单元基于五年级学生的学习基础、年龄特点及生活实际，设计了真实自然的情境和生动有趣的语篇故事，将 Seeing the doctor 的教学内容进行合理分配。本单元旨

在让学生掌握一些简单的病症的英语表达方式，并能用英语给出正确的建议，并培养学生的自理能力。

本堂课是故事语篇教学，以 A toothless tiger 这个话题为主线，学生跟着老虎在 the king of the forest 到 a toothless tiger 的故事情节发展中进行学习。从课始粗读语篇了解故事大概，再分段学习语篇。在分段学习的过程中，通过问题的设置进行精读语篇，提取具体的信息，再借助学习单整理出故事脉络的关键信息。这样能有助于学生利用关键信息对故事内容进行模仿表达和体验表达，有助于学生感悟和体验文本内容的内涵。

（二）教学目标

（1）能正确、流利地朗读本课时的词汇和句型。

（2）能根据问题，精读文本，从文本内容中获取关键信息，即小动物们害怕老虎的原因。

（3）能利用课中学习单，小组精读文本，获取关键信息，即老虎没有牙齿的原因。

（4）能利用板书上的关键信息，模仿表达故事文本内容。

（5）能利用关键信息创编故事，感悟“做任何事情都需要智慧”的深刻内涵。

（三）设计思路

本课时的内容为《英语（三年级起点）》五年级下册（上海教育出版社）Module3 Unit 9 Seeing the doctor 中的第三课时。本课时的话题是 A toothless tiger。本课的故事语篇内容较完整、有趣，故以课本为教学内容。

在 Pre-task 部分，先以 chant 的形式检测课前预习单，让学生快速进入学习状态，激发学习兴趣，同时复习上两课时的学习内容。接着通过提问的形式，自然过渡到新知 toothless。在 While-task 部分中，先让学生粗读文本，给故事图片排序，整体感知故事，从而引入本课的话题：A toothless tiger。将整个故事文本分为三个部分：第一个部分带着学生精读文本，通过教师提问、学生画线的形式，从文本中提取具体的信息。第二部分学生小组合作精读文本，在小组里提问并回答问题，从文本中提取具体的信息。第三个部分是本故事的结尾，精读文本，看图回答。在精读文本的时候，设计了说说演演等活动，让学生在思考、尝试、合作、参与、探究中提取语篇的具体信息。最后利用课中任务单，围绕话题 A toothless tiger，以表格的形式梳理关键信息，抓住文本的精髓，并呈现功能性板书帮助学生正确表达故事内容。在 Post-task 中，通过两种不同层次的活动设计，让学生语用输出：一种是让学生利用关键信息的内容，模仿表达故事内容。另一种是让学生根据故事的发展和故事内涵，体验表达故事内容。

（四）教学流程

本节课教学流程如图 4-3 所示。

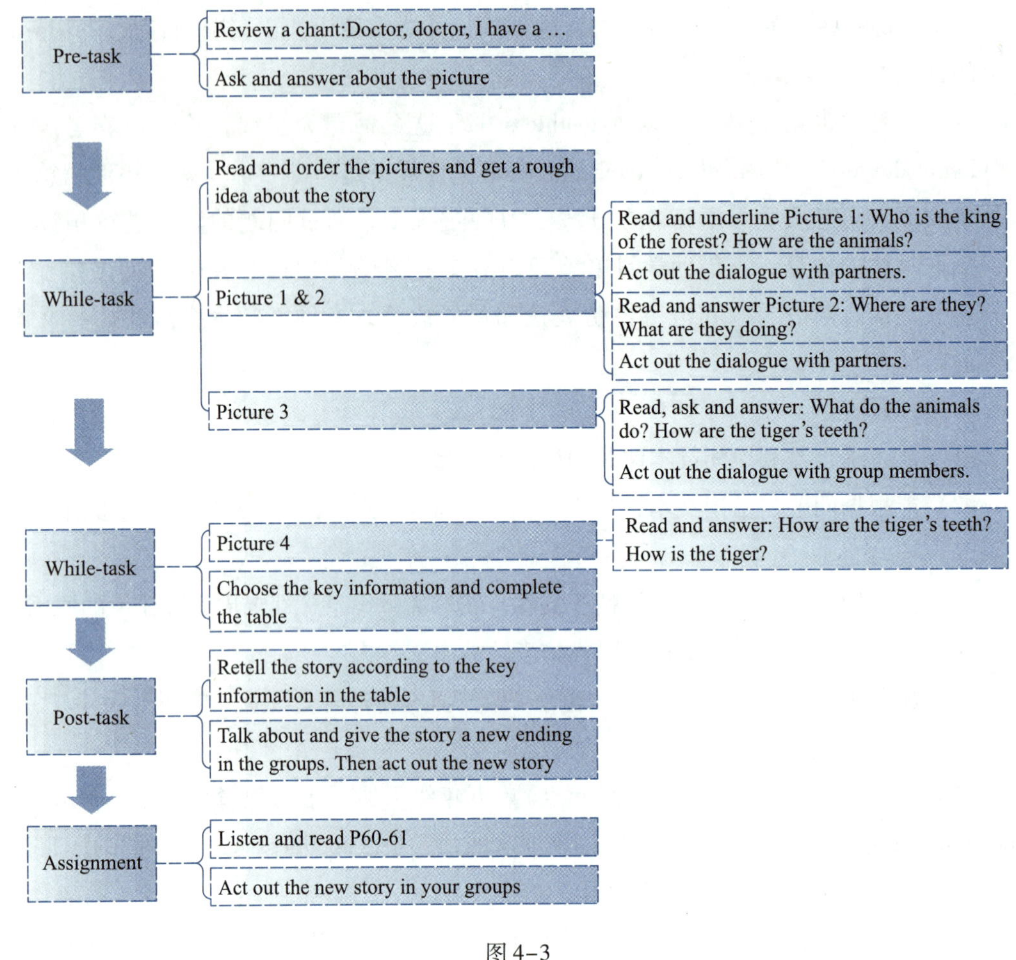

图 4-3

【教学评析】

本课时聚焦故事 A toothless tiger 的教学。教师将故事分为三个部分，运用排序、划关键句、问答、编对话、填表格、模仿等多种形式，帮助学生提取、整理关键信息，并运用关键信息进行体验表达。

1. 基于语篇内容，提取相关信息

在粗读故事的环节，教师设计了简单有趣的给图片排序的活动，大部分学生都能完成任务。通过这一活动，学生对故事有了初步的感知，初步理解了文本大意，提取了基本信息。同时，教师充分调动学生的阅读积极性，让学生在任务驱动下进行自主阅读，在阅读中找到乐趣，品尝成功的喜悦。在精读故事第一部分的环节中，教师根据文本内容，抛出两个问题，要求学生在段落中划出关键句，帮助学生提取相关信息，也在无形中训练了学生阅读的技巧。故事的第二部分，教师把学习主动权交给学生，采用了小组合作学习的方式。学生先每个人独立读课文，基于语篇内容，提出疑问，

随后在小组里解决问题，提取相关信息。

2. 根据语篇话题，整理关键信息

教师运用课中任务单，帮助学生理清关键信息，学生开展小组活动，整理关键信息，随后以板书的形式呈现出来。板书的设计将故事的内容、语言、情感进行了梳理与呈现，为 Post-task 中的语用输出做好充足的准备。

3. 利用关键信息，表达文本内容

本课时通过学习故事 A toothless tiger，学生最终能利用关键信息，正确表达语篇故事的内容，并促进学生对文本内涵的理解：做任何事情都需要智慧。学生借助功能性板书所呈现的关键信息，对故事进行复述，表达故事内容。学有余力的学生根据关键信息及结合故事内容，进行创编故事，体验表达故事内容。

教师通过循序渐进的教学设计，扎实地培养了学生通过阅读英语语料提取信息、整理关键信息的能力和运用关键信息表达文本内容及内涵的能力。

（点评人：杨建中，上海市青浦区教师进修学院）

微课程 4–1　Seeds

微课程 4–2　Kitty has a bad cold

教学关键问题5 如何根据图、文语境，通过写的活动，培养学生规范写句的能力？

教学关键问题提出

语言作为人类交流的工具，需要通过口头表达和书面表达两种途径来实现它的交际功能。而培养、提高学生的书面表达能力历来是英语教学中的难点之一。

《义务教育英语课程标准（2011年版）》中提出的英语课程总目标是：通过英语学习使学生形成初步的综合语言运用能力，促进心智发展，提高人文素养。综合语言运用能力的形成建立在语言技能、语言知识、情感态度、学习策略和文化意识等方面整体发展的基础之上。其中，语言技能和语言知识是综合语言运用能力的基础。写，作为语言表达的技能，是语言运用能力的重要组成部分。由于人与人之间的交往总是与一定的文化或社会环境相关，所以，语言的运用是在语境中实现语言的交际功能。因此，创设语境，通过写的学习活动，让学生在语境中感知语义，记忆语言形式，理解语言功能，熟悉语言的结构变化，从而能够用形式正确、语义适切的语言“做事”，是培养学生的书面表达能力的有效途径。

英语学习中，“写”既是学习的内容，又是学习的手段。课程标准对“写”的一级标准描述是“能正确书写字母和单词；能模仿范例写词句”；二级标准描述是“能正确使用大小写字母和常用的标点符号；能写出简单的问候语和祝福语；能根据图片、词语或例句的提示写出简短的语句”。一、二级标准描述首先明确了“写”的基本规范，即对标点符号和大小写字母的要求；其次，要求学生能根据图、文的提示，写出简短的语句，突出了语言的工具性和交际性，“写”的学习以有意义的表达为基础，是有目的地进行“描述”。

目前在小学阶段，学生的写话能力存在明显不足，学生运用所学语言知识进行书面表达的能力不强。不少学生有写话的热情，虽然写的篇幅很长，内容也很丰富，用词用句也注意多样性，但句子的正确性、规范性却不尽如人意，句子结构不规范，大小写、标点符号、句法、词法错漏百出，语义模糊，甚至常常出现“中国式英语”，影响了书面表达的质量。

教学关键问题分析

中国人学习英语的最大问题就是语境的缺失。在小学英语教学“写”的初级阶段，教师在教学中也存在同样的问题：缺乏语境的创设。同时教学缺乏对“写”的系统训练和有效的指导，导致学生在运用语言时表现出力不从心。

语境，就是运用语言的具体环境，可分为“语言性语境”和“非语言性语境”。语言性语境指的是从词汇、短语、意群、句子、句群、段落六个层次为语言使用者提供正确理解的信息。非语言语境指的是社会环境、自然环境、肢体语言、时间、地点等为语言接受者提供的理解信息。在小学英语教学中，各种体裁的语篇都属于语言性语境，而英语语言内容的知识结构、课堂实景、实物图片、媒体影像等都是重要的非语言性语境。在言语交际活动中，语境的各种成分相互联系，相互影响，形成相对完整的语境，对言语交际过程进行制约和补充，使言语交际中的词、句实现其语境意义。正是由于语义对语境的依赖以及语境对语义的影响，在语境中习得语言成为重要的学习方式。

句子是语言运用的基本单位，它由词、词组（短语）构成，能表达一个完整的意思。正确写句，既能体现词汇、词法、句法的正确使用，也能体现适切的语义表达，是写作的基础。根据课程标准中有关“写句”的学习要求，这里对于“规范写句的能力”定位是：能正确使用大小写字母和常用的标点符号；能模仿范例正确地写出句子；能根据图片、词语的提示写出句子。小学阶段是英语学习的起步阶段。“写句”教学中，以正确运用句子进行书面表达为学习目标，以具体语境为必要学习条件，以英语写句为核心学习内容，以写的活动为主要学习过程，从而帮助学生在有意义的学习中形成规范写句的能力，也为后继的英语写作能力的发展奠定基础。

教学关键问题解决

培养学生形成规范写句的能力，需要遵循认知发展规律，就句子的语义、功能、种类、结构和书写规则等学习内容，从知道、理解、运用三个认知过程维度，设计、组织“写句”的学习活动，让学生在学习体验中由低到高逐渐提升“写”的能力。

根据对教师问卷调查情况的分析，从认知过程维度对小学英语教学中形式多样的“写句”活动进行梳理和归纳，知道、理解、运用三个主要学习阶段的“写句”活动：抄写句子，仿写句子，根据提示写句子。

下面以“写句”学习三个主要阶段的活动为例，通过案例比较与分析说明本关键问题的解决策略和教学实施建议。

（一）基于教材，提供语境，抄写句子

1. 抄写句子，是“机械重复”还是“有意义的学习体验”？

抄写句子，要求字母书写规范，单词拼写正确，标点符号运用正确，字迹端正。抄写句子的学习活动，目的在于引导学生记忆句子结构和句法规则，巩固词汇拼写和

词法知识，体现句意理解，为仿写、根据提示写等进行学习准备。

在完成“抄写句子”的学习活动时，如果学生只需要认真观察、临摹，做到不漏抄、抄错任何一个单词和标点，形式正确，而不需要在抄写中体现对语境和句意的正确理解，这样的学习就属于机械学习。机械学习是通过反复训练来记忆学习内容的学习方式。由于学习内容本身缺乏逻辑意义，在学习过程中既不需要学生已有认知结构中与新的学习内容相联系的知识的准备，也不需要学生把学到的知识迁移到新的学习情境中解决问题。机械重复地抄写句子，练习量大，要达成学习目标“事倍功半”。

在抄写时，如果学生认真阅读，理解学习内容，并把在先前听、说、读的学习活动中理解的句意等知识迁移到新的学习情境中，正确完成抄写，这样的学习则是有意义学习。有意义学习能够为学生成功解决问题提供必要的知识和认知过程。通过抄写活动体验有意义学习的过程，学生能参与主动认知加工，把“写句”的学习内容组织成连贯的表象形式，使“写”的学习内容和已有的知识融为一体，有助于形成知识迁移和运用的能力。

2. 在语境中抄写句子的活动设计

在学习活动中，语境是由话题、语篇和表意功能共同构建形成的。教材提供的学习内容，有话题，有语篇，体现表意功能。解读教材，基于教材所呈现的语境和核心句型设计抄写句子的活动，这种方法既便于教师实践操作，也有助于使抄写成为学生有意义学习的过程。教师的设计可以按照如图 5-1 所示的步骤进行。

图 5-1

3. 在语境中抄写句子的教学案例

例如，《英语（三年级起点）》五年级上册（外语教学与研究出版社）Module 10 Unit 2 Don't shout, please! 按照上述步骤，可以设计以下抄写句子的活动：

第一，初读教材，确定语境。本单元的学习内容围绕 Rules 的话题展开，通过公园中不同人物的对话语篇，在图文语境中体现公共场所的人际交往中表达劝告、提醒、道歉和建议的语意功能。

第二，分析语言，确定内容。语篇呈现了在图文语境中运用核心句型 Don't...及应答 Sorry. / Let's...的对话示例。结合本单元教材提供的 Make classroom rules 练习，确定抄写的内容就是教材对话中三个句子：Don't shout, please! Don't climb the tree! Don't walk on the grass!

第三，沿用语境，设计活动。经过听、说、读的语言学习活动，在学生能够识认句子、理解语意的基础上，根据本课教材呈现的图文语境，设计以下抄写活动，旨在通过抄写，帮助学生记忆句型结构和缩略号、感叹号的使用，体现对句子语义、功能的理解和句首字母大写的书写规则的迁移。

要求：看图片（图 5-2），读句子，根据图意将下列句子抄写在横线上完成对话，注意书写规范。

1. Don't climb the tree!
2. Don't walk on the grass!
3. Don't shout, please!

图 5-2

4. 抄写句子的教学建议

从上述案例可以看出，通过解读教材，教师可以确定“在什么语境中抄”；通过分析语言，教师可以明确“抄写什么句子”；通过“沿用语境，设计活动”，提示教师根据教材提供的话题、功能设计活动，体现学习过程的语境一致，同时思考抄写的要求和评价重点是什么。

在语境中抄写句子，为学生提供了有意义的学习体验，让学生通过观察、思考、临摹、书写，不但知道词、句的正确书写形式以及大小写字母、常用标点符号的书写规则，而且让学生通过语境理解，识别语意，感知语用，增加抄写趣味，激发学习动机，有助于学生对学习内容形成长期记忆。

（二）基于学生，分解难点，仿写句子

1. 仿写句子，是“亡羊补牢”还是“防患于未然”？

仿写句子，要求在语境中，根据语言表达的需要，按照提供的句式，进行内容替换，写出句式相同、语义不同的句子。仿写句子的学习活动，是在知道词汇拼写、词法规则、句型结构等知识的基础上，通过回忆、提取、替换，完成句子的正确书面表达，体现对语境、语意、句式结构、书写规则的理解和对词汇、词法的运用。

在仿写句子时，学生往往由于回忆、提取、替换的信息加工过程中出现词汇拼写、词义理解或词法运用的错误，而导致句子书写中的错误。信息加工的思维过程是主动

学习的过程，从中产生的错误会深入学生的认知，很难用被动学习的“订正”、机械重复的“抄写”去修复。因此，与其让错误形成后再“亡羊补牢”，不如针对学生写句的常见困难，在仿写句子的活动设计中分解难点，逐一突破，“防患于未然”。

2. “分解难点，仿写句子”的活动设计

（1）预估困难

小学阶段的仿写句子，主要帮助学生解决语言的形式困难。语言形式的困难，主要体现在词汇拼写和词法运用两个方面。设计仿写活动时，首先要根据写句的内容，主要从这两方面分别预估学生可能出现的学习困难。

（2）分步练习

就不同的学习困难，通过有针对性的分步练习和过程指导，让学生在回忆、提取、替换词汇和词法的已有知识时，巩固正确的认识，体现在句子抄写活动中初步形成的能力，如正确使用大小写字母和常用的标点符号等，提高句子表达的准确性。

3. “仿写句子”的教学案例

例如，《英语（三年级起点）》五年级上册（外语教学与研究出版社）Module 10 Unit 1 He was in the kitchen，可以设计以下仿写句子的活动。

要求：看图片（图 5-3），找一找每样物品所在的地方，仿照例句完成对话，注意书写规范。

Sam：Where did you find the schoolbag?

Amy：I found the schoolbag in the living room.

Sam：Where did you find the pen?

Amy：I found the pen ________________

Sam：Where did you find the book?

Amy：I found ________________

Sam：Where did you find the hat?

Amy：________________

图 5-3

仿写 Where did you find ...? 的答句时，学生的学习困难将主要表现在介词短语中房间名称的拼写、句号的使用以及整句仿写中 I 的书写、动词 find 的过去式的使用。

按照预估的学习困难，从解决单一困难到解决整合困难，设计从局部到整体的仿写练习。仿写过程中，可以让学生先看图片，口头说出四个房间的名称以及单词拼写；接着口头回答第一个问题 Where did you find your schoolbag? 提示学生标出、说出第一组问答句中动词 find 的使用形式以及书写规则中要注意的部分；再依序完成 Where did you find the pen? 和 Where did you find the book? 的图片连线和局部仿写；然后让学生说出仿写的句子以及写中自己关注的知识点；最后完成 Where did you find the hat? 的答句仿写。

4. “仿写句子”的教学建议

一是写前有启发。在图文语境中，教师应首先引导学生进行正确的口头表达，复习词汇拼写和词法规则，让学生意识到词汇、词法、句法和书写规则等书面表达要点。

二是写中有提示。在学生仿照例句将之前口头表达过的话语写下来的过程中，教师可以提示学生圈出或标出关键点，完成既定语境中的仿写。

三是写后有评价。仿写完成后，教师可以让学生自己思考并说明写的过程中需要关注哪些方面的语言形式和书写规则，培养学生的自我学习管理意识。

（三）基于语用，表述转换，根据提示写句子

1. 根据提示写句子，是“写句”还是“写话”？

语言技能是语言运用能力的重要组成部分，主要包括听、说、读、写等方面的技能以及这些技能的综合运用。听和读是理解的技能，说和写是表达的技能，在语言学习和交际中相辅相成、相互促进。学生应通过大量专项和综合性语言实践活动，形成综合语言运用能力。

小学阶段的英语教学，一方面要把“写”作为口头表达的支持能力来训练，通过“写”的活动丰富口语教学的训练方式，有助于学生形成“提笔就写”的习惯。这种基本动笔能力越熟练，就越有助于后继高层次英语写作能力的发展。另一方面，教师要认识到：英语写作教学是要帮助学生通过语境学习，把想说/说过的话写下来，说写交替，完成表述转换的语言使用。因此，根据提示写句子的学习活动，既是“写句”的语言练习，也是“写话”的学习体验。

2. “根据提示，转换表述写句子”的活动设计

当学生知道不同句子的类型，理解不同句子的结构和语意，掌握句子书写的基本规范之后，教师就可以设计根据提示写句子的活动，在语境中引导学生通过提示，启发思维，运用正确的句子书面表意，在语境中规范写句。

根据提示写句子类似于英语“造句”，可以采用“小范围限定形式的造句”和“大范围限定形式的造句”两种方式。在“小范围限定形式的造句”活动中，学生可以根据提示，在图、文语境中根据图片、关键字、问题等写句。在“大范围限定形式

的造句”活动中，学生可以在图片、语境中，通过观察，按照图片内容的提示写句。两种类型的学习活动，都能体现、检测学生是否具备在图、文语境中运用正确的句子进行书面表意的能力。

3. “根据提示写句子”的教学案例

例如，《英语（三年级起点）》四年级下册（外语教学与研究出版社）Module 3 Unit 2 On Monday I'll go swimming，可以设计以下根据提示写句子的活动。

要求：读问题，根据图片（图5-4）的提示回答问题并写出句子，注意句子书写规范。

What will you do next week?

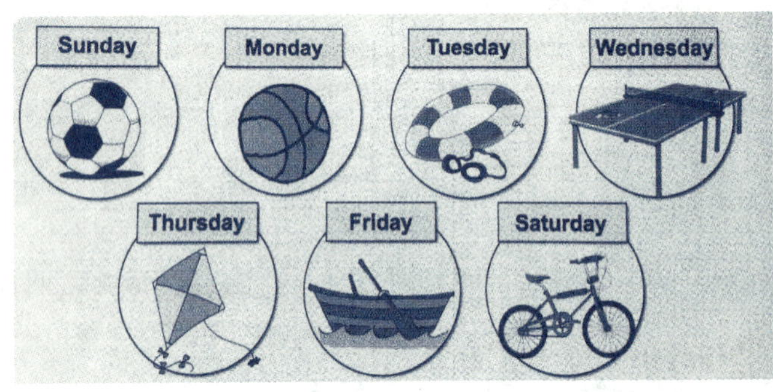

图5-4

____

____

____

____

____

教学时，可先让学生用 I can ...说一说自己会做的体育活动；接着根据练习中的图片，在每幅图下写出体育活动的词组；然后回答问题，说说自己将要做的运动；动笔写前，教师可以提示学生用 I will ...或 I'll ...两种形式写句子。这个练习有助于学生初步感受口语和书面表达时语言的多样性。

4. “根据提示写句子”的教学建议

一是先说后写。在语境中，引导学生观察与思考，丰富口头表述的内容，然后再让学生按照要求把说过的话写下来。

二是写完再说。书写句子之后，可以通过口头交流，提示学生注意正确拼写词汇，规范句子书写。

三是说写交替。在根据提示写句子的学习过程中采用说写交替的语言表达，不仅检测学生是否能正确写出句子的形式，而且检测学生是否理解句子的语义和语用，还可以增加学习趣味性。

范例导读

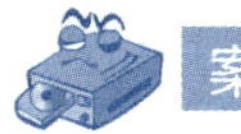

案例

Toys I like

教　材：《牛津英语（上海版）》三年级下册（上海教育出版社）

Module 2 Unit 2 Toys Period 2

设计者：王莹，上海市徐汇区日晖新村小学

（一）案例说明

《课程标准（2011年版）》语言技能二级目标要求："能正确地使用大小写字母和常用标点符号；能根据图片、词语或例句的提示，写出简短的语句。"为了让学生在小学阶段达成这一目标，我们根据布鲁姆的学习目标分类学理论，从知道、理解、运用三个学习水平，对教学目标进行划分：

Level 1，知道：能规范抄写、背记核心句型。

Level 2，理解：能理解句子表达的含义，能对核心句型进行句式转换。

Level 3，应用：能根据语境，用核心句型的不同句式进行口头以及书面表述。

通过对比可以发现，这三个学习水平对学生"写"提出的要求与前面的抄写、仿写及根据提示写较为一致，因此在课堂教学环节设计时，也应依从这三个层级，层层推进，逐步落实。

本学习内容节选自《英语（牛津上海版）》三年级下册（上海教育出版社）Module 2 Unit 3 Toys，教材内容如图5-5所示的核心语言学习内容：

教材的第一幅图片有四句话：What do you like? I like skateboard. 和 I don't like skateboards. I like dolls. 前两句是标准、规范的问答，呈现本单元核心句型，而后两句是Kitty接着Ben的回答进行表述，并不是直接回答妈妈的问题。

为了让学生整体感知规范、正确的语言表述，同时体现Look and say栏目对话语篇所蕴含的语用功能——询问别人喜欢的玩具类别，介绍自己喜欢的玩具类别并描述某个玩具的特征，教师对教材内容进行了处理，如图5-6所示。

学生在一、二年级的英语学习中已经基本掌握了Do you like...? What do you like? 等句型的口头表述。通过三年级第一学期的学习，学生基本具备"能根据语境用6～7句话进行口头表述，并用1～2句话进行书面描述"的能力。

三年级学生的英语学习，正处于从听说能力逐步向读写能力发展的阶段，这一发展同时体现在语言形式、内容等语量的增加和语言技能学习要求的增长等方面。本课时的教学关注如何设计有效的"写"的活动，培养学生规范写句的能力，帮助学生在语境中逐步提升“写”的能力。

What do you like?

I like ...

Look and learn

图 5-5

教材内容		学习内容
Mum: What do you like? Ben: I like skateboards. Kitty: I don't like skateboards. I like dolls. Ben: I like this skateboard. It's nice. Kitty: I like this doll. It's lovely.	⇨	Mum: What do you like, Ben? Ben: I like skateboards. I like this skateboard. It's nice. Mum: Do you like skateboards, Kitty? Kitty: No, I don't like skateboards. Mum: What do you like? Kitty: I like dolls. I like this doll. It's lovely.

图 5-6

（二）教学目标

（1）能在 At the toy shop 的语境中，运用核心句型 What do you like? 进行口头询问。

（2）能通过对比，判断 I like ...(pl) 与 I like this ...句型的差异。

（3）能根据语境，运用核心句型 What do you like? I like ...(pl.) I like this ...，猜测或询问别人喜欢的玩具类别，说明自己喜欢的某一类玩具并简单描述所喜欢的某件玩具的特征，完成语用任务。

（4）能根据语境，在书面表达中体现核心句型 What do you like? I like ...(pl.) I

like this ...的语义和功能。

（三）设计思路

为培养学生规范写句能力，本单元整体教学设计课时安排如下：

第一课时采用 Do you like ...? Yes, I do. /No, I don't. 以及 I like ...等已知句型，学习新的玩具类单词，复习已知动物等玩具的词汇，整体感知对话，在问答中体现语义和功能，形成正确使用词汇的单复数形式表达泛指与特指的语感。

第二课时学习新句型，学生通过“滚雪球”的方法，不断重复核心语言，在语境中理解语义，巩固语言结构，在语境中抄写句子，感知语义和功能。写句子的活动，不仅让学生根据描述玩具的语用要求在课内抄写句子、课后仿写句子，还要求学生能根据询问信息的语用功能，设计调查问卷所需要的问题，仿写问句。

第三课时，让学生根据所给的图片信息，编写对话剧本，完成“根据提示写”的学习活动。

（四）教学流程

本节课教学流程如图 5-7 所示。

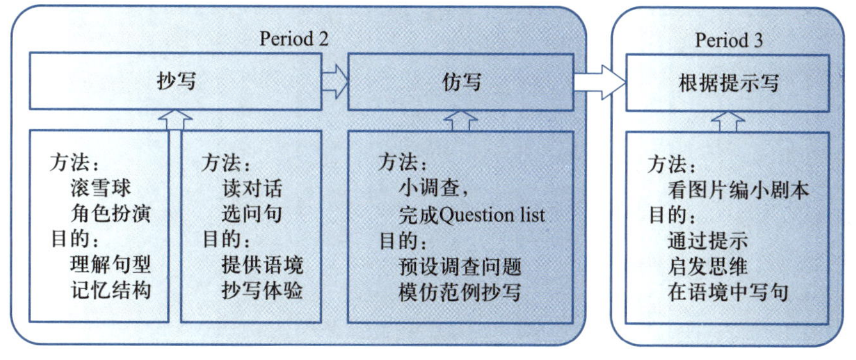

图 5-7

【教学评析】

本节课为三年级第二学期 Module 2 Unit 2 Toys 的第二课时，在第一课时已完成核心词汇的教学，本节课的课型定位为句型教学课，学生以 Toys I like 为主题，在“玩具店选购玩具”这一语境下开展核心句型 What do you like? I like ... I like this ...的教学。

作为一节句型教学课，学生最终在主体文本的基础上，通过替换文本的练习与巩固，在 Post-task 环节生成了一段 6 ~ 7 句话的小对话，通过这个对话，对小组内成员喜欢的玩具进行了询问，很好地达成了“能根据语境，用核心句型的不同句式进行口头以及书面表述”这一句法目标。

三年级学生正处于从英语听说能力逐步向读写能力过渡的阶段，在课堂上为学生提供一个充分练习书写的环境显得尤为重要。本课中，学生通过充分的口头练习掌握句型结构；教师预设学生容易犯的错误，通过示范书写，帮助学生规范抄写；通过 Do a survey 让学生模仿主体文本书写句子，在这样环环相扣的练习中，逐步帮助学生形成规范书写句子的能力。

（点评人：陈鹰，上海市徐汇区汇师小学）

微课程 5-1　Toys I like

微课程 5-2　About me

教学关键问题6 如何根据话题，借助图、文提示，培养学生写话的能力？

教学关键问题提出

所谓话语（discourse），就是人们说出来或写出来的语言，它是特定社会语境中人与人之间从事沟通的具体言语行为。英语作文就是用英语写出来的话语，是运用英语语言文字符号传递知识信息、反映对事物的认识、表达思想情感，体现了作者的思维能力、语言组织能力和交际能力。

写作能力既包括“把想说的话写下来”这一低阶写作的层面，也包括对表述的准确性、思维的逻辑性、文字的使用风格、篇章布局的策略等进行整体构思的高阶写作层面。小学是英语学习的起步阶段，把“写”作为口头表达的支持技能来练习，不仅可以体现英语写作的语用功能和生活真实感，而且可以丰富语用体验的方式。因此，小学生英语“写话能力”的基本定位就是：能够围绕话题，把说过/想说的话写下来。

《义务教育英语课程标准（2011 年版）》对于小学阶段的话题有如下要求：理解和运用有关下列话题的语言表达形式：个人情况、家庭与朋友、身体与健康、学校与日常生活、文体活动、节假日、饮食、服装、季节与天气、颜色、动物等。

在小学英语教学中，教师在要求学生完成语段、语篇的写话时，通常会给出话题以及图片、相关提示等信息构成的语境。但学生完成写话练习时，往往会面临词汇拼写、语法结构、话题解读、内容组织、书写格式等书面表达的障碍，导致学生英语写话能力发展的不均衡，个体之间差异显著。久而久之，一部分学生就会因为写话中不断发生的学习挫折而逐渐丧失英语书面表达的自信和兴趣。

教学关键问题分析

在小学生英语写话学习中，通过课堂观察、学习评价等途径，可以发现下列现象普遍存在：有的学生能够根据教师所提供的话题或图片，按照要求的句数进行表述，但每一句中，或者单词拼写错，或者动词形式用错，或者字母大小写、标点符号错，这反映出学生写作中的“形式困难”。有的学生能够根据教师所提供的话题或图片，按照要求的句数进行表述，而且每句句子也能够写正确，但几乎都按照教材内容来写，并没有根据给出话题或图片在书面表达中体现观察、思考的多样性，这反映出学生写作中的“内容困难”。还有些学生不仅能够根据教师所提供的话题或图片进行表述，而且写话语量也超过要求的量，可是话语表述的先后顺序颠倒，或者是“报流水账”、没有重点，这些现象反映出学生写作中的“结构困难”。

通过对师生进行问卷调查和访谈，我们认为，发生上述现象的原因主要在于：尽管教师给出了话题、语境和以语用功能为指向的写话要求，但是课堂教学中还是缺乏有效的过程性指导和系统训练，从而影响“用英语写话”学习目标的达成。

为了培养学生用英语进行书面表达的兴趣和能力，在课堂教学中，教师首先可以通过教材解读和学情分析，了解学生对相关话题所具备的认知基础，从而确定“写”的话题与功能；然后结合话题，创设图、文、影、音、实地环境等语境，借助由图片、引导性问题、问题链、关键词、思维导图、图表等相关提示信息，设计“写”的活动，在语境中启发学生思维，引导学生围绕话题进行想一想、说一说、写一写的交替练习，唤起学生表达的愿望，帮助学生写出规范的话语，为学生提供必要的“用英语写话”的学习经历。

教学关键问题解决

就上述学生“用英语写话”时存在的困难，教师在教学中可以思考以下问题：

（1）如何帮助学生“写得对”，即正确写出每一句话，解决“形式困难”？

（2）如何帮助学生“写得多”，即在写对每句话的基础上，能够多写一点，写出自己的表达，解决“内容困难”？

（3）如何帮助学生“写得好”，即在写得对、写得多的基础上，有逻辑、有侧重、有起始有结尾地写，解决“结构困难”？

（一）关注语言形式，解决“形式困难”

小学阶段英语写话教学的定位是把说过/想说的话写下来。不少学生能够很流利地说出话语，但是让他们把说出的话写下来就错误百出：有的单词拼错，有的大小写书写不规范，有的标点符号漏写甚至乱用。这些现象反映出学生没有掌握正确的语言形式。

“写得对”是写话的最基本要求，指的是正确、规范地写出每一句话，体现句子书写的基本规范和词汇拼写、词法运用等正确语言形式。要让学生“写得对”，教师需要通过一系列“写”的活动指导学生掌握正确的语言形式。

在“写”的学习起始阶段，教师可以根据教材及配套资源所提供的话题、语境和写作话语范例，通过抄写、仿写等“写”的活动，促进学生记忆、理解词汇、词法、句法的语义、形式和规则；帮助学生感知、理解句子书写的基本规范，了解大小写和标点符号的正确使用以及词法、句法的形式。在此基础上，教师可根据教材中出现的相关话题，梳理出该话题表达所涉及的关键词汇，学生在话题和语境中，借助图片内容和关键词（key words）提示，运用已经形成的句子书写规范以及词法、句法等语言知识完成写话。

例如，《英语 PEP（三年级起点）》五年级下册（人民教育出版社）Unit 2 My favourite season，要求学生根据教材话题写出自己最喜欢的季节并描述这个季节。教师可设计如表 6–1 所示的教学过程，指导学生写出正确规范的句子。

表 6–1

教学步骤	活动目的
活动 1：看一看，唱一唱/念一念 看视频，唱或念一首关于季节的歌曲或儿歌	激发兴趣
活动 2：看一看，答一答 出示一幅春天的图片，学生仔细观察图片，口头回答老师的问题，如：What season is it? What colour is/are …? Can you see/hear/(do) …? / What can you see/hear/do? Do you like spring?	导入话题，呈现图片语境，口头说句，激活相关信息
活动 3：看一看，写一写 教师将学生的回答示范写在黑板上；写每一句话前，教师可以先问学生每句中重点单词的拼写，然后示范写句，板书提示标题、大小写和标点符号的书写要求	在话题和语境中感知词汇拼写和句子书写
活动 4：看一看，答一答 出示其他三个季节的图片，学生观察图片，口头回答上述问题，教师帮助学生复习关键单词的拼写	呈现图片语境，口头说句，激活相关信息
活动 5：看一看，写一写 学生根据自己的喜好，选择一个季节，观察图片，根据关键词的提示和教师板书的示范写出句子	在话题和语境中巩固词汇拼写和句子书写

在小学写话教学的初级阶段，教师可以根据话题语境，设计一些“抄写、仿写、根据提示写”的写话活动，借助关键词（key words）提示，帮助学生正确应用句子书写的基本规范和词法、句法的形式，从而促使学生突破“形式困难”。

（二）丰富写话内容，解决“内容困难”

在写话教学中，教师往往会将教材中的语篇作为范文，要求学生进行背诵并仿写。仿写是一种帮助学生感知语言形式和语言结构的有效方法。但是当学生被要求围绕一个话题或根据一幅图片进行自主写话的时候，很多学生写出来的内容几乎和教材范文一样，没有体现个性和图片观察的多样性。这是由于学生除了范文内容外想不到能够表达的内容。因此，当学生能够根据话题和语境，在写作中达到正确书写、基本表意的能力水平后，教师就应该指导学生的写话内容。可以围绕话题，提供图片、设计一些引导问题（guided questions）等进行提示，引导学生通过深入观察、问题引导和发散思维，根据已有词汇、词法和句法的语言知识水平，进行词汇替换、语句扩充或增添语句，丰富写作话语的内容和语义，体现同一话题、语境的话语表述多样性，从而突破"内容困难"。

例如，《英语（三年级起点）》六年级下册（上海教育出版社）Unit 4 中有如下内容：

> Did you have an interesting dream? Tell your dream to your partner, Then write several sentences about it.
>
> I had a dream last night. In my dream, I …
>
> ______________________________
>
> ______________________________
>
> ______________________________
>
> ______________________________
>
> What a dream!
>
> ______________________________

针对这一写话要求，学生往往会感到无从下手。教师针对 My dream 这一话题设计了如下问题：Did you have an interesting dream or a nightmare? What did you do in the dream? Who did you meet in the dream? What did he/she/they do? How did you feel? 这些问题的设置改变了学生"无话可写"的现象，写话能力较弱的学生只需回答出这些问题，将这些问题的回答进行合理编排，然后写下来，就是一篇内容较为丰富的英语短文。

借助 guided questions 等提示引导学生写话，可以让学生写出来的内容更加丰富。

（三）指导话语结构，解决"结构困难"

有些学生有写话的热情，能够根据话题写出话语，而且篇幅也较长，遣词造句正确，句子的书写也能做到规范，但是通篇要么抓不住重点，要么前后不连贯，不能准确表达所思所想。这是由于学生想一句写一句，思路不清晰造成的。因此，当学生具备一定的写话语量后，教师可以重点引导学生关注话语结构。

小学英语写话教学是培养英语写作能力的起步阶段，但不能因此以写话语量的多少作为评价学习水平发展的导向。教师应根据小学生相应的词汇和句式语量，根据话题、语境和语义功能，从整体感知到分层/段分析，再到替换应用，借助思维导图（Mind map）中的图、文提示，帮助学生运用写作话语的基本结构，表述语义、完成语用，从而突破"结构困难"。

思维导图（Mind map）是一种用图表来组织、阐述和表达的工具，所以它能帮助学生梳理学习内容，筛除杂乱信息。在写话教学中，通过思维导图，提供图片或文字提示，帮助学生理清思路，搭好支架，是训练写话的逻辑能力的有效方式，能够帮助学生掌握整段（篇）表述的话语结构。

例如，《英语（牛津上海版）》四年级上册（上海教育出版社）Module 3 Unit 2 Around my home 这一单元第四课时教学的语用任务为：制作徐家汇的海报并书面介绍徐家汇的地标性建筑。教师通过教学板书画出思维导图，如图 6–1 所示。

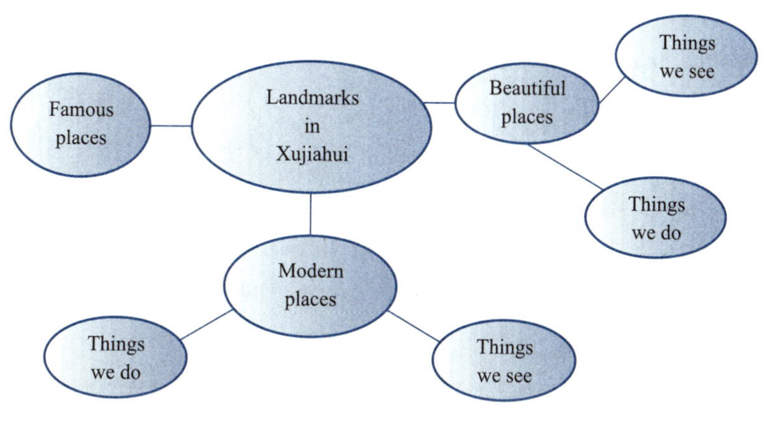

图 6–1

思维导图为学生最后写话任务 Landmarks in Xujiahui 的结构布局做好了铺垫和准备。学生在思维导图的帮助下安排写话顺序，理清了写作思路。

结合教材提供的话题创设语境，让学生感知写话的语用功能，是小学英语写话教学的必要条件；结合话题和语境，借助图片、关键词（key words）、引导问题（guided questions）、思维导图（mind map）等提示，系统地训练和指导学生写出正确的话语形式、丰富的话语内容和清晰的话语结构，让学生体验成功的写话经历，是小学英语写话教学的必要过程。

范例导读

案例

Three meals we had

教　材：《牛津英语（全国版）》六年级上册（上海教育出版社）
Module 1 Unit 3 Healthy or unhealthy Period 2

设计者：杜秋兰，上海市徐汇区东安三村小学

（一）案例说明

本学习内容节选自《牛津英语（全国版）》六年级上册（上海教育出版社）第一个模块的第三单元 Healthy or unhealthy。

纵向对比同一模块主题的学习内容，学生在1—5年级中学过很多有关食物和饮料的名称，并且能够使用一般现在时来表述自己喜欢的食物、饮食以及生活习惯。本单元在该年段的学习增长点在于学习一些西方国家的食物名称，使用一般过去时来描述自己或他人在过去一天中的饮食情况，并做出评价。

从横向来看，本模块的三个单元分别为：Unit 1 Growing up，Unit 2 My summer holiday，Unit 3 Healthy or unhealthy. 学生在本模块中的重点就是学习一般过去时，学生在前两个单元中学习了 to be 句型一般过去时的表达，以及如何运用行为动词描述过去发生的事情。在 Unit 3 这个单元中侧重综合评价个人的饮食和生活习惯。

通过对纵向同一主题分年级目标呈现和横向本模块各单元目标整体设计的分析，最终确定本单元的 task 为 To have a comment about one's eating and living habits。要求学生根据他人平时的饮食习惯和询问他人所获得的事实进行客观的评价，并且给出自己的建议或意见，写出一篇完整的评述。

通过分析 Unit 3 Healthy or unhealthy 这一单元中的各个栏目，可以发现：Look and learn 主要是词汇学习，Listen and say 主要是句型学习，Look and read 是对前两个栏目的综合运用，其他栏目则是对核心语言知识的巩固练习。

整个单元的教学内容可以划分为三个课时，相应的子话题如表 6–2 所示。

表 6–2

Period	Period 1	Period 2	Period 3
Sub-topic 子话题	The food and drinks we like	Three meals we had	Healthy or unhealthy habits we have
Contents 学习栏目	Look and learn Culture corner Learn the sound	Listen and say Do a survey	Look and read Do a quiz

本节课是第二课时，话题是 Three meals we had，主要关注的是句型学习，即学习使用问句 What did … have for breakfast/lunch/…this morning/yesterday? 来获取他人前一天三餐饮食情况的信息，并能用 I/he/she had… 等句型来描述自己或他人过去一天的饮食情况。本课时的子任务是：调查他人昨天的三餐饮食情况，并对他人的饮食情况做出评价：That's healthy/unhealthy，并且给出一定的意见或建议：We/You should/can… 完成一份报告。

通过本课时的学习，学生能够通过询问提取关键信息，借助调查表和 key words 等写作工具，从填写到自主写一份调查报告，对被调查人一天的饮食情况进行汇报、做出评价并给予意见或建议。

本节课话题可归类为“饮食”，话语功能为介绍和建议。课程标准对于话题和语言功能的要求是理解和运用有关话题和功能的语言表达形式。课程标准对语言知识的二级目标描述是：能初步运用有关本级话题范围的单词和习惯短语表达二级规定的相应话题；理解与话题有关句型语法项目的表意功能并能在特定语境中运用。语言技能的二级目标为：能就日常生活话题作简短叙述；能根据图片、词语或例句的提示，写出简短的描述。

根据本课话题、功能和目标要求，学生在本课时的话题语境中，学习与本话题“饮食”有关的词汇和句型，结合学生已具备的语言知识和语言技能，整合新旧知识，最终达到能够使用一般过去时来描述自己或他人在过去一天中的饮食情况，并且做出评价的语用要求。

（二）教学目标

（1）围绕话题，在语境中学习并使用一般过去式 What did ... have for breakfast/lunch/...this morning/yesterday? 询问他人的饮食情况，并用 I/he/she had...回答自己和描述他人过去的饮食情况；体验 did...have，had，didn't have 在语境中的不同使用形式和功能。

（2）对他人的饮食情况做出评价，学习使用 healthy，not healthy 或 unhealthy 来进行评价。

（3）使用情态动词 should/can 来提出建议或肯定他人的做法。

（4）掌握正确的语序，完整地写一份别人饮食情况的报告。

（三）教学设计

根据本课的教学目标和最终学生的语用输出，进行分段式教学处理。

1. 在话题和语境中，首先看图片、听录音，导入对话的第一段

Alice：What did you have for breakfast this morning，Joe?

Joe：I had two hamburgers and some cola. I had these for breakfast yesterday too.

Alice：That's not healthy. You should drink some milk and eat some fruit.

Joe：But I love hamburgers.

Alice：You can have a little meat，but not too much.

本课时最核心的语言学习内容在第一段中。本段对话不仅要新授核心句型，同时还要启发学生思考，如何客观评价他人的饮食习惯并给出合理的建议，初步形成书写报告的句序意识。

以下是具体的活动步骤：

（1）听读模仿，记忆对话。

借助图片，了解对话发生的背景。先一起听对话的第一段，了解谈论的大概内容。然后引出问答，对于新的句型只做上口要求，不做解释。学生在高密度的重复、朗读、背诵和角色扮演的过程中能背出这一部分对话内容。

(2) 练习对比，感知时态。

看图片（图6-2）完成 Fill in the blanks 的练习，感受不同时间的变化引起的表述变化，自然地感知过去吃了什么要使用…had…来进行描述。

1. Fill in the blanks.

图 6-2

About Joe's breakfast:

Joe __________ hamburgers. He ________ two hamburgers and some cola for breakfast this morning. He __________ these for breakfast yesterday too.

(3) 寻找信息，表述观点。

通过 Reorder the sentences 这一练习，让学生从文章中找出 Alice 评价和给出建议的语言，感知句序。学习评价语言 not healthy/healthy 与观点表述句 You should/can…

2. Read and reorder the sentences

About Alice's comment:

(　　) He should drink some milk and eat some fruit.

(　　) That's not healthy.

(　　) He can eat a little meat, but not too much.

(4) 完成转述，感知句序。

通过两部分练习的转述，让学生知道对别人早餐的报告由两个部分组成：Joe's breakfast 和 Alice's comments，了解报告的基本句序。

Alice's report I

Joe's breakfast

Joe *loves* hamburgers. He *had* two hamburgers and some cola for breakfast this morning. He *had* these for breakfast yesterday too.

Alice's comments

That's not healthy. He should drink some milk and eat some fruit. He can eat a little meat, but not too much.

2. 看图片、听录音，导入对话的第二段

Alice: What about you, Jill?

Jill: I didn't have breakfast this morning. I have lunch and dinner every day, but not breakfast.

Alice: Breakfast is very important. We should have breakfast every day.

完成写话练习

> 3. Read and write（阅读对话，写出下面问句的完整形式）
>
> Alice: What about you, Jill?
>
> Alice: *What did you have for breakfast this morning, Jill?*

这个练习的目的是让学生感知这句话在文章中的具体含义，并且强化问句的书写。因为在最后的调查中问句是口头问答，书面报告中是不会出现问句的，所以这个练习提供给学生练习书写问句的机会。

接着开展第二段对话的阅读学习，借助关键字提示、问题引导等方法帮助学生先进行口头逻辑表达，然后运用正确的语言形式和话语结构进行书面表达，完成 About Jill 的报告书写。

3. 图文阅读，导入对话第三段

Jill: What did you have for breakfast?

Alice: I had some bread and milk. I also had an egg and an apple.

继而完成写话练习。

> 4. Write your report for Alice's breakfast
>
> Alice had ________ ________ and ________ ________.
>
> She also had ________ ________ and ________ ________.
>
> That's ____________________. We should/can ________
>
> ____

通过前两个部分对话的学习，学生对完成报告的句序有了一定的了解。本项练习是让学生自己完整地写一写有关 Alice 饮食情况的报告，检验学生的理解和书面完成的情况，同时启发学生的发散性思维，为丰富书面表达的内容进行铺垫。

4. 采用教材提供的练习，进行从对话到陈述、从说话到写话的语用体验

交际运用，调查并完成有关同桌饮食情况的报告：

5. Do a survey

Name	Breakfast	Lunch	Dinner
________	________ ________	________ ________	________ ________

(1) Finish the survey with your deskmate.

S1: What did you…for …yesterday?

S2: I had…for….

(2) Write a report about your friend's three meals in a day

________ had ____________________ for ________ yesterday. He/She __________

____

____.

That's ____________. We/He/She should _________________________________

____

____.

完成本课话语任务：通过口头问答记录信息，并根据所获取的事实依据，写一写对他人饮食情况的反馈，形成评价和意见。

(四) 教学流程

本节课教学流程如图 6-3 所示。

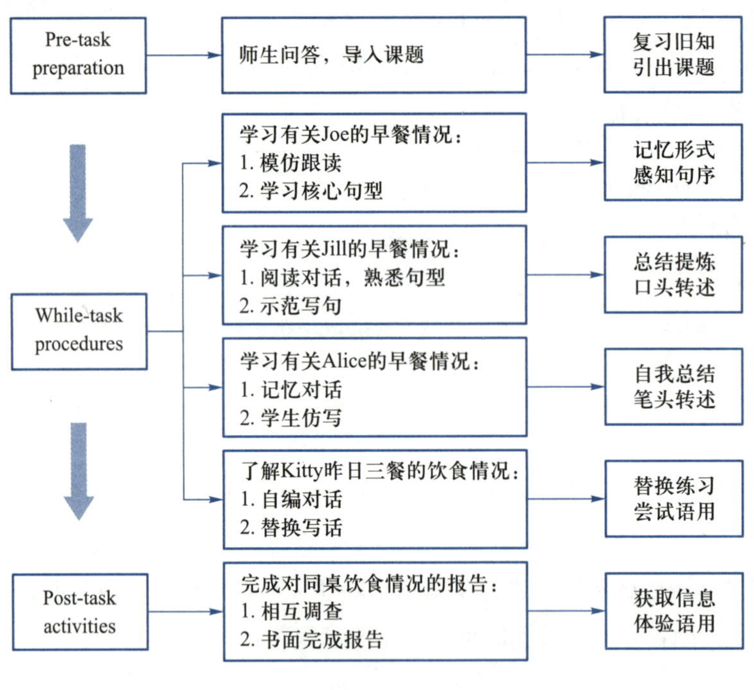

图 6-3

【教学评析】

本节课的单元主题是 Healthy or unhealthy，要求学生对他人的饮食习惯进行客观评价并写出一篇完整的评述。这个写话要求对于小学生而言比较高，但是教师通过教学为学生搭好写话的“梯架”，帮助学生从口头到书面，从记忆形式、感知句序到替换仿写，最后过渡到独立写话，在学习的成功体验中培养学生“用英语写话”的兴趣，发展学生的写话能力。

本节课的话题是 Three meals we had。学生要运用本节课的新授句型 What did you have for ...? 开展询问，了解他人的一日三餐饮食习惯，并加以评价，给出饮食建议。教师在话题语境中通过模仿上口、记忆形式的方法帮助学生学习核心句型，再通过示范帮助学生解决“形式困难”。在语境中，通过阅读另外两个人的饮食情况的语篇，丰富学生的话语内容并理解语段的基本结构，为解决写作的“内容困难”和“结构困难”做铺垫。再根据话题将口头转述过渡到笔头转述，通过替换式的写话练习帮助学生写出话语，这种说写交替的活动进一步解决了写作的“内容困难”和“结构困难”。

整节课在侧重语言形式、语义内容和话语结构练习的循序完成过程中帮助学生突破了形式困难、内容困难和结构困难，达到了“把说过/想说的话写下来”的学习目标。

（点评人：陈一明，上海市徐汇区教师进修学院）

微课程 6-1　Three meals we had

微课程 6-2　The journey of Little Water Drop

教学关键问题7 如何引导学生了解基本读音规则，并借助规则认读、拼写单词?

教学关键问题提出

语言是一种工具，人们通过语言进行交流、沟通。语言的三大元功能指的是达意功能、人际功能和语篇功能。而语音是语言的一种表现形式，是构成语言的三要素之一。

在语音教学中，容易出现“高耗低效”现象，导致教师教学积极性不高，学生对语音知识畏惧。语音教学中常常出现以下一些现象：

1. 字母发音口型不准

在元音字母的发音中，经常会由于口型不准而导致单元音发音不饱满、不到位，双元音被单元音化的现象。例如，把 time[taim]读成［tem］，brown[braun]读成[bra:n]，make 读成［mek］等。

2. 辅音发音任意拖拉

在辅音字母的发音中，常出现在词尾辅音后附加元音的现象。例如，在以［p］、[b]、[t]、[d]、[g]、[k] 等音素结尾的单词上，学生容易在这些单词的尾辅音后面加上一个元音。

3. 词尾辅音吞音现象

在辅音字母的发音中，常出现在词尾辅音吞音现象。例如，发 like 音时，很多学生在发音的时候遗漏了词尾的［k］，发 welcome 的音时遗漏了词尾的［m］。

4. 词句诵读节奏错误

在英语口语中，一个重读音节与其前后的非重读音节构成一个完整的节奏群，而在操练口语的过程中，学生经常出现非重读音节被拉长的现象，导致语句失去节奏。

这些现象的发生，不仅不利于学生良好语音、语貌的形成，造成学生单词认读困难，拼写正确率不高，更直接影响学生学习兴趣的提高和学习能力的发展。

教学关键问题分析

学生在语音学习中出现的这些问题主要是由于教师教学理念的偏差和语音教学策

略方法的缺失导致的。

《义务教育英语课程标准（2011 年版）》明确指出，学生在义务教育阶段应该学习和掌握的英语语言基础包括语音、词汇、语法以及用于表达常见话题和功能的语言形式等。在语音知识方面，学生要能正确读出 26 个英语字母，了解简单的拼读规律，知道单词是由字母构成的，知道要根据单词的音、义、形来学习词汇。

小学阶段英语基本读音规则包括辅音字母的发音，元音字母的发音，元音字母组合的发音，元音字母与辅音字母组合的发音，单词重音，辅音连缀、连读、失去爆破，清辅音浊化，升降语调等内容。

了解读音规则是学生在教师引导下获取读音规则相关知识的过程。了解，主要指通过聆听、模仿、感知和推理的过程，获得信息或知识。单词认读能力是学生能根据基本读音规则，准确而迅速地认识单词、拼读单词的英语学习能力。单词拼写能力是学生能够按照字母组合的读音规则，根据单词的读音，快速、准确地拼写出该单词的能力。

义务教育阶段英语课程的总体目标是：通过英语学习，使学生形成初步的综合语言运用能力，促进心智发展，提高综合人文素养。基于此，在引导学生体会、感悟基本读音规则的基础上，帮助学生梳理、搭建语音知识框架，引导学生运用读音规则，学习语言知识，发展语言能力是语音教学的重要任务。

教学关键问题解决

英语是一种拼音文字，日常所见的单词是外显形式（拼写），其内隐形式表现为语音信息（读音）。英语单词的认读与拼写是紧密相连、密不可分的，而基本读音规则是联系二者的纽带，见形知其音、听音知其形是学习者所要具备的根本能力。

英语是表音文字，很多单词符合读音规则。根据这个特点，结合小学生的认知规律：呈现—熟悉—操练—运用，我们认为：在语音学习中，引导学生感知模仿，体会音、义、形的关联是根本；观察积累，搭建读音规则框架是关键；实践运用，促进学习能力发展是目标。为此，在语音学习方面，提出如图 7-1 所示的学习策略。

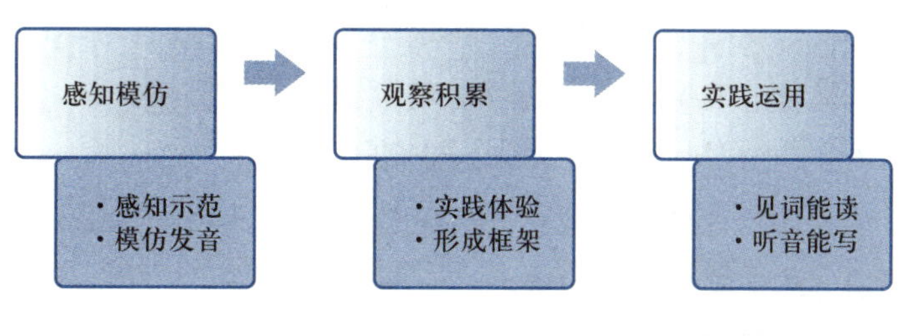

图 7-1

（一）感知模仿，体会音、义、形的关联

听是语音教学的根本方法。先听音、后开口是语音教学的基本步骤。在语音教学中，基本发音是依靠教师或媒体的示范和学生的模仿来实现的。

1. 听示范音

进行语音教学时，教师要引导学生听示范音，充分感受规范音、标准音，引导学生通过观察教师示范的口型，感知可见的发音方法。

例如，在教授单词 swim 时，首先通过教师示范或语音视频让学生感受语音，初步调动听觉器官；继而出示图片，帮助学生建立音、义关系；接着出示词形，并重点示范读音，在清晰而夸张地发音的同时，用手指逐个划过字母，引导学生建立字母音与形的关系。

2. 模仿感知

在有效的示范和指导基础上进行模仿是语音学习最有利的手段。从心理学角度来说，模仿是一个随着感知进行再现或者尝试的过程，是机械记忆的开始。在此阶段，教师要尽可能引导学生通过尝试模仿，将之前的所听（音）、所见（形）进入学生大脑的信息，通过视觉、听觉、动觉等多种感官协同活动，在大脑皮层留下同一意义的痕迹，使语音“立体化”地呈现于学生的脑中。

例如，在教学中发现学生容易出现一些单词拼写错误，把 swim 写成 swing，把 deer 写成 beer 等。究其原因，主要是学生对单词的音、形、义没有建立统一联系，没有厘清它们之间的对应关系，造成学生模仿时的错误。

因此，教学中要充分运用多种感官，启发学生听一听、看一看、读一读、说一说、动手点一点，使视觉器官、听觉器官和言语器官相互配合，从而更快、更牢固地识记新单词。

（二）观察积累，搭建读音规则框架

如果说，引导学生感知模仿，体会音、义、形的关联是以机械记忆为主的学习过程，那么指导学生观察积累，搭建读音规则框架就是意义识记的学习过程，是发展学生语音能力的关键。在此过程中，教师引导学生对读音规则进行了解，通过积极思考，音形相融，明确读音规则的内在联系，将基本读音规则内化为语音认知结构，为语音能力的发展做好储备。

英语的发音有一定规则，但有些规则不是一成不变的。随着教学内容的循序渐进，教师应逐步将一些简单、常见的发音现象呈现给学生，启发和引导学生在听和模仿的过程中发现、感悟、总结并归纳语音规律，提高学习效率。

为了帮助学生记忆读音规则，我们一直坚持有规律的用规律进行意义识记，没有规律的用巧记忆的方法来提高记忆的效果。

1. 利用迁移，了解读音规则

语言具有很多相通的地方，汉语拼音和英语使用的是字形完全一样的字母，当第

一语言与第二语言的模式相同或相似时，就很可能产生正迁移。恰当运用正迁移，进行辅音学习和音节拼读是一种行之有效的方法。

（1）辅音学习

我们要及时准确地利用汉语拼音学习中的正迁移，帮助学生学习辅音，了解拼读规则。例如：我们可以利用汉语拼音 b、p、d、t、k、g、s、z、r 的发音，部分导出英语辅音［b］、［p］、［d］、［t］、［k］、［g］、［s］、［z］、［r］的发音。

（2）音节拼读

汉语拼音两拼音节的发音规则是：前音轻短，后音重，两音相连，猛一碰。教师可将它迁移为英语单音节的发音规则：辅音轻短，元音重，两音相连，猛一碰。用这种方法拼读音标，简单便捷。

例如，在教授 pen 时，传统的拼读法是 p－e－n，pen。学生要把字母和单词逐个拼读，然后在大脑里转化成各字母在单词里的读音，是一个较为复杂的过程。由于学生不懂按发音规律拼写，不懂得记忆单词的方法应该与语音相结合，所以会造成语音学习的困难。而在直拼法中，学生可以根据字母 p、e、n 的发音/p/、/e/、/n/直接读出这个词的音/pen/。

2. 采用观察法，积累读音规则

（1）元音字母在开、闭音节中的读音规则

学生应掌握并能运用元音字母在开、闭音节中的读音规则，在开、闭音节中，看到单音节词能“直呼而出”。

例如，在初学阶段，学生分不清开、闭音节，教师列举出一系列符合这一规律的单词（make/mad，she/get，white/this，close/not，cute/cut …），引导学生自己进行比较、探究。教师适当地点拨，帮助学生进行简单地归纳，初步了解发音规则，对开、闭音节从感性认识逐步上升到理性认知，并能运用这一规律：单词以元音＋辅音＋不发音的 e 结尾的，其元音字母发字母名称音；如果没有 e 结尾，则发短音。

教师在教学中可不断复现这个规则，并适时引导学生自己拼读单词、感悟发音特点、强化这一读音规则。

（2）元音字母组合的读音规则

在引导学生自主感悟并发现英语字母的发音规律后，教师可以进一步引导学生去发现单词内部字母组合发音的一般规律和单词拼读规律。

例如，字母组合 ea，在单词中可以发［iː］，如 tea，peach，please；字母组合 ee 也可以发［iː］的音，如 tree，meet，need；通过归纳、总结，引导学生了解读音规则，为学生拼读能力的发展做好铺垫。

（3）辅音常见搭配的读音规则

将常见的音节或后缀作为整体认读。

例如，学了单词 father，mother，brother，学生就可以掌握 ther 在词尾的发音［ðə］。在学习单词 other，together 时，就可以让学生把 ther 当作整体认读。此外，还有些常见后缀，如 ly，ty，ry，tion，ment，ness 等，学生如果能熟练地认读，可以加强拼读拼写的能力。

3. 趣味记忆，了解读音规则

随着学生词汇量的日益增多，元音字母在单词中的发音千变万化，不易掌握。对于一些没有明显规律的发音规则，教师可以采用多种巧记忆的方法，增加记忆的趣味性，帮助学生记忆。教师可编些字母顺口溜、口诀，帮助学生了解记忆相关的读音规律。

例如，关于字母 u 的读音顺口溜：

字母 u 的读音要记住，闭音节中读［ʌ］和［u］。

记住 put 一词较特殊，其他均把［ʌ］音读。

开音节中读［juː］和［uː］，只有 blue，ruler 音为［uː］，其他便可辨认出。

再如，关于字母 g 的读音口诀：g 发［g］音最常见，词首词尾无二般。如果 ge，gy 紧相连，g 发［dʒ］音记心间。

教师可引导学生在观察与思考的基础上，通过自主探究，逐步积累读音规则，搭建读音规则的框架，这是一种探究式的学习。它既重视结果又强调知识获得的过程，既关注意义建构又注重应用，是一种知识内化的过程。教师长期进行这样的训练，不仅有助于学生语音规则框架的搭建，更促进了学生思维和概括能力的发展，为今后词汇学习能力的提高奠定基础。

（三）实践运用，促进学习能力发展

在引导学生体会音、义、形的关联并搭建读音规则框架的前提下，语音学习的最终目标是把读音规则内化成知识结构，以培养学生见词能读、听音能写的能力。这是再认和回忆的过程，是用储备并内化的认知结构开展自我学习的过程，是提高能力和获取知识相互促进的过程。

教师运用如下策略，可以避免传统教学中“教—跟读—遗忘—再教”的高耗低效现象，更为有效地提高学生见词能读、听音能写的能力。

1. 直呼法

对符合发音规则的单词，引导学生自己尝试拼读、拼写。

例如，在教授 bag 时，可以根据字母 b，a，g 的发音/b/，/a/，/g/直接读出这个词的音/a/。同样，当教师读出/a/这个音时，学生可以根据发音/b/推断出第一个字母是 b，根据/a/推断第二个字母是 a，根据发音/g/推断第三个字母是 g。

学生一旦掌握了这种方法，就可以使英语单词音形结合，遇见生单词就能拼读，同时也降低学生记忆单词的难度。

2. 添加法

学生有了一定词汇量的基础上，可在已学单词上添加或者替换字母来学习新单词，达到以旧引新的目的。对于刚学英语的低年级小学生来说，认读单词比较困难，读完就忘是常有的事，以旧带新、音形义结合是最适合他们的记忆方法。

例如，在教 bear 之前，先复习 pear，然后把 p 改写成 b，学生马上会产生读音联想，都能试着读这个单词，最后在单词旁贴上“熊”的图片，学生通过音形义的识记，很快掌握了 bear 一词，产生了以旧带新的良好效果。

3. 分析法

教师始终要培养学生按照读音规则，把单词的音、形、义联系起来，进行思考反应的能力。教新词时，不仅要会发音、会拼读，还要与旧词联系，进行归类性训练。

例如，教单词 think 时，先让学生回忆其他含 th 咬舌尖的单词，使学生积累一些常见字母组合的发音，如 p 发［p］，b 发［b］，m 发［m］，还知道 kn 发［n］，ght 发［t］，ow 发［au］，ea 发［iː］等。这样能培养学生自觉地把单词、音标作音、形比较，掌握一些规律，逐步学会听音知形、见形知音的本领。

4. 分解法

教师可以引导学生划分音节，对音节进行先拆分再组合，将长单词化短，降低多音节单词认读难度。

例如，在教学 yesterday 这个单词时，先板书 yes，再写 ter，然后加上 day，学生就能自己拼读出这个单词。

再如，教师出示单词 calculator 让学生试读快记时可采用以下步骤：① 让学生试读；② 教师拆分音节，提供指导：cal-cu-la-tor，解决发音问题；③ 再由音到形拼写单词、记忆单词。经过上述过程后，学生很快就读出这个单词，还可以根据读音试写单词。

在长期教学过程中，学生单词认读能力和拼写能力逐步得到提高，学习积极性增强。

5. 游戏法

根据小学生年龄特点，教师可组织开展各种有趣的竞赛，激发学生的学习兴趣，提高单词拼读拼写能力。

例如，听音找词，从一串生词中找出你所听到的词，比比谁找得又准又快；听音写词，根据读音规则，比比谁写的词与答案最接近；速读生词，比比谁在最短的时间内，读对的生词最多；速记生词，比比谁在最短的时间内拼出的生词最多。

建构主义理论认为，学生是知识的建构者。知识是“学”会的，而不是“教”会的。教师应长期采用音、形、义结合的策略，将单词的读音和词形作为整体来看待，在教学中渗透语音知识，引导学生感悟发音规律，了解读音规则，同时渗透根据读音规则拼读和拼写单词的方法，培养学生单词拼读能力。这对于提高学生的语言自主学习能力，保持持久浓厚的学习兴趣，有着重要的意义。

范例导读

案例

sick 的语音教学片段

教　材：《牛津英语（全国版）》四年级上册（上海教育出版社）

Module 2 Unit 3 Drinks I like Period 2

设计者：秦忆青，上海市浦东新区东方小学

（一）案例说明

课程标准对语音教学二级目标有着明确的规定：能认读所学词语；能根据拼读的规律读出简单的单词；能读懂教材中简短的要求或指令；能看懂贺卡所表达的简短信息；能借助图片读懂简单的故事或小短文，并养成按照意群阅读的习惯；能正确朗读所学故事或短文。结合其中的“能根据拼读的规律读出简单的单词”这一目标，设计了本教学案例。

本课的教学主题是 Drinks I like，围绕“喜爱的饮料”这个主题展开教学，要求学生通过学习能够听、说、读有关饮料的名词 cola，juice，milk，water，drinks；能够运用 hot，cold，thirsty，happy，sick 等感觉词汇表达自己想喝饮料的意愿；能够运用 What do you like? I like …，Drink some …等句型来选择自己喜爱的饮料。根据教材学习要求，整合旧知，培养表达能力，并激发学生的学习兴趣。

通过一段时期的学习，学生基本能够认读辅音字母，对一些常规的辅音字母发音有了一定的了解。本课时主要学习 cola，juice，milk，water，drinks，thirsty 以及词汇 drink，sick，其中-ck 的发音为语音教学的主要内容。为此，在教学中采用感知模仿—观察积累—实践运用的策略来开展词汇 sick 的语音教学。

（二）教学目标

（1）能根据范例推断字母组合的发音并进行正确拼读。

（2）能掌握单词 sick 的正确发音和含义。

（三）设计思路

语段中听音感知→图片中感知形、义→模仿发音，试读单词→根据规律，认读单词→语段中正确表述。

（四）教学流程

本节课，教师为帮助学生掌握 sick 的正确发音和含义，设计了如图 7-2 所示的教学流程。

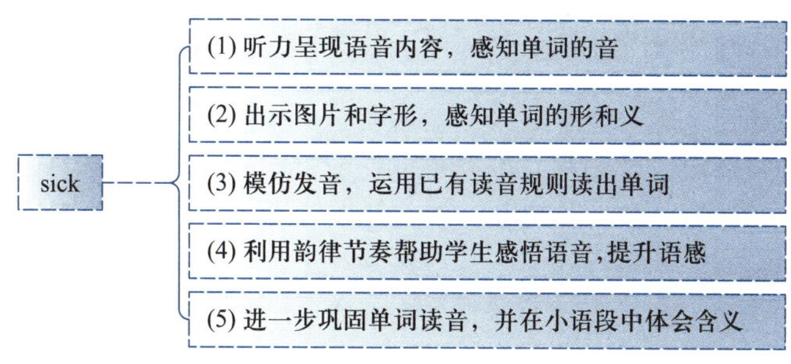

图 7-2

【教学评析】

有统计表明，人们在日常使用语音的实践活动中，“听”占 45%，“说”占 30%，“读”占 16%，“写”占 9%，“听”和“说”与语音直接相关，语音教学的重要性和意义毋庸置疑。

结合本教学关键问题，该教师在语音教学片断中有两个亮点值得我们学习：

一是教师注意建立字母发音与字母之间的联系，对学生进行学习方法的指导。英语是一种拼音文字，单词是由字母组合成的（形），组成单词的字母及字母组合的发音（音）是有一些规律可循的。教师能始终引导学生观察、发现发音与拼写之间的内在联系，教会学生按照读音规律和拼写规则来学习和记忆单词，帮助学生提高正确拼读率，从而促进学生有效地记忆单词，为学生提供终身受益的单词学习方法。

二是教师注重在语音教学中与语义、语境相结合，帮助学生形成语用。根据学生的心理特点和语言学习规律，教师对学习材料重新整合，设计成适合小学生年龄特点的语音训练活动，帮助学生练习语音。在 sick 的教学过程中，教师通过图片视形和学说 chant，帮助学生练习单音音素的发音；通过吟诵小语段：I'm sick! Sick! Sick! I don't like it, it, it! 帮助学生练习节奏，通过韵律形成语感。这样就能将枯燥、机械的听音和模仿练习变为有趣、有意义的活动，充分调动学生学习语音的积极性，使他们养成乐于模仿、善于模仿、善于运用的良好习惯。

课堂是学习的主阵地，在课堂上，建立知识点之间的关联，通过音形义结合的方法，能帮助学生迅速学会和记住单词的发音，形成拼写该单词的初步印象，提高学生课后回忆、巩固、存储该单词的成功率，为学生的语用能力发展奠定扎实基础。

（点评人：叶建军，上海浦东教育发展研究院）

微课程 7-1　sick 的语音教学片段

案例

scarf 的语音教学片段

教　材：《牛津英语（全国版）》五年级上册（上海教育出版社）
Module 4 Unit 10 Wind Period 3

设计者：杨昀，上海市浦东新区南码头小学

（一）案例说明

根据课程标准对语音教学二级目标中的“能根据拼读的规律读出简单的单词”这一目标，设计了本教学案例。

本单元的教学主题是 The natural world，本课时的教学主题是 Wind。其教学内容之一是学习 scarf 的发音。通过一段时期的学习，学生基本能够认读辅音字母，对一些常规辅音字母的发音有了一定的了解。在教师长期渗透和学生总结积累的过程中，学生已经初步了解了一些基本读音规则，并初步具备运用基本读音规则认读、拼写单词的能力。为此，在教学中采用感知模仿—观察积累—实践运用的策略来开展 scarf 的语音教学。

（二）教学目标

（1）了解简单的拼读规律，能根据范例推断字母组合的发音并进行正确拼读。

（2）能掌握单词 scarf 以及 scarves 的正确发音和含义，发现并归纳音、形、义的关联。

（三）设计思路

语段中听音感知→观察模仿→旧知引新→实践新知→巩固运用。

（四）教学流程

本节课，教师为帮助学生掌握 scarf 的正确发音和含义，设计了如图 7-3 所示的教学流程。

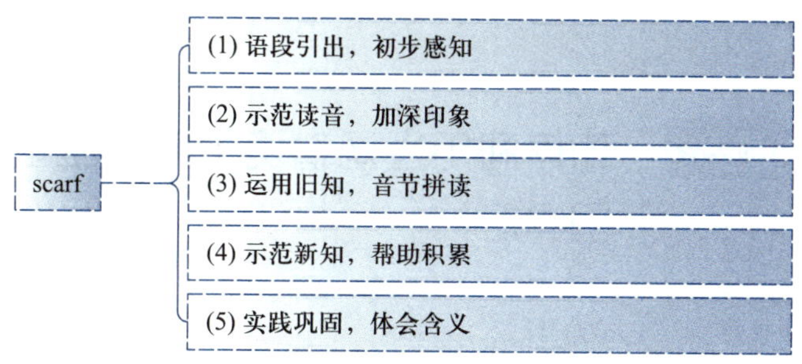

图 7–3

【教学评析】

该教师在教学中非常关注语音教学的实效性，他在运用已有读音规则的基础上，通过模仿聆听、观察感悟、实践运用，开展 scarf 的语音教学，始终关注学生语音能力的发展。教师采用了以下一些教学策略：

（1）找关联，以旧带新。教师出示旧知 car，学生见字形，能迅速知道其读音，并运用直呼法读出单词。

（2）抓时机，传授新知。教师在学生直呼 car 的读音基础上，在前面呈现字母是 s，并夸张地读出清辅音/k/在 s 后面浊化的发音，同时用媒体突出字母 c，强化新的语音规则。

（3）巧设计，加强听辨。教师再次示范单词 scarf 读音，让学生根据听到的音，选择字母 f 或 v，培养学生听音见形的能力。

整个设计看似不露痕迹，实则很好地体现了语音教学策略，引导学生在了解语音规则的基础上，见形知其音，听音知其形，培养学生的语音能力，提高语音教学实效。

（点评人：叶建军，上海浦东教育发展研究院）

微课程 7–2　scarf 的语音教学片段

教学关键问题8 如何利用直观情境帮助学生理解词义并巩固词汇？

教学关键问题提出

词汇是构成语言的“建筑材料”，词汇知识是语言使用者语言能力形成的重要基础。因此，要学好一种语言，词汇是关键。《义务教育英语课程标准（2011年版）》指出：学生在义务教育阶段应该学习和掌握的英语语言知识包括语音、词汇、语法以及用于表达常见话题和功能的语言形式等。词汇教学质量的好与坏，单词掌握的多与少，直接影响到学生外语能力的发展和运用。

课程标准根据不同年龄阶段学生的生理、心理特点，设定了二级和五级的词汇分级标准。从该分级标准不难看出，词汇教学的主要任务是使学生具有听、说、读、写的初步能力，为进一步学习和运用英语打下必要的基础。从某种意义上说，词汇能力直接影响到一个人的听、说、读、写、译的能力，只有掌握了充足的词汇量，才能听懂和读懂他人的话语和文章，畅所欲言地表达自己的思想，在言语交际活动中得心应手地表情达意。

目前使用的各套小学英语教材都有一个显著的特点，就是词汇量比以往更大了。学生在小学阶段学习了大量的词汇，但是他们灵活有效地运用词汇进行自由表达的能力似乎并没有得到显著提高，“快学快忘”的现象也比较严重。因此，在小学英语词汇教学中，如何加强词汇教学的直观性，增强词汇教学的趣味性，利用语境突出词汇教学的整体性，显得尤为重要。要使学生轻松愉快地度过词汇大关，教师有必要研究如何利用直观情境帮助学生理解词义并巩固词汇。

教学关键问题分析

在词汇教学过程中，一些教师将词汇教学理解为传统意义上的“认字”教学，往往在一节课的起始部分进行“词汇教学”，以扫除教学难点，将词汇教学与学生的整个英语学习过程割裂开来。在这样的学习中，学生缺乏相应的语境，无法理解词汇在语境中的意义，盲目参与遣词造句、言语交际等活动，不但给后续学习设置了一定的障碍，更会导致学习自信心的逐渐丧失。小学生在教学中常出现“前学后忘”和“学得快也忘得快”的现象，究其原因，主要是缺乏在语境中对词汇的理解。孤立的词语可以有多种解释，在不同的语言结构和语境中，一个词汇可能有不同的含义。同时，小学生的形象思维能力较强，抽象思维能力较弱。因此，教师应充分利用直观情境，在一定的语境中进行词汇教学，能帮助学生理解词义，正确掌握词汇的用法，并在听、说、读、写中巩固和正确使用词汇。

直观是指通过对客观事物的直接接触而获得的感性认识。情境指在一定时间内各种情况相对的或相结合的境况。英语中的直观情境是指一种生活场面。在英语教学中，创设生动直观的情境，既能活跃课堂气氛，激发学生的学习兴趣，锻炼学生的语言能力，又能培养学生的思维能力和想象能力。教师可以将词汇教学目标外化为一个学生容易接受的情境，让学生身临其境，有直观的形象可以把握，有浓厚的情绪氛围可以感受，让学生先感受、后表达。直观情境教学，针对学生思维特点和认识规律，以“形”为手段，以“趣”为突破口，以“情”为纽带，以和谐的师生关系为保证，使学生在学习词汇的过程中获得求知、认知的乐趣，使教学真正成为生动活泼和表现自我需求的活动，从而促成学生在语言情境中的语言运用，达到教学目标。

教学关键问题解决

利用直观情境帮助学生理解词义并巩固词汇的关键在于直观情境的创设是否给学生以感性的、形象的、具体的认识，使抽象的知识变为形象的知识，静态的知识变为动态的知识；能否帮助学生在直观情境中迅速而准确地理解词汇意义，促进学生积极学习，主动参与，提高学生的兴趣，减少学习的枯燥感。

根据不同的教学内容，采用不同的形式来创设直观情境，或描绘画面，呈现形象，产生美感，使学生因爱美而要学；或出示实物，在观察中引起思考，使学生因探究而要学；或联系学生已有的生活经验，重现生活场景，使学生产生亲切感，因学习内容贴近生活形成关注而要学；或触及学生的情绪领域，唤起心灵的共鸣，使学生因情感的驱动而要学……无论是好奇求知，还是情感、关注的需求求知，都能促使学生形成一种努力去探究的心理，从而激发内在学习动机的产生。这使得学生在接触新词汇时，带着热烈的情绪，主动投入到教学活动中来，从而更好地在情境中理解词义并加以巩固。

在词汇教学中直观情境的创设主要采用以下几种策略：

（一）利用图片、实物展示情境

图片和实物生动形象，信息量大，表意直观，是创设英语直观情境真实有效的手段之一。以图片和实物展现、演示某种特定情境，使学生坐在教室里就可以认识客观事物，打破了时间和空间的限制，不仅能帮助他们迅速而准确地掌握词汇的含义，而且能进一步激发起学生的学习欲望，培养他们的观察力和想象力。

1. 图片呈现情境

“千言万语不及一张图”，这句话充分强调了形象直观的重要性。英语中的很多词汇，如名词、动词、形容词等都可以以图片的形式呈现，让学生直观理解其意义并加以巩固。

例如，《英语（三年级起点）》三年级上册（人民教育出版社）Unit 4 We love animals，其中 Let's learn 板块的内容是五个动物类核心词汇：bird，panda，monkey，tiger，elephant。教师可以先给学生呈现一幅动物园图片，创设动物园这一小学生熟悉的情境，激发起他们的学习欲望，随后逐一呈现五种动物来教学。比如 panda 的教学，教师可以呈现一幅 panda 的图片说：Look，this is a panda. 并重复 panda，学生看图跟读，在图片情境中自然就理解了词汇 panda 的意义。在巩固 panda 时，继续运用此图片情境，因为图片上憨态可掬的熊猫必定会激起学生的喜爱之情，教师可以整合旧知，让学生说说喜欢 panda 的理由。因为有图片情境的支撑，可以促使学生说出喜爱 panda 的理由，必定会用上 nice，lovely，fat 等形容词，可以说是借景抒情。在学完几个动物单词以后，结合单元句型，再进行对话练习。为了激发学生兴趣，教师也可以设计一些比较有趣的猜谜游戏，如出示动物身体的一部分，让学生根据动物身体的某一部分特征猜出动物单词，让学生在游戏中巩固单词的读音和意义。

2. 实物演示情境

俗话说："百闻不如一见。"这是人们认识客观事物的一条规律。运用实物演示情境，正是从这一认识规律出发的。如果词汇用实物形象展示出来，就更形象直观，符合学生的认知特点，有利于丰富学生的感性知识。有些名词类词汇，可以直接把实物搬到课堂上来教学，用实物来演示情境，从而让学生入情入境。

例如，《英语（牛津上海版）》三年级第二学期（上海教育出版社）Module 2 Unit 2 的主题是 toys，其中 Look and learn 板块的内容是四个玩具类核心词汇：toy train，doll，skateboard，robot。教师可以准备一些玩具实物，或让学生带一些玩具来，创设一个玩具店的情境。当一大堆学生喜爱的玩具呈现在讲台上时，学生一定很兴奋。此时，教师可以因势利导，借着这个实物情境，和学生一起欢呼：Wow，so many toys！并顺手拿起一个洋娃娃，继续说：I like this doll. It's nice. 从而让学生理解词汇 doll 的含义，接着继续玩具店实物情境，让学生看着不同的 doll 模仿教师用简单的句型：I like this doll. It's ...表达自己喜欢的 doll，从而巩固词汇 doll，为后一步的运用作准备。

（二）利用媒体技术模拟情境

多媒体技术辅助教学使课堂上创设直观情境教学的空间不断扩大，运用多媒体技术模拟情境，能够打破时空界限，创设生动、形象、有趣的教学情境，给予学生强烈的视觉、听觉冲击，有效地引导或启发学生思考与想象，有利于激发学生的学习兴趣和自主性，有助于学生更好地理解词汇意义并巩固，让学生在轻松愉悦的氛围中乐于学习，使教学课堂更多姿多彩。

1. 音乐渲染情境

音乐的语言是微妙的，也是强烈的，给人以丰富的美感，往往使人心驰神往，它以特有的旋律、节奏塑造出相应的形象，把听者带到特有的意境中。用音乐渲染情境，可以是现成的乐曲、歌曲，教师若有演绎才能，也可以是自己弹奏、表演唱，关键是选取的乐曲与教材在基调、意境以及情境的发展上要对应、协调。

例如，《英语（三年级起点）》三年级上册（外语教学与研究出版社）Module 6 Unit 1 主题是 Happy birthday！其中 Listen，point and say 的内容是有关生日快乐的对话，教材内容如下：

—Happy birthday，Jim！

—Happy birthday，Tim！

—Happy birthday，Kim！

—Ha ha…

从教材文本中看出，这是一段有关生日主题的对话，为了让学生更好地理解巩固词汇 birthday，进入 birthday 的情境，教学中可以一首学生耳熟能详的英文歌曲 *Happy Birthday* 来渲染这一生日情境，学生在通过歌曲理解词汇 birthday 的同时，也通过歌曲的吟唱进一步在欢乐的氛围中巩固词汇。

2. 视频传达情境

视频作为一种结合了声音与图像的媒体，可以给学生提供视觉、听觉感官上的刺激并传递信息，使学生置身于逼真的情境中直观理解词汇。丰富的网络资源给我们提供了大量的视频资料，教师若能选好与所教词汇密切相关的视频资料，并在使用中注意播放的时机、长度等，定能达到事半功倍的效果。当然，教师也可以根据教材、目标、学情等自制视频，更加贴近词汇教学的需要。

例如，《英语 PEP（三年级起点）》五年级下册（人民教育出版社）Unit 3 My school calendar 的主题是有关不同月份中节日的问答，其中既有中国传统节日，也有西方节日。在西方节日中，除了 Christmas 学生比较熟悉外，其余的节日学生都比较陌生。比如感恩节的教学，可以通过西方人过感恩节的一段视频来帮助学生整体感知理解这个节日，了解西方人什么时候怎样过感恩节。学生在视频中感知理解 Thanksgiving Day 词义的同时，也对后续的巩固练习（简单介绍感恩节的日期和活动）有了初步的直观感知印象，做到在情境中巩固词汇 Thanksgiving Day。

（三）通过活动扮演体验情境

在词汇教学中创设情境让学生动起来，参与多种活动，在课堂上做到用耳朵去倾听、用眼睛去观察、用大脑去思考、用五官去感悟、用双手去操作，产生角色体验，在情境角色与词汇内容的结合中产生联想和情感的共鸣，从而更积极有效地理解词汇的意义并更好地巩固词汇。

1. 活动参与情境

根据学生天性好动、乐于参与活动的特点，教师可在课堂上创设新颖多样、能调动学生多种感官体验的活动情境，有目的、有计划地让学生参与到该活动中，师生共同参与，在活动中感知理解学习词汇，享受活动的乐趣。

例如，《英语（三年级起点）》三年级下册（上海教育出版社）Module 1 Unit 2 的主题是 Tastes，其中 Look and learn 板块的内容主要是食物类单词 candy，ice cream，lemon以及味觉类的词汇 sweet 和 sour。教学时可以创设一个品尝活动情境，教师准备好各类酸甜食品，可以自己先尝尝柠檬片，边皱眉边吐舌说：Oh，it's sour. It's a lemon. I don't like it. 然后让学生尝尝并提问：Taste it. How is it? 让学生体会 sour 的味道，并帮助引导学生说出 sour，在理解 sour 意义后可以设计小组活动情境，分组品尝体会词汇 sour 意义并模仿刚才的师生对话练习，巩固词汇。

2. 扮演体会情境

在词汇教学过程中创设情境让学生扮一扮、演一演，能使学生更直观地在情境中体会感悟词汇的意义，从而促使他们积极、主动地参与词汇学习，巩固也更有效。

例如，《英语（牛津上海版）》三年级上册（上海教育出版社）Module 1 Unit 2 的 Look and learn 板块的教学内容是四个动词类核心词汇：stand up，sit down，open the door，close the door。在教学词汇 open the door 时，可以通过师生扮演形式把教材的图片情境直观呈现在课堂上：教师自己手捧一大沓书走到门边，做出想开门却又开不了的动作，然后把目光投向旁边一个学生，一边用眼神示意他开门一边说：Open the door，please. 学生自然心领神会地过来开门。这样的情境创设，比教师径直走到门旁边做开门动作边说 open the door 更为形象有意义，因为学生扮演了教材中的角色，在情境中真正体会了开门这一个动作指令，听了，做了，词义显而易见，无需多言。巩固词汇环节可以继续在这一情境中，采用学生间相互扮演对话的形式练习。

教学是师生间、学生间互动的过程。如果我们在英语词汇教学中，尽可能利用各种教学资源，通过各种实践活动来创设行之有效、形式多样的直观情境，使学生在较为真实直观的情境中学习词汇，激发英语学习兴趣，引发情感上的共鸣，使英语学习从被动接受的状态转变为积极主动的学习过程，就能帮助学生更好地理解巩固词汇，使学生真正成为课堂的主人，课堂效率也得以提高。

范例导读

案例

Kitty's Saturday night

教　材：《英语（牛津上海版）》四年级第二学期（上海教育出版社）

Module 3 Unit 1 Sounds Period 1

设计者：王雷琴，上海市浦东新区小学

（一）案例说明

外语学习缺少良好的环境氛围是其不同于母语学习的一个重要特点，所以必须优化英语课程的实施过程，重视营造良好的英语学习环境。课堂教学是课程改革的主阵地，新课堂教学使课程适应学生的学习，让课堂适应每个小学生的发展。教师的“教”为学生的“学”服务，引导小学生探究式地“学”是教师“教”的出发点。“教材无非是一个例子”，“用教材教”是课堂教学改革对教师的基本要求，教师既是课程的实践者，更是课程的开发者。学生不仅是课堂的主体，而且也是在一定情境下教学的主导之一；教师是课堂的主要教学资源，学生是课堂教学的重要资源，教与学互补是新课堂教学的重要特征之一。

本节课选自《英语（牛津上海版）》四年级下册（上海教育出版社）Module 3，本模块的教学主题是：Things around us，分为三个单元：Sounds，Time 和 Days of the week，分别从声音、时间和一周七日三个方面描述我们身边的事物。

《英语（牛津上海版）》的内容以知识螺旋上升的结构呈现。在前三年多的学习中，学生已经从天气、季节、形状、服装、颜色等多个方面学习了解了我们身边的事物，也已经了解了我们周围的很多声音，比如动物、交通工具等声音，能对听到的声音进行简单的描述，表达自己的喜好。学生也学习了现在进行时态的陈述句，能够在情境中对正在发生的事情进行简单表达。另外，学生能简单运用问候用语、祈使句以及 to be，to have，can 句型等语言知识，具备了一定的听、说、读、写能力。

基于对教材内容和学情的分析，以 sounds 为主题，以周六周日两天时间为主线，以这两天出现在 Kitty 身边的声音为主要内容，本单元的内容重整为 4 课时，如表 8–1 所示。

表 8–1

课时	Period 1	Period 2	Period 3	Period 4
话题	Kitty's Saturday night	Kitty's Sunday morning	Kitty's Sunday afternoon	Kitty's Sunday evening
板块重组				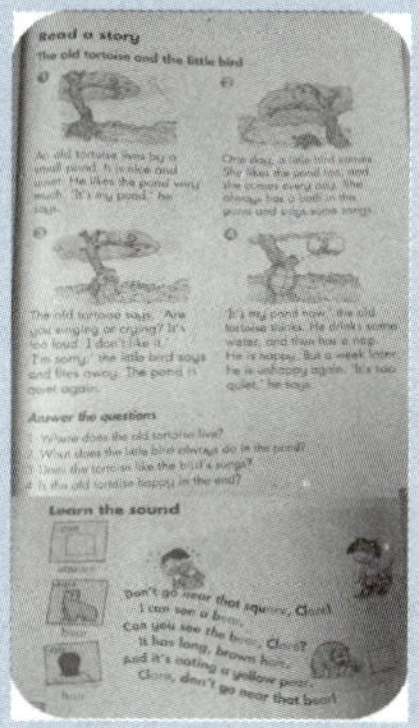

本课时为第一课时，其教学话题为 Kitty's Saturday night。主要结合 Look and learn 板块进行词汇学习，重点是 quiet，loud，bell，television（TV）。

其统整后的文本如下：

Period 1

Kitty's Saturday night

It's Saturday. Kitty moves into a new house. The Chens are her new neighbors.

Kitty is a TV fan. She likes watching television very much. It's seven o'clock in the evening. Kitty is watching television in the living room. Her new neighbors , the Chens are at home too. Mr Chen is cooking dinner in the kitchen. Mrs Chen is washing her hair in the bathroom. They are both busy. Their son Tim is playing with bells in the bedroom. He is happy.

It's ten o'clock at night. Kitty is tired. She wants to sleep but she can't. She hears many loud sounds from her new neighbors. Mr Chen and Mrs Chen are dancing in the living room. The music is very loud. Their son Tim is crying in the bedroom. He can't find his bells. He's sad.

It's eleven o'clock at night. The Chens are all quiet. Mr Chen is listening to music in the living room. The music is quiet. Mrs Chen is reading a book in the bedroom. Tim is sleeping in the bedroom. But Kitty is watching television again. The television is very loud. Oh, she's really a TV fan.

（二）教学目标

作为本单元的第一课时，设定的教学目标如下：

（1）通过阅读文本 Kitty's Saturday night，学生学习、巩固并初步运用词汇 loud，quiet，television（TV），bell，能运用现在进行时态句型 ... is/are doing ... 描述正在发生的动作与情境。

（2）通过实物和视频演绎，学生能看懂理解 wind-bell 的制作过程，并学会做 wind-bell。

（3）学生能在文本阅读学习的过程中懂得在邻居休息时不喧闹、保持安静的礼仪。

（三）设计思路

本课时的主要教学内容是本单元核心词汇 loud，quiet，television（TV），bell。根据四年级教材的特点，本课教学创编了话题：Kitty's Saturday night，通过创设 Kitty 和她的邻居 the Chens 一家晚上 7 点、9 点、10 点三个时间段所做的事情的情境，逐步带动词汇的教学，并在文本中巩固运用。制作的课件中加入一些声音元素，如流行的江南 Style，学生喜爱的动画片喜羊羊灰太狼的音乐。教学中采用听听答答、看图说说、看看猜猜等多种方式，创设直观情境，让学生在情境中理解词义并在文本中不断复现巩固，以达到运用的目的。

（四）教学流程

本节课教学流程如图 8-1 所示。

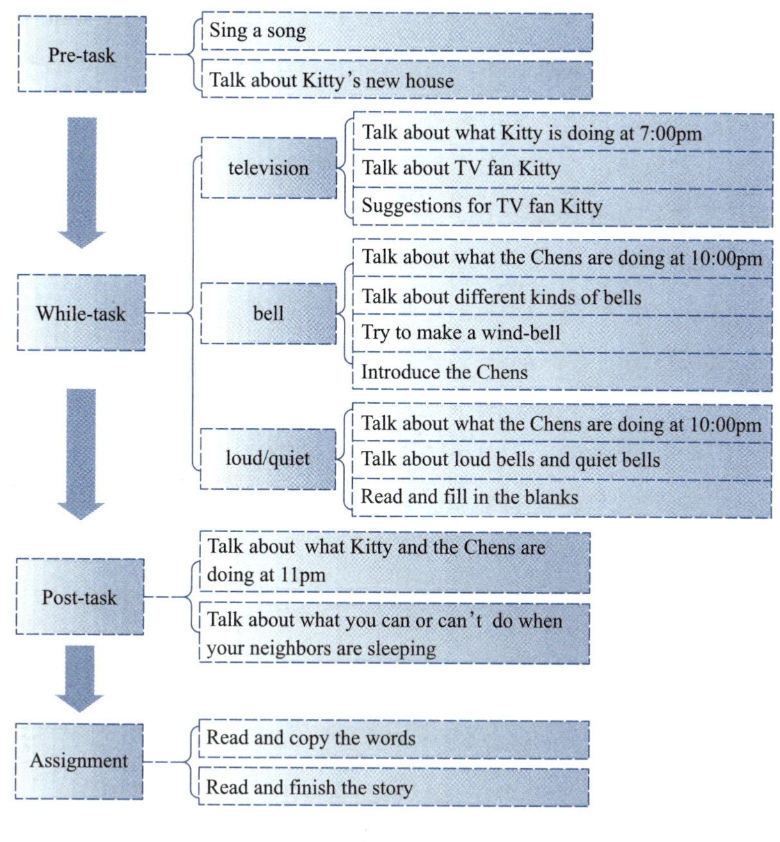

图 8-1

【教学评析】

小学英语课程改革的重点是要改变英语课程过分重视语法和词汇知识的讲解与传授，忽视对学生实际语言运用能力培养的倾向，强调课程从学生的学习兴趣、生活经验和认知水平出发，倡导体验、实践、参与、合作与交流的学习方式和任务型的教学途径。这个观点表明：新教材虽打破了以词汇和语法为纲的模式，但并不意味着要忽视和排除词汇和语法教学。采取什么方法来进行词汇教学，是值得我们关注并思考的问题。

教师在这堂课的教学中，充分体现了利用直观情境，帮助学生理解词义并巩固词汇的教学策略，体现在以下两个方面：

一是利用实物和图片创设情境，使学生对词汇的印象更加直观、立体、生动和形象，使学生的记忆更为深刻和牢固。在 While-task 环节学习词汇 television、进行 bell 的拓展教学时，教师通过实物、图片的情境展示，营造学生熟悉的学习氛围，构建有利于词汇学习的环境，加深学生对所学词汇的印象。

二是运用多媒体的直观情境，激发学生学习兴趣，帮助学生理解词义并巩固词汇。在教学中，王老师采用视频情境，引导学生全方位感知并参与完成 wind-bell 的制作，不仅使学生兴趣盎然，更有效地巩固了词汇 bell，让学生在有限的时间内达到最佳学习状态，为词汇的运用做好了进一步的铺垫。同样，在教学单词 loud 和 quiet 时，通过多媒体创设晚上十点钟陈先生夫妇正在跳舞的活动情境，引入词汇 loud 和 quiet，帮助学生在强烈的音乐声中感知理解词汇 loud 的意义，体验生活情境，感悟生活实践，较好地突破了词汇学习的难点，从而正确理解并运用词汇。

在小学英语词汇教学中，利用直观情境帮助学生理解词义并巩固词汇，是提高课堂效率的有效手段。它能够把简单呆板的词汇教学融入多姿多彩的真情实境中，化抽象为直观，化呆板为生动，让师生和谐地融为一体，在有情、有景、有趣的氛围中激发学生的学习热情，培养学生的学习兴趣，帮助学生寻找到掌握英语词汇学习的捷径，使学生学于景中，感于情中，乐于其中，从而提高英语词汇教学的有效性。

（点评人：叶建军，上海浦东教育发展研究院）

微课程 8–1　Sounds

案例

Jill and her friends

教　材：《英语（三年级起点）》四年级上册（上海教育出版社）

Module 2 Unit 3 My parents Period 1

设计者：沈红梅，上海浦东工商外国语职业学院附属小学

（一）案例说明

本节课选自《英语（三年级起点）》四年级上册（上海教育出版社）Module 2，本模块的教学主题是 My family, my friends and me，分为三个单元：Do you have any cousins, my friends, my parents。本模块主要的学习内容包括：家庭称谓的进一步学习，服饰名称的学习，职业名称类单词的初次接触。通过本模块三个单元的学习，学生能更加完整地认识自身或他人，能更加完整、生动、立体地介绍自己或他人（包括家人、朋友、同学等），包括姓名、年龄、与描述者的关系、能力、喜好、心

情与感受以及衣着等诸多方面。本案例选取的是 Unit 3 My parents 这一单元的第一课时，本单元要求学生能具体学习与掌握常见的职业名称，学会准确的职业询问方式。在此基础上，初步了解相关职业的工作地点、衣着特征、所需的工作技能以及对社会的贡献等相关信息。

小学生听觉灵敏，善于模仿，具体形象思维好，活泼，好动，有意注意持续的时间相对较短。在课堂教学中，如以传统的单一教学模式教学，就不能很好地根据小学生的心理特征发挥作用。而借助多种手段创设直观情境，利用多媒体技术丰富教学内容和形式，能有效地抓住小学生的心理，符合儿童的年龄特点和思维规律，营造轻松、愉快的气氛，既进行了综合语言训练，又让学生体会到了学习的乐趣。

本节课的教授对象为四年级学生。四年级学生通过三年多的英语学习，已经积累了一定的语言知识。就词汇而言，学生在数词、食品类单词、水果类单词、学习用品类单词、玩具类单词、学校场所类单词等方面初有积累；就句型而言，学生能熟练运用 to be 句型、to have 句型和 can 句型等。小学生具有语言学习和交流的欲望，也愿意与同伴分享学习的快乐。他们活泼好动、愿意表现，对游戏、竞赛、故事等尤感兴趣，有着较强的求知欲和表现欲。

基于对教材内容和学情的分析，以 My parents 为主题，以职业谈论为主线，将本单元的内容重整为 4 课时，如表 8-2 所示。

表 8-2

课时	Period 1	Period 2	Period 3	Period 4
话题	Jill and her friends	Jill's parents	Visiting a fire station	Jill and her family
板块重组				

本课时为第一课时，教学话题为 Jill and her friends。主要结合 Look and learn 板块，进行词汇学习，重点包括 bus driver，doctor，fireman，nurse，teacher 等。

统整后的文本如下：

Period 1

Jill and her friends

Today is Saturday. Jill's classmates, Peter and Kitty come to Jill's home. Jill's cousin, Dan is here, too.

Jill: Peter, Kitty and Dan, what do you want to be?

Kitty: Hm...I can dance well. I like dancing. I want to be a **dancer**.

Peter: I can swim well. I like swimming. I want to be a **swimmer**.

Dan: I can drive a toy car well. I like driving. I want to be a **bus driver**. How about you, Jill?

Jill: Ah! I can write well. I like children. I want to be a **teacher**.

...

Jill: This is my father. He's very tall and strong. He is a **fireman**. He is brave. He can put out the fire. He works at the fire station. This is my mother. She is a **nurse**. And my aunt is a **doctor**. They can help sick people. They work in the hospital. They are great.

（二）教学目标

（1）能学习和掌握职业名称类单词，如 bus driver，doctor，fireman，nurse，teacher 等，做到音、形、义的统一。

（2）了解各职业的工作地点、衣着特征、所需的工作技能以及对社会的贡献等相关信息；

（3）能体会职业的普遍性。

（三）设计思路

本单元的主题是 My parents，是有关家庭成员的职业问答。因此在本课的教学中，借用第一单元中出现的主人公 Jill，充分运用多媒体技术，创设故事情境，再构教学文本，通过 Jill 和朋友们谈论自己理想的对话，教学一部分单词；通过 Jill 出示家庭成员的照片，介绍其主要家庭成员的职业，引出另一部分职业名词。随着文本的逐步推讲，本课的所有核心词汇全部教学完成。

在单词教学时，通过媒体直观演示，让学生体会构词方式。通过对 teacher，bus driver 等词汇的演示，引导学生自学 runner，painter，singer 等词汇，让学生在想一想、说一说的过程中，了解了一部分职业名词的构词方式。同时，通过声音、图像、flash 等媒体方式，让学生体会每个职业的特点和工作场所。如教学 fireman 时播放 flash 引出 put out the fire/at the fire station，教学 doctor 和 nurse 时运用图片和听力文本引出 help sick people/in the hospital，这些词组既是信息的延伸，又包含着相关的语言知识。

（四）教学流程

本节课教学流程如图 8–2 所示。

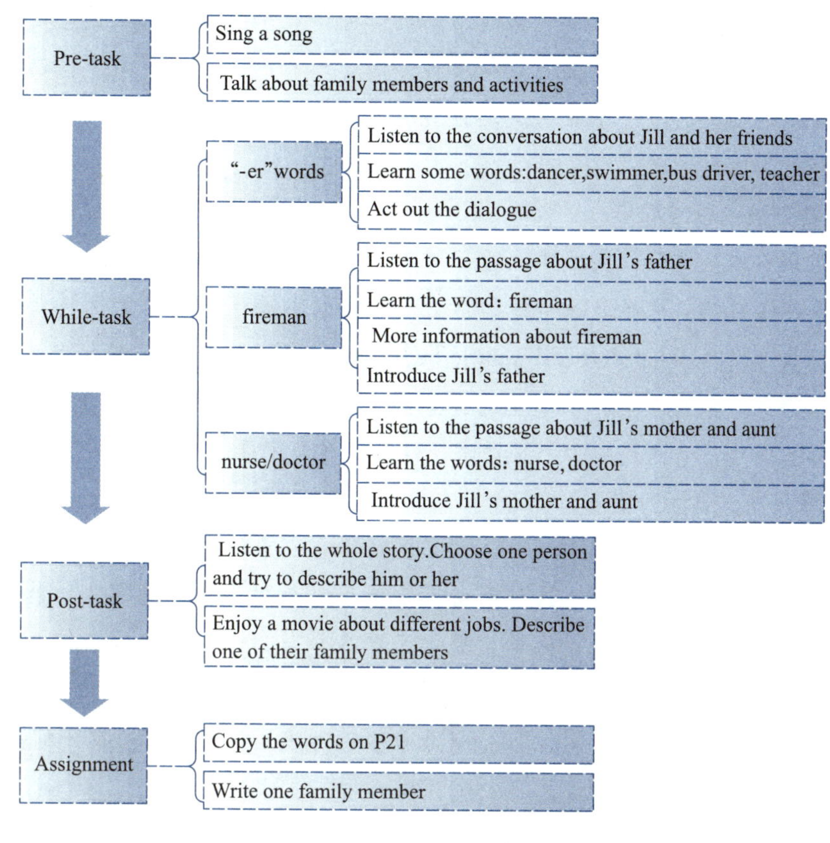

图 8–2

【教学评析】

词汇学习不能靠孤立地记忆，只让学生记住词汇的音、形、义是远远不够的，只有在语篇的具体环境中才能体现它的真正意义。如果没有进行大量的语篇语境的学习积累，没有从多方面输入词汇的语境，学生就无法产生对词汇的良好感悟能力，也就无法灵活而正确地输出语言。因此，在英语教学中教师需要把教材中零散的单词、词组、句型等化零为整到合适的语句中，引领学生理解和运用。

本堂课中教师以学生的语言知识为基础，将较多的新授词汇巧妙地融入直观情境中，使学生在较为自然的状态下参与活动。教师再构的语篇结合学生的真实生活情境展开，通过优化学习氛围，创设学习情境，学生乐学愿学。教师在课堂教学中注意自己本身输入语言知识时运用不同的句型，使学生在潜移默化中了解同一意义不同句型的表达方法。

1. 围绕主题，层层深入

这堂课在整体设计上是围绕话题 Jill and her friends，采用多种手段层层深入地来组织语言教学、开展语言训练和设计语言活动的。教师以一系列层层递进的、开放性的问题情境为线索，使学生的思维能力和用英语表达思想的能力都得到了提高。层层递进的问题情境的创设，为学生获得成功设计了合适的台阶，加大了语言的输入量，做到了语言整合，促进了学用结合。

2. 情境交融，思维同步

教师在组织学生体验和实践中注重了情感与语境的交融，语言训练与智能开发并进，使学生充满自信，课堂充满情趣和活力。学生始终处于相对自然的态势，不断地习得和使用语言。如 What does Jill want to be? What can a teacher do? 把对语言创造性使用的主动权交给了学生，培养了学生的想象能力和创新能力。这些活动既提高了学生的听说能力与综合语言运用能力，又促进了学生的智力发展。

3. 资源开发，灵活适度

使课堂“活”起来，也是进行文本的二度创作的主要原因。教师能依据学生基础，合理重组教材，有效拓展教材。这种创造性地使用教材的做法，重视学生的参与，关注学生的兴趣爱好、生活经验，为学生提供了更多学英语、讲英语的语境和素材，更贴近学生的学习和生活。

（点评人：叶建军，上海浦东教育发展研究院）

微课程 8-2　My parents

教学关键问题9 如何帮助学生在语境中运用所学词汇？

教学关键问题提出

词汇学习是英语学习的重要组成部分，是构成语言的“建筑材料”，是语言构成三要素中最基本的因素。著名语言学家威尔金斯（D. A. Wilkins）说，没有语法只能传达很少的信息，没有词汇则什么也无法传达。词汇教学在小学英语教学中的重要性由此可见一斑。

目前的小学英语课堂教学还存在着词汇教学与语境不能有机相结合的现象，具体表现为：

（1）“囫囵吞枣”——教师机械、单一地呈现词汇，就词教词，脱离语境，显得枯燥单一。

（2）“走马看花”——教师只是为了完成课时任务而呈现词汇，只求“会读”，只求“知意”，不求“知义”，脱离语境，显得孤立又生硬。

（3）“缘木求鱼”——教师因对于词汇教学缺乏教学认识，对于在基于语境中的词汇学习才是有意义的学习缺乏本质的理解，因此词汇教学显得缺少方法和手段，教学效果不理想，学生学习效率不高。

教学关键问题分析

上述课堂教学中存在的问题，其根本原因是教师很少或者根本没有意识到词汇教学与实际学习中“语言实践性”这一学习要求。“实践性”要求教师创设或者提供比较多的情境（景）。但是，在实际教学中，这样的情境（景）少之又少，学生没有直接获得词汇学习后所应有的感悟、理解和运用，“囫囵吞枣”“走马看花”“缘木求鱼”等现象就自然而然地产生，教与学的效果随之大打折扣。

《义务教育英语课程标准（2011年版）》在“前言”部分“基本理念（四）”中提出：“现代外语教育注重语言学习的过程，强调语言学习的实践性，主张学生在语境中接触、体验和理解真实语言，并在此基础上学习和运用语言。”在小学英语教学中，创设与生活实际相结合的语境是一个基本的英语教学原则，它要求教师在英语课堂中，借助多种教学资源，模拟真实的语言环境，创设英语学习的氛围，调动学生的学习积极性，激发其学习内隐力，有效提高学生的语言综合应用能力。同样，小学英语的词汇教学也需要遵循这一教学原则，教师要有意识地寓词汇教学于具体的语境之中，使静态的、孤立的词汇转换成有意义、有生命、有深度、可用于交际的词汇，为学生创造在真实语境中学习并运用语言的机会。教师还要鼓励学生通过体验、实践、参与、探究和合作等方式，体会词汇的用法，发现语言的规律，逐步掌握语言知识和技能，形成有效的学习策略，引导学生在真实的语境中运用所学词汇。

教学关键问题解决

小学英语教学要重视对学生实际语言运用能力的培养，强调课程从学生的学习兴趣、生活经验和认识水平出发，倡导体验、实践、参与、合作与交流的学习方式和任务型的教学途径，发展学生的综合语言运用能力。换言之，在教学中，只有在具体的语篇环境中才能体现词汇学习的真正意义，只让学生孤立地记住词汇的音、形、义是远远不够的。如果没有大量语篇语境的学习积累，没有多角度输入词汇语境的营造，学生就无法形成对词汇的感受和领悟，也就无法正确而灵活地输出语言。

如图 9–1 所示，在英语学习过程中，学生“知识的学习”和“技能的提高”是相辅相成的两个方面，知识学习是技能提高的基础，而技能的提高又促进知识的学习。知识的学习和技能的提高其最终目的落实在语言的运用上，在教师的指导帮助下，学生在学习过程中体验感悟，从而实现语言的运用。

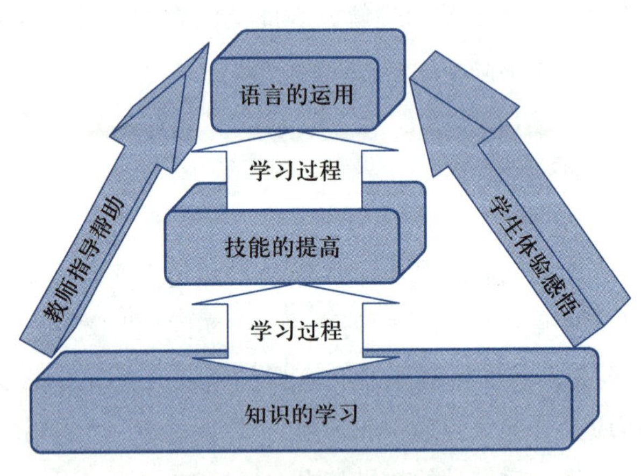

图 9–1

（一）寻找以词汇整合为重点的学习点，创造语境运用词汇

小学英语教学要求教师准确理解教材意图。特别是教材中出现的新词（如重点词、关键词、生词、合成词等）。教师要在经过深思熟虑后，通过适当地增、删、编等方法，创造性地处理这些词汇，形成合适的教学内容。这一过程其实就是对词汇内容（即语言知识对象）进行整合的过程。在此基础上，教师要加强前后教学内容的联系与

整合，使词汇教学相互联系，相对集中，体现“用教材教”的思想。

我们试图通过对词汇（学习内容）的适切整合，在课堂教学中给学生创造语言生成的条件，让他们在具体生动的语境中，对词汇学习实现从量变到质变的转化，从而为达到提高学生的语用能力这一目标提供基本保障。

基本词汇整合途径如图 9-2 所示。

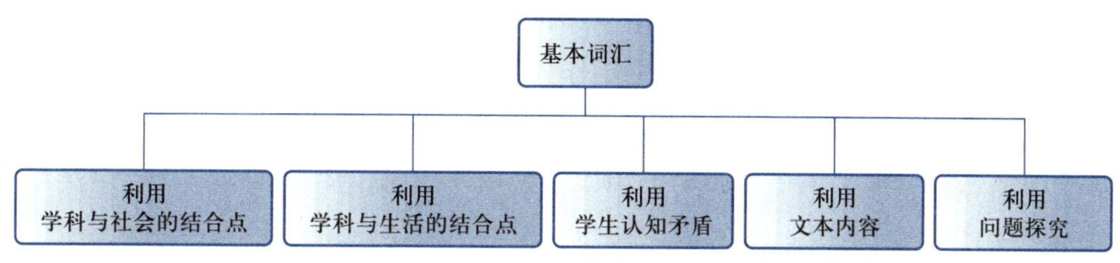

图 9-2　基本词汇的整合途径

1. 利用学科与社会的结合点，学习词汇

教材中的某些学习内容往往与当前的社会热点相关联，如新闻人物，热点事件等。教师可以根据学生对这些人物或事件的熟悉程度，利用他们的兴趣点，把这些信息与教材内容有机地结合起来，并进行适当地“裁剪”和“拼接”，然后在课堂上加以呈现。由于这些扩充的信息是学生关注的，学生能快速进入学习氛围感悟语言，并产生兴奋和愉悦，这时的语言实践就变成 PEP（三年级起点）学生有意义的学习行为了。

例如，《英语》五年级下册（人民教育出版社）Unit 2 My favourite season 的 Let's learn 板块，在教 spring，summer，autumn，winter 这四个基本词汇时，教师可以播放有关“北京以及各地雾霾影响人们生活健康”这一社会热点新闻，引出两个相关单词：haze 和 gauze mask，其后扩充词汇：(a) thin/thick haze 和 take a gauze mask。其后，让简单的 spring，summer，autumn，winter 的词汇学习，变成富有现实意义的“保护环境，注重健康”的学习。由于教师创设的语境与社会热点高度关联，学生对这些词汇的学习也会更有效。

2. 利用学科与生活的结合点，学习词汇

教材中的很多学习内容来自于生活，如各种自然现象、学校生活、家庭生活、社交生活等。它们往往是生活经验的反映，生活规律的体现或生活感受的表达。教师要善于捕捉生活中的信息，对教材信息进行“补充性”重构，与教学内容实现“无缝对接”，为学生搭建英语实践的“桥梁”。由于这些词汇的学习情境是来自于生活中的“真实场景”，学生在这样的环境中学习语言，不仅能更有效地学习词汇，而且能在学习过程中更好地体验生活，感悟生活。

例如，在《英语 PEP（三年级起点）》五年级上册（人民教育出版社）Unit 2 My week 的 Let's learn 板块时，除了学习课中 Chinese，maths，art，English 等相关课程词

汇外，教师还可以利用生活实际（班级里的课程表），扩展相关词组的信息，如补充学习 IT，my favourite subject(s)，weekday(s)，weekend(s)等，然后再引出一系列 activities on weekdays 的场景用语，并在这些语境下拓展提问：What's(are) your favourite subject(s) on Monday? 通过问答练习，这一课的词汇学习显得丰满而真实。

3. 利用学生的认知冲突，学习词汇

在学习过程中，学生对于教材中的某些词汇往往容易疏忽、混淆，这些词汇便成为学习难点。教师可以把以往学过的词汇作为信息扩充源，与当前的新词汇结合起来进行比对。这时的信息扩充实际上是起到了对新词汇学习“强化”的作用。这样的扩充能帮助学生深刻体会英语学习中的语境，可以为正确、恰当地使用语言作好充分准备。

例如，在《英语 PEP（三年级起点）》六年级下册（人民教育出版社）Unit 1 中，形容词的比较级是这一课的教学内容，因此，教师必须把基本词，如 long，strong，big，sad，angry 等作为信息扩充源，结合“比较级”进行比对学习。为了更符合生活实际的需求，教师可结合“比较级”有机渗透“最高级”进行教授，如 longest，strongest，biggest，saddest，angriest 等。这样一方面学生既能容易地记住形容词的“比较级”和“最高级”，又能在语句学习中掌握这些词的准确用法，使词汇的学习更生活化，更有效。

4. 利用文本内容，学习词汇

教材中的文本形式多种多样，对话、故事、描述性段篇等都深受学生喜爱。但如果在课堂教学中，教师只是一成不变地把这些内容展示出来，或者只是简单让学生复述、表演出来，那么，这些单一的学习方式会如同一张素描，没有色彩，缺乏生动性和张力。教师应该把教材上的文本作为一个引子，引子后面的主要内容由学生自己进行创编，教师通过词汇扩充的形式进行适当点拨。这些词汇的扩充，一要符合当前的文本要义，二要基本符合当前文本主题，三要确实辅助学生的语言表达需要。如此，结合一定的语言文本进行词汇扩充学习，能让学生进一步掌握语言，从而让新知识的学习得到升华。

例如，《英语 PEP（三年级起点）》四年级下册（人民教育出版社）Unit 1 在学习主题为 My school 这一课时，学生在学习学校里有关场所（music room，classroom，teachers' office，art room，library 等）的基本词汇后，学习了相应的句型：This(That) is...以及一般疑问句。但是对于熟悉学校生活的学生来说，学习了这些句型后，如果想要更好地表达他们对学校的喜爱之情，这些文本就显得过于简单，而且无从表达。也就是说，教学文本（素材）远远满足不了这一教学要求。因此，教师应以本课基本词汇为出发点，创设语境，适当拓展其他词汇并结合其他语句，形成一个个要叙述的语段，生成一个个新文本。教师可以创造不同的场景，并适当拓展词语：a classroom building，canteen，computer lab 等，并在教授的过程中重复出现以下问题：

How is the library? What can you see in it? What do you do in it? What can't you do in it? 学生在回答问题时，习得形容词、动词等课文中没有的词汇。最后，学生运用刚学到的词汇，对学校的场所进行描述，进而形成一个新语境下的新文本，达到本课教学目标：通过 My favourite place(s) in my school 的叙述，表达学生 I love my school 的思想感情。

5. 利用问题探究，学习词汇

引人深思的、使人感兴趣的问题或活动，能使学生产生探究的欲望。在探究过程中开展活动并解决问题，这样的活动既富有生趣，又具有很强的实践性。词汇学习也应该如此。由于这种词汇学习的方法与具体的语言活动结合在一起，学生能在情趣盎然的气氛中学习词汇，始终保持学习兴趣，保持积极学习状态，主动进行语言实践，从而使词汇的学习更有效率。

例如，《英语 PEP（三年级起点）》四年级上册（人民教育出版社）Unit 6 在教 Meet my family 这一课时，重点讲授职业类的词汇：nurse，driver，doctor，cook，student 等，这时教师可不急于“直奔主题”地教授这些单词，而是先教授如下词汇：help sick people，drive a bus，cook nice food for people，have classes in the school 等，然后提出这样的问题：A person who helps sick people. What does he/she do? 最后再教授词汇 doctor/nurse。在这样的问题情境中学习词汇，语境的积极作用非常明显，学生不仅学得快、记得牢，而且充分感悟了这一词汇的蕴意，词汇学习的效率也会大大提高。

（二）挖掘以语篇语境为依托的语言知识，帮助学生运用词汇

语言知识是语言运用能力的重要组成部分，是发展语言技能的重要基础。在义务教育阶段，学生应该学习和掌握的英语语言基础知识包括语音、词汇、语法、功能和话题等五方面的内容。

在语篇中推进词汇教学，倡导“词句结合，语篇感悟”的原则。教师应合理挖掘语言知识点，以学生为主体，从话题、功能、语法三个方面入手，通过丰富词汇内涵、搭建词句框架、理解表意功能等途径，增强词汇学习的实效性，帮助学生运用所学词汇，从而提高语言技能。

1. 在以话题描述为重点的语篇语境中，丰富词汇内涵

课程标准在语言知识二级目标中提出，学生要学习有关本级话题范围的 700 个左右的单词和 50 个左右的习惯用语，并能初步运用 400 个左右的单词表达二级规定的相应话题。为此，教师应创设以话题描述为重点的语篇语境，设计贴近学生实际的教学活动，吸引和组织学生积极学习词汇内涵，引导学生在语境中处理和使用信息，用英语与他人进行交流，提高用英语解决实际问题的能力。

词汇是语言不可或缺的重要组成部分，是语言大系统赖以生存的支柱。小学英语教材中的生词往往分布得比较零散，词与词之间缺乏内在的逻辑联系。教师

根据教学目标，结合模块主题，创设以话题描述为重点的语篇语境，并根据所创立的话题，在尊重学生最近发展区的基础上，引导学生去发现生活中的英语，将英语学习和现实生活紧密结合起来，使英语学习活动因富有生活气息而充满生机和活力。

例如，《英语 PEP（三年级起点）》四年级上册（人民教育出版社）Unit 5 教学模块的主题是 Dinner's ready。在教学模块主题 The world around us 的 Unit 10 Around my home 时，要求学生学习和掌握词汇 fish，vegetables，rice，bread，juice，soup，noodles，beef，milk，chickken 等。这些单词都是表达 dinner 的，与模块主题相吻合。如何在课堂中将这些单词放入情境中？教师可以设计这样一个情境：Mike 一家周末一天的活动，通过"在家吃午餐""在外吃晚餐"这两个过程性的语境，将词汇进行整合。在"在家吃午餐"这一板块中，通过上述词汇的学习，学习 I'd like…和"就餐礼仪"；在"在外吃晚餐"这一板块中，在掌握基本词汇的基础上，学习如何"点菜""询问菜价"及"付款"的语句。这样，把同一个模块 Dinner's ready 分成两个不同语境下（Lunch at home；Supper in the restaurant）进行学习的小板块，既体现了教学内容的整体性，又体现了生活性，同时运用同一语汇进行不同的功能性的语言学习。这样的设计非常巧妙，在一个大的模块主题背景下分成几个板块进行教学，不仅使学生运用所学的词汇时充满现场感，也让其体味到了词汇学习的准确性。

在教学过程中，教师应将单词融入所创设的语境中，赋予单词实际意义，在语境中推出并学习词汇，操练词汇。这样，不仅避免了由同类词汇叠加学习而造成教学知识点模糊的现象，避免了因教学方法雷同而造成的教学枯燥、成效低下的问题，避免了因单词分散、教学密度不足而造成的知识碎片化倾向；而且提高了词汇学习的趣味性，注重了词汇的语用功能，凸显了词汇学习中包含的语言人文性。

2. 在以功能表述为重点的语篇语境中，构建词句框架

词汇只有在句子中进行教学，学生才能领会其意、记忆持久并灵活运用。让学生在具体语境中、在上下文关联的句子中学习词汇，不仅能够帮助学生理解单词的含义，而且还能了解单词的搭配、功能及意义。因此，在创设以句型表述为重点的语篇语境时，要构建词句框架，抓住核心句型，提供给学生规范的文本范例。在"听说领先"的原则下，学生在感知语境的过程中，会不知不觉感觉到核心句型框架，初步了解句型结构；在感受语境的过程中，通过对词汇的深入学习，能模仿、操练核心句型；在感悟语境的经历中，则能运用核心句型框架，进一步巩固和拓展词汇，从而达到活用语言的目的。

例如，《英语 PEP（三年级起点）》六年级上册（人民教育出版社）Unit 1 教学模块主题是 How can I get there? 在这一单元中，Where is the museum shop? 是询问"地点"一类词汇的中心句；How can we get there? 是问路的中心句。基于这样的理解，教师要善于创设语境，通过再构的文本，为学生的学习提供支架。

结合文本，教师可以先进行句型范例教学：Where is the…？引导学生学习词汇near, next to, behind…，指导学生运用所学词汇进行问答句式的对话练习。

接着，进行语段型模仿练习：通过一个问答学习一个地点的方式，把所学的几个地点用几个问答句连接起来，这样就自然组成一个语段，词汇的学习就过渡为语段的学习，表达一个完整的意思，当然也巩固了新句型 Where is the…？的用法。

然后，进行句型巩固和拓展练习：通过阅读 Wu Yifan 和 Mike 的对话文本 Talk about a cinema，拓展学习句型 How can we get there?，在学习表示地点一类基本词汇的基础上，进一步学习新词汇 turn left （right），go straight，crossing，right at 等，让学生进一步进行句型 Where is the…？和 How can we get there？的操练。

最后，进行句型拓展学习：教师出示一个叙事性的新文本：Zhang Peng's journey to school，引导学生学习并结合自己生活实际描述 How can I go to school。

在教师创设的情境和统整的文本中，随着情节的发展，学生在学习词汇的同时，不断接受、操练、巩固核心句型，最终能运用句型框架，进行话题的表述。

3. 在以语法渗透为重点的语篇语境中，理解表意功能

《义务教育英语课程标准（2011 年版）》在“语言知识分级目标”中提出，学生要理解一些特定的语法项目的表意功能，并能在特定语境中运用。贫乏的词汇无法构成句子，蹩脚的语音语调影响交际，松散的语法知识则会影响正确理解句子和正常交际。教师在创设以语法渗透为重点的语篇语境时，应以词汇的学习为切入点，通过情境、语言的交际性运用，让学生体验语言交际过程，归纳语法规则，体验语法项目的表意功能，形成语法结构的框架。这种教学方式既符合学生认知发展的规律，有利于学生更好地掌握新知，又为学生语言能力的发展打下扎实基础。

例如，《英语 PEP（三年级起点）》五年级下册（人民教育出版社）Unit 5 这一课时的主题是 Whose dog is it? 在 Let's learn 和 Let's play 这两部分内容时，所设定的教学目标为：通过对话操练，巩固与拓展核心语言内容，通过复习运用以前学过的 I usually…的叙述方式，复习动词词组，并运用第三人称单数叙述当前正在发生的事情：Mike/Chen Jie/Oliver/Wu /Yifan/John/Zhang Peng is (doing)…。针对这个目标，教师对文中出现的文本进行了梳理，预设新的文本框架：Mike/Chen Jie/Oliver/Wu/Yifan/John/Zhang Peng usually…, but now he's(doing)…。

首先，教师以 video 形式整体呈现要学习的文本后，着手复习 Mike/Chen Jie/Oliver/Wu /Yifan/John/Zhang Peng usually…，唤醒学生已有知识，为后面的知识学习做好铺垫。

其次，通过几组图片对比，帮助学生进一步理解一般现在时和现在进行时的意义区别，从而正确掌握表示现在进行时的句型，进行表述；

接着，进行两组问答句的操练：（1） What does Mike usually do? He usually watches TV with his parents at night. （2） What is Mike doing now? He is running in the park. 体会所学新句型，进行巩固操练。

然后，呈现创设的语境文本，帮助学生进一步梳理句型结构，形成语言框架：Mike/Chen Jie/Oliver/Wu /Yifan/John/Zhang Peng 通常（在哪里）做某事——现在他正（在哪里）做某事。

最后，学生在教师搭建的语言框架的帮助下，通过描述图片内容等形式，表述所学习的语法知识，发展语言表达能力。

在教师创设的语境文本中，学生感受语言框架，模仿跟读，学习仿说，尝试理解，体会运用，实现了以词汇学习为切入点，在语境中感受语法，理解表意功能，使用语法框架，进行语言交流的教学目标。

小学英语词汇教学中，教师应根据学生的年龄特点，创设与生活实际相结合的语境，形成有意义的词汇累积及语言表达教学场，从而让学生从词汇的学习过渡到语言的表达。其教学可分以下程序重点进行：首先由听到说呈现语篇语境，让学生带着问题听语段，在师生问答中检验听力效果，导入词汇学习；接着以词汇学习为切入点，采用不同的教学方法在语篇语境中逐步推进，并从单个词汇的学习过渡到几个词汇的学习；最后在尝试语言输出的过程中，关注从一句话到几句话，从一个短篇到几个短篇循序渐进的过程。教学过程中，始终以学生为主体，以发展学生的能力为目的，引导学生体验、参与、合作与交流，在熟悉的语境中获得语言知识的不断叠加，继而感知、理解和运用所学语言，最终得到语言能力的提升。

范例导读

案例

In my room

教　材：牛津英语（全国版）三年级上册（上海教育出版社）
Module 3 Unit 9 In my room Period 1

设计者：赵羽，浦东新区园西小学

（一） 案例说明

本模块的教学主题是 Places and activities，分为三个教学单元：In the classroom，At the fruit shop 和 In my room，分别描述在教室、水果店和房间三个场所所进行的活动。其中本案例设计针对 Unit 9 In my room 而进行。在本单元的话题中，围绕 Eddie's room 要引导学生学习的语言知识包括：词汇 bag，box，desk，chair 等；句型 Put the ... in the…, please. OK. All right. I'm sorry. 等。

本单元以 I love my room 和 keep my room clean every day 为主线，一方面通过整理书包、书桌和房间等情境的呈现，要求学生能够读懂房间内物品的英语表述，正确运用新授的词汇和句型；另一方面能通过诵读儿歌，引导学生学习好榜样，养成每天整理书包、书桌和房间等的良好生活习惯。

核心句型是体现本单元词汇学习实践性所在，本课时作为单元的第一课时，要求知道并理解核心词汇和核心句型。对于核心词汇的基本学习要求是：能够听懂单词 bag，box，desk，chair；能根据实物或所给图片，说出房间内物品的英文。对于核心句型的基本学习要求是：能听懂指令并作出应答；尝试进行简单会话。这是基于课程标准以及教学内容所提出的要求。本单元的最终目标是：通过三课时的学习，帮助学生不断积累语言，使学生在简单会话中能正确描述自己的房间，并表达对自己（他人）房间的感受。这样教学目标的提出，集中体现了词汇教学在整个单元教学中的地位，也体现了词汇教学的作用：依托情境（景），以词汇学习为基础，引出语言实践基本技能——句型学习，直至过渡到完整的语言交流，体现真实的语言实践性学习。

（二）教学目标

本课时作为单元的第一课时，设定如下教学目标：

（1）能根据实物、所给图片或在语段中用英文准确说出或辨别出 bag，box，desk，chair 等相关的英文词汇，并能准确熟练地拼读。

（2）能在四线三格中正确书写所学词汇。

（3）能通过角色扮演、听说对话、游戏互动、儿歌诵读等小组活动，在与其他同学积极配合与合作中，运用所学词汇，完成学习任务。

（三）设计思路

这是一节以词汇学习为主要内容的新授课。本课时设计思路为：针对教学内容，统整主体文本；围绕教学目标，在创设的语篇语境中推进词汇学习，帮助学生运用所学词汇，实现教学目标。具体方式为：（1）利用学科与生活的结合点（身边的学习用品单词），呈现歌曲，边看边唱，激发学生兴趣，回忆复现旧知。（2）利用认知矛盾、学科和社会的结合点以及问题探究，通过猜一猜、读一读、比一比、唱一唱、说一说等多项活动，在语篇语境中学习词汇，搭建语篇框架，为语用输出做准备。（3）利用文本内容和问题探究，通过读一读，巩固所学词汇；通过选一选、说一说，尝试词汇的运用，并用语言框架进行表述。

（四）教学流程

本节课教学流程如图 9-3 所示。

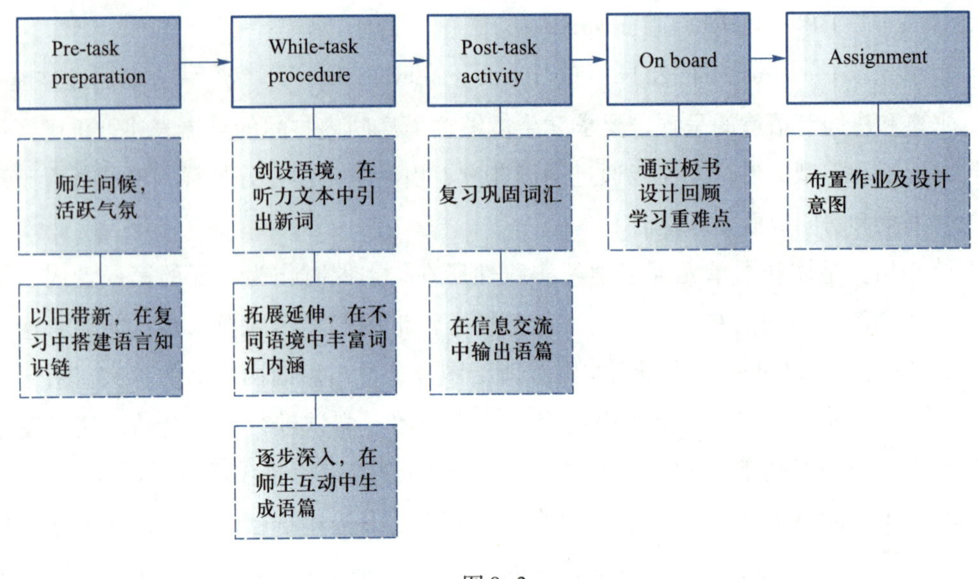

图 9–3

【教学评析】

依据新课程理念，词汇教学应该遵循“词不离句，句不离篇”以及形音义相结合、词义理解领先的学习规律，以便为提高学生综合运用语言的能力奠定基础。创设语境，融词汇教学于语言的交际运用之中是当前词汇教学必须实施的策略之一。只有在语境中进行词汇教学，才有助于学生理解、掌握具体语境下的词义，让学生在大量的语言实践中实现学以致用。

回顾这节课的教学，教师在教学设计时，既有整体的大语境创设带动词汇的学习，又有循序渐进的分步实施帮助学生运用所学词汇。在不同阶段设计不同的语言训练任务，各任务有独特的功能，既紧密联系，又互相渗透，使学生的语言知识呈现出不断累积的过程，真正体现了通过有效语境的创设，指导学生学习词汇，并帮助学生在语篇语境中运用词汇，从而提高学生语用能力的教学策略。

1. 教师善于寻找学习点，帮助学生在语篇语境中学习词汇

教学中一些容易混淆的词汇，需要教师“反其道而行之”。教师利用学生的认知冲突，抛出问题，引导学生思考探究，得出结论，形成正确概念，这样的方法往往有着意想不到的教学效果。

例如，在单词 bag 的新授过程中，学生掌握语音基础后，教师通过画面展示不同类型的 bag，引导学生猜测并做配对练习。通过活动，使学生明确不同对象使用不同的 bag。这样的教学设计，让学生在自主实践活动中得出生活经验，体现了语言学习的真实性和实用性。

同样，在学习词汇 desk 时，通过图片对比后提问，找 table 和 desk 的区别，引起

学生的认知冲突，引发学生思考比较，通过探究得出结论，提高了语言使用的准确性，并在逐步呈现语篇的过程中训练学生语言表达的能力。

2. 教师善于挖掘语言知识点，帮助学生提高语用能力

在以话题描述为重点的语篇语境中，教师善于丰富词汇内涵，指导学生学习并运用词汇。这位老师在教学设计时重视语境与单元主题的链接，结合单元主题，进行语境的创设与文本的创编，形成以话题描述为重点的语篇语境，开展教学。

在以功能表述为重点的语篇语境中，教师善于构建词句框架，指导学生学习并运用词汇。学生在语言输出时常会面临“无物可言”的尴尬。这里的“物”就是学生语言表达的框架。因此，在教学过程中，教师需要给予学生一定的语言框架，帮助学生构建语篇实体，使学生“有物可言”“有物能言”。同时，教师还要具有语言的累积意识，善于将新旧知识巧妙地结合，使英语学习成为不断滚雪球的过程，为语用的输出切实做好铺垫。

例如，在教学中，Eddie 的房间很乱，需要整理。教师设计句型框架 Put…in …的录音文本，为学生提供一个学习范例。通过形象地展示语言结构、意义和语言运用的情境，帮助学生体验语篇，感受语篇输出的准确性，提高语言表达能力和运用能力。

在本课的设计中，教师不仅关注在语篇语境的创设中学习词汇，体验生活，感受语言，更关注如何帮助学生在语篇推进的过程中运用所学词汇，最后得到语言能力的提升。

（点评人：叶建军，上海浦东教育发展研究院）

微课程 9–1　My school

微课程 9–2　Activities

教学关键问题10 如何帮助学生知道语法规则？

教学关键问题提出

语法是英语语言基础知识的组成之一，在日常教学中，教师是如何帮助学生认识、懂得语法规则的呢？在对关键问题的调研过程中我们发现，教师对“语法教学”的态度不一，有的非常强调语法教学，喜欢用传统的讲解和传授的方式先告诉学生语法规则，他们认为只有讲清语法规则，才能帮助学生正确表达。另有一些教师则完全忽略语法教学，采取“置之不理”的态度。有趣的是，两类教师所罗列的小学阶段学生常见语法错误却大致相同，具体如表10-1所示。

表 10-1

学生常见语法错误类型	错误列举
单复数	two bird
人称代词主宾格之间的混淆	I like she.
人称代词与物主代词的混淆	This is you kite.
主谓不一致	Peter and Tom is in the afternoon.
时态问题	He get up at half past six in the morning.
句子的语序	I very like English.

教学关键问题分析

对于语法教学“过分依赖”和“置之不理”的两类教师的常见错误，提醒我们面对语法教学，这两种“非黑即白”的做法都不可取。认为“只有讲清语法规则，才能帮助学生正确表达”的“过分依赖”型教师，究其原因，一则是因为传统的教学惯性使然，二则也反应了他们对《课程标准（2011年版）》的学习不足。《课程标准（2011年版）》中指出“要改变英语教学过分重视语法和词汇知识的讲授与传授，而忽视学生语言运用能力的倾向”。而“置之不理”型教师则是误解了这条原则，再加上新课程推进过程中，许多小学英语教材中没有明显的语法知识系统，便认为在小学阶段不需要教语法，采取了回避的态度，没有设计指向语法感知的活动有效帮助学生知道语法规则。

现代汉语中对“知道”的解释是“对于事实或道理有认识、懂得。”语法作为语言知识的一个组成部分，在《课程标准（2011 年版）》中，以项目表的形式罗列出了学生在义务教育阶段应该学习的语法知识内容。二级语法知识标准指出“在具体语境中理解以下语法项目的意义和用法”以及“在实际运用中体会以上语法项目的表意功能”。这些表述指引教师要创设语境，帮助学生认识和懂得语法知识，而不是为了学生语法知识的系统性和完整性而学习语法。教师要充分认识语法对小学生来说是一个难点，但它也是语言知识的一个重要组成部分，既要明确语法学习的目的，做好长期训练的心理准备，也要明确语言学习的目的重在运用，语法能够使表达规范正确，同时强调和纠正的度要把握好，不可过犹不及。教师要根据小学生的认知特点和《课程标准（2011 年版）》的要求，选择恰当的策略方法帮助学生知道语法规则，不能采用直接讲授和孤立讲授的方法、也不可以避而不谈，谈“语法色变”。

教学关键问题解决

（一）关键问题应把握的原则

对于广大教师关注的教学关键问题“如何帮助学生知晓语法规则”，通过对语法教学相关的理论学习和团队教学经验的总结，要把握好以下两个关键原则：

1. 隐性教学为主，显性教学为辅

所谓“隐性”就是不直接讲规则，而是通过一些语句，通过语言实际的运用，通过一些活动，让学生在模仿、反复接触的过程中去感受表达，通过观察和比较去感知规则。所谓“显性”的语法教学就是直截了当地将规则呈现给学生，如词法上，就是告诉他们这个词有哪些变化；句法上，就是告诉他们一个规则的结构。在先前对关键问题的分析中已充分表明无论是《课程标准（2011 年版）》中对语法的要求，还是小学生学习特点的现实，都需要我们在语法教学中遵循“隐形教学为主，显性教学为辅”的原则。“隐性为主”体现在要创设一定的语境，设计丰富的活动，让学生在不知不觉中感知和知晓；“显性为辅”体现在总结要适度，频次不能过多，否则容易带给小学生枯燥感和畏难情绪；同时总结要适时，要在充分感知的基础上进行总结。如学习“现在进行时”，教师应先通过边做动作表述，帮助学生知道所表达句子在动作情境中的意思，然后再归纳介绍这个时态。

2. 处理好语言形式、意义和用法的关系

语言的形式、意义和用法是语言学中最基本的概念。语法规则的学习也要讲究这三者的统一。对于帮助学生知道语法规则这个关键问题，就要平衡好三者的关系。首先要通过创设语境，使意义先行。如学习名词复数的规则，教师可以指着某同学课桌上的实物说 Look, there is one ruler and four pencils on the desk. 在真实的语境中帮助学生了解单数和复数的区别。其次，通过模仿跟读，以及用彩色笔标示出 four 与‘s’，引导学生关注 one ruler 和 four pencils 的形式。最后，设计让每个同学用英语说说自己桌上的文具，在有意义的语言活动中去巩固学生的发现，久而久之就会固化正确的语法表达。

（二）解决关键问题的方法

1. 学习《课程标准（2011 年版）》，梳理教材，明确阶段语法重点

《课程标准（2011 年版）》明确地将小学阶段的语法项目一一罗列出来，具体如下：

> 语法二级的项目：
> 1. 名词的单复数形式和名词所有格
> 2. 人称代词和形容词性物主代词
> 3. 一般现在时、现在进行时、一般过去时和一般将来时
> 4. 表示时间、地点和位置的介词
> 5. 简单句的基本形式

这不仅为我们教师制订语法的教学计划提供了良好的依据，而且还能帮助我们更好地把握指导学生语法学习的尺度。但是，对于教师来说，只明确小学阶段的分级目标是不够的，必须学会梳理教材，明确这些语法规则在教材中的分布，这样在教学中就能够分清轻重缓急，也能够充分调动学生的“元认知”，帮助学生学习语法。

以语法二级项目表中表示地点和位置的介词为例，表 10-2 梳理了《英语》（上海教育出版社）三至四年级学段中的语法项目内容。

表 10-2

	教　材	类　型	单　元
地点和位置的介词	3A	标题	U7 In the classroom U8 At the fruit shop U9 In the classroom
		儿歌	In the sky
	3B	标题	U4 In the zoo U7 At home U9 On the farm
	4A	儿歌	on the table, in one's hand
		标题	At school
		课文	U7 in the computer room, in the library, in our school, in the forest U8 in the country U9 on the table, in the box, in the kitchen, on the floor, under the chair U10 on/near the street, near/behind/around ... home, in Beijing U12 in the park

	教材	类型	单元
地点和位置的介词	4B	课文	U1 under the tree U3 in the sky, behind, U4 in…group U6 in the city U9 in Australia/China/Sydney U10 in the garden on one's head U12 near the river, on one's back, in the grass

在表 10-2 中，我们发现关于地点和位置的介词学习任务主要落在 4A，教材中设计了 Places around my home，通过讨论“我家庭周围的地点”这个情境，认识表示地点的名词以及讨论它们的方位，感知和学习介词 in，on，under，beside，behind，around。通过梳理发现，在三年级的两册教材中都已经出现过表示地点的介词 in，at，on，只不过是在标题和儿歌之中。这就提醒教师在三年级的教学中要注意渗透和铺垫，在 park，zoo，farm 等语境中帮助学生知道它们与介词的搭配。在四年级教学时分清轻重，在 Places around my home 的语境中更加关注 near，behind，around 的感知和理解。

2. 创设语境，加强语言形式、意义和用法的联系

语法教学要改变过分重视讲规则，直截了当地讲授的方式。《课程标准（2011 年版）》指出“在具体语境中理解语法项目的意义和用法，在实际运用中体会语法项目的表意功能”。作为比“理解”和“运用”水平层次低的“知道”也应该在创设语境中进行，这样可以加强语言形式、意义和用法的联系。在创设语境时要注意语境的真实性和有意义。

（1）真实的语境

教师可以尽量用教室里的实物、师生的行为互动实施教学，帮助学生从感知语法规则，渐进到感悟和知道语法规则。

例如，在教学“现在进行时”时，教师可以通过以下三个步骤进行：

Step 1. 教师边做边做动作说：I can run. Look, I am running. I can write. Now I am writing.

（设计意图：在这个步骤中学生可以通过教师语言和动作的配合以及与已知句型 can 的对比，初步感知现在进行时这个时态的用法和语言意义，理解这种表达是表示行为人正在进行的动作。）

Step 2. 教师再说：Now I am speaking. You are listening. I am standing. You are sitting.

（设计意图：教师用教室里师生真实的状态作为语境，进一步强化和建构这个时态的用法和语言意义的联系。）

Step 3. 教师再问 Who is sitting in the classroom now?

（学生举手说："I am sitting in the classroom." 此时学生对这个时态的初步了解就基本达成了。教师可以再借助板书或者多媒体书写这个句子，使这个时态的语言形式与语言意义联系起来。）

运用身边的真实素材来创设真实的语境不仅操作简便，更能收到事半功倍的效果。

（2）有意义的语境

在小学英语教学中人称代词和物主代词的正确使用是词法教学的难点，学生们经常会混淆使用。如在教学 his 和 her 这两个物主代词时，很多教师会用直接讲解或者用列表格的方法，先帮助学生明确这两个词的正确用法，再提供一些例句让学生操练。但这样的操作是缺乏语境的，属于机械操练。虽然这样的操练可以帮助学生知道和记住一些语法规则，但是效益不高，同时容易形成枯燥的教学氛围，不利于学生英语学习兴趣的培养。笔者建议开展如下的操作。

Step 1. 教师提问，引出任务。Do you have a good friend? Do you know about him or her?（教师询问学生是否了解自己的好朋友，引导同学用填写信息卡的方式开展了解。）

Setp 2. 出示任务，开展调查。Please use these questions to know about your good friend.（教师出示信息卡和支持的问题，帮助学生开展调查），黑板上支持性的问句：What's your favorite color/animal/food…?

My good friend

Name：____________　Age：____________

favorite color：____________

favorite animal ____________

favorite food and drinks ____________

favorite sports ____________

Step 3. 新旧联系，转换感悟。学生汇报时会很自然地使用 My friend is…His/Her… is…表达，这样就实现了第二人称单数物主代词 your 到第三人称单数 his 与 her 的自然转换，同时信息卡片上好朋友的画像能够提示学生正确使用 his 和 her，如果说错了，教师可以用声调或者指一下人物画像，学生就能立刻自我修正了。

在这样的操作中，学生是在有意义的语境中操练 his 和 her 这两个词，知道如何正确使用，表达自然，记忆深刻。

（3）设计活动，加深记忆，排除母语的干扰

汉语是我们的母语，我们在学习英语或其他外语的时候会不可避免地受到汉语的影响。特别是在小学阶段，一是学生输入量有限，二是学生三年级开始学习英语时，已经形成了一定的汉语思维和表达习惯，会对英语语言的习得造成母语负迁移的影响。如词法方面，汉语里没有通过词性的变化来显示动词时态、名词复数和词性等现象，

学生们一旦依赖母语的帮助来表达，就常常会发生名词复数后忘记加 s，动词在时态中没有变化的错误。再加上，传统的语法讲解容易给学生带来枯燥乏味感及畏难的学习情绪，常常是老师讲得“苦口婆心”，却收不到良好的教学效果。以下有一些活动设计的小例子，以供参考。

① 儿歌和歌曲

英语儿歌和歌曲不仅朗朗上口，而且在教学中，这样的形式能够刺激学生大脑神经的兴奋点，有利于学生对学习内容的感知和知晓。如《英语》三年级上册（上海教育出版社）One apple, two apples, three apples, four…这首儿歌，就可以帮助学生学习或巩固名词复数这个词法知识点；歌曲 *Bingo* 可以帮助学生知晓 There be 句型过去时态的使用。

② 追问和提示

I see two bird in the tree. 是我们常见的错误表达。当课堂上发生了这样的情况，笔者建议，不要马上去纠正或者是告知正确的答案，可以进行如下的追问和提示：

T：What do you see in the tree?

S：I see two bird in the tree.

T：Two bird?（教师用比较夸张的语气进行追问）

S：I see two birds in the tree.

大多数情况下，在教师用夸张的语气追问下，学生能够通过思考给出正确的表达，如果还是重复同样的错误，教师则可以再用已学的儿歌做提示。

T：One apple, two apples, three apples, four…so you see two…in the tree.

S：I see two birds in the tree.

T：Well done! You see two birds in the tree.

当学生表达正确后教师不仅要给出鼓励性的语言，更要将正确的表达重复一下，帮助学生加深印象，这样有利于学生进一步感悟名词复数这个词法现象，知道这个语法规则。

③ 模仿和诵读

模仿是小学生乐于开展的学习方式，对于语法教学，这也是一个很好的策略。作为教师，可以借助插图和想象力，借助相同的句式创编语篇，通过引导学生模仿和诵读，理解语篇的意思，知晓语法的规则。如在教学一般现在时的第三人称单数时，就改编了 *The very hungry caterpillar* 这个语篇，帮助学生知道这个语法规则。The caterpillar is very hungry. On Monday, it eats an apple, but it is still hungry. On Tuesday, it eats two plums, but it is still hungry. On Wednesday, it eats three banana pies, but it is still hungry. On Thursday, it eats four cakes, but it is still hungry. On Friday, …

教师借助图片，用略微夸张的语言讲这个故事，并引导学生逐句地跟说。说到 Friday 时，教师可以只提供图片，学生在模仿和诵读的基础上，能在提示下完成这个故事。最后教师可以借助媒体，将语篇中的 it 与 eat 后的 s 用颜色或画线标示出来，引导学生再整篇诵读一遍，加深对一般现在时第三人称动词用单数这个语法规则的印象。

④ 趣味归纳

遵循“隐性教学为主，显性教学为辅”的语法教学原则时，适时的总结与归纳不可少。由于小学生的年龄特征因素，归纳时不要只关注规则的总结，有时可以根据内容，加入一些趣味性，让孩子们容易记，也乐于学。例如，总结以 o 结尾的名词复数形式，无生命的词汇直接加 s，如 radios，pianos；而有生命的词汇则需要加 es，如 heroes，tomatoes，potatoes。可以用句子 Heroes like to eat tomatoes and potatoes. 来帮助学生知道这个变化规则。这种趣味归纳的方法，使学生对这个语法现象记得特别深刻。

（4）设计练习，及时巩固，提高正确性

课后作业、练习的精心设计，能够及时巩固语法知识，提供学生对规则的知晓和正确的运用。

例如，在学习《英语 PEP（三年级起点）》四年级下册（人民教育出版社）Unit 4 At the farm，可以设计以下练习，不仅使用图片（图 10-1）作为支持，而且这个练习是在一定的语境中开展的，既巩固了名词单复数这个语法点，又巩固了表示农场动物名词的表达。

图 10-1

Uncle Tom has a farm. There are some animals on his farm. There is a dog, two cows, ________ pigs, four ________, five ________ and ________________.

（5）关注学困生，加强个别辅导

对于大班教学来说，每个班级总有一些学习能力弱、学得慢的学生。这些学生往往学习习惯不佳，悟性也不强，教师不仅在课堂上要更关注他们，设计一些浅显的问题让他们回答，以保持课堂参与的积极性，更要利用课余时间，开展好个别辅导，做好导学补习的工作。对于这些同学，在语法的个别辅导中，可以使用一些双语儿歌加强对语法点的知晓度。如根据不同的人称，正确使用 be 动词，教师可以指导学困生读一读、记一记下面的双语儿歌，提高其口语或书面表达的正确率。

我是 am，你是 are，is 跟着他，她，它；复数人称都用 are，勿忘 be 的三变化。

但是这种方法不能在全班大面积使用，因为其不具有语境，是针对个别启而不发，感悟体会有困难同学的小范围策略。同时还需要教师，提供一些练习帮助这些同学将双语儿歌在情境中正确使用。

范例导读

案例

Things in the wind

教　材：《英语》五年级上册（上海教育出版社）

Unit10 Wind Period 1

设计者：钟淑蓉，上海市江苏路第五小学

（一）案例说明

《课程标准（2011 年版）》中“在具体语境中理解语法项目的意义和用法”以及“在实际运用中体会以上语法项目的表意功能”的要求都引导我们教师在解决关键问题“帮助学生知道语法规则”时要创设语境，多设计指向运用的活动，帮助学生认识和懂得语法知识。

本单元教学内容选自《英语》五年级上册（上海教育出版社）Unit 10。这个单元的主题蕴含了关于 wind 的一些自然科学常识，讲述了在微风和强风中一些自然界事物的状态以及一些相应的人物活动。本单元由 7 个板块组成，虽然板块内容各不相同，但都统一在 wind 这个主题下，也都蕴含了副词和现在进行时的语法学习要求，如学习副词这一语法知识，了解一般的变化规则，以及在语篇语段中进一步巩固一般现在时和现在进行时。

为了帮助学生知道语法规则，在教学设计中围绕话题 Things in the wind，结合学生的生活体验，帮助学生通过语篇学习，理解语篇内容，同时在学习的过程中感知副词，知道副词与形容词在构词和运用上的区别。也借助语篇的学习，进一步巩固一般现在时和现在进行时的用法，积极实践在具体的语境中感知理解语法项目，遵循“隐性为辅”的原则。

（二）教学目标

（1）能在 Things in the wind 语境中，听懂和准确说出 gently，strongly，slowly，quickly，happily，初步知道副词的构词规则。

（2）能在 Things in the wind 语境中，感知理解 windmill，并借助句型...moves slowly ...，... moves quickly...，初步知道和理解相关形容词与副词的区别。

（3）能根据学习内容的图片支撑，用正确的副词或形容词进行复述。

（4）能够在语篇语境中进一步巩固一般现在时和现在进行时。

（5）通过观察和描述进一步了解大自然，感受大自然的细节和人们所进行的相应活动。

（三）设计思路

通过对教材内容的分析与目标确立，将教材故事中的 Little Pig 作为主线，将教材中的 Listen and say 和 Read a story 的内容用 5 幅图片整合在一起，以 Little Pig 的视角讲述自然界的事物或人物在微风和强风中的状态或活动。如此一来，副词、形容词以及一般现在时和现在进行时都能较合理地整合在一个语境中，实现通过语篇语境来感知、比较形容词和副词的关系以及区别，在这个语境中初步运用副词和形容词进行正确的描述的目的，从而为以后复习课中的归纳总结做好铺垫。

（四）教学流程

本节课的教学流程如图 10-2 所示。

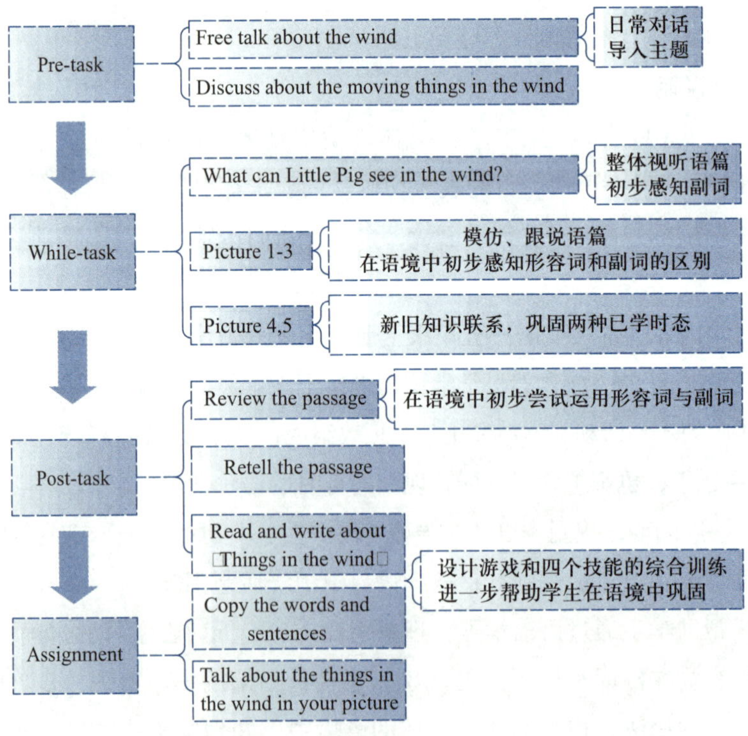

图 10-2

【教学评析】

本节课着重于帮助学生知道相关副词在语篇中的使用，在整个教学推进过程中以隐性教学原则为主，引导学生在语言环境中对该语法点进行感悟、理解和初步应用，能够很好地实现“帮助学生知道常用的语法规则”。教师帮助学生将形容词的旧知与核心知识点中的副词进行联系，从而推动学生正确认读并加深记忆。设计多种形式的活动，通过在语篇语境中多次呈现，逐步感知副词的具体应用，从而帮助学生“知道形容词和副词的区别”。

同时，教师设计的这个语篇还巩固了现在进行时与一般现在时，使语篇的内容更加丰富，也说明语法学习是一个长期的过程，在真实的或者有意义的语境中能更好地促进学生对语法知识的知晓和懂得，为理解和表达做好准备。

（点评人：施玮菁，上海市江苏路第五小学）

微课程 10-1　Wind

微课程 10-2　Family Life

教学关键问题11 如何帮助学生理解常用的语法规则，并做出正确的表达？

教学关键问题提出

（一）教师帮助学生理解语法规则过程中出现的问题

1. 语法教学的预期与结果存在落差

在日常教学中，教师常通过各种教学方法帮助学生理解语法规则。无论是新授课中的隐性渗透，还是分析作业、练习时的显性说明，但常常不能完全获得预期的结果，一些语法知识点对于部分学生来说无法获得准确、深刻而长久的记忆，不是“张冠李戴”，就是“缺胳膊少腿”，让教师颇感棘手。

2. 渗透式与灌输式语法教学的困扰

语言学习应该在语境中让学生遵循语言学习的规律，以能力形成为最终培养目的，通过学习过程中听、说、读、写四项技能的训练，提高学生的语言运用能力和交际能力。但在教学过程中，教师常常忍不住说语法、讲规则，希望以此避免学生在表达，特别是书面练习中出错，以提高学生的学习成绩。注重结果的应试主义和凸显过程的能力主义时常困扰着教师。

3. 处理学生表达错误的标准不统一

为提高学生表达的正确性，无论是书面还是口头，教师都有自己的一套评价标准。有的教师抓书面、放口头，即书面的任何错误绝不放过，口头的错误则可以从轻处理，甚至忽略不计；有的教师为提高学生表达的积极性，无论书面还是口头都以鼓励为主，不打击、不纠错；也有的教师非常严格，无论何种形式的表达都必须完美无缺，有错必纠。究竟怎样的评价标准最能提高学生表达的正确性？许多教师仅凭经验感觉进行判定，缺少科学性和实证性。

（二）学生在口头或书面表达中出现的各类语法问题

1. 对课堂教学中渗透的语法规则不理解

对英语学习的学困生而言，他们很难理解课堂教学中教师渗透在各个教学环节之中的语法规则，只是囫囵吞枣地看看、听听、读读、说说。在学习的过程中，或随大流朗读，或只听其他学生表达，回到家后虽然也能将课文背诵下来，但在口头表达或者在书面作业、练习考查到具体语法知识的掌握情况时，则“两眼一抹黑”，完全不知道具体的语法规则“是什么”以及应该“发生怎样的变化”。

2. 课堂中能说会道落到笔头却错误百出

有一部分学生，在教师教学设计的引领下，能借助各种辅助材料，如在 PPT 上呈现句子结构以便学生在口头表达时能够运用，在媒体上用明显的颜色凸显与语法内容相关的信息等，有坡度地学习渗透在课堂中的语法知识。而当学生回家做作业或练习时，往往就顾此失彼，错误百出。究其原因主要在于在书面表达中，学生需要关注的不仅仅是某一个语法知识，还有很多其他诸如新授的词汇、句子的结构、问答的意义等信息。

3. 虽理解语法规则但在表达中反复出错

有的学生能理解语法规则，但在口头表达或书面表达中常常会不自觉地重复曾经犯过的错误，且很难及时地进行自我纠错。但当教师提醒了某个关键信息或在书面的错误部分打圈时，学生却能很快说出正确的语法规则。

教学关键问题分析

（一）原因剖析

1. 教师帮助学生理解语法规则方面

（1）了解基本原则与缺乏具体方法之间的矛盾。

对于教师们而言，掌握了一些语法教学的基本原则并不等于能够切实提高学生语法学习的有效性。隐形渗透、显性推进这些原则只是语法学习的一般规律，然而针对不同的教学内容，不同的教学对象，不同教学对象的不同学习基础、个性特征、记忆品质、学习态度、学习动机等，教师还需要对教材、对学生做具体地、深入而细致地研究。就教学设计而言，将规律性的原则很好地体现在备课中是一项艰苦而充满挑战的工作。很多教师知道，语法教学要讲究在情境中隐形渗透，但情境如何创设才能发挥最大功效，语法怎样渗透才能适合不同层次的学生？又如，教师也知道任何知识的学习要想熟能生巧，必经历一个由量变到质变的过程，但怎样的技巧性复现才能既不损害学生学习的积极性，又能提高学生语法学习的有效性？很多教师并不知其然，更不知其所以然。

（2）新旧课标变化与教学实际要求之间的矛盾。

《全日制义务教育英语课程标准（实验稿）》明确提出：要求改变过分重视语法和词汇知识的讲解与传授的观点，语法教学受到了严重的抨击。尤其在小学英语课堂中，教师开始回避语法教学，只关注听说能力的培养。学生的口头表达能力有所提高，但是由于语法知识薄弱，学生出口错误频繁，句子支离破碎的现象比较普遍。

为了扭转忽视语法所带来的负面影响，《课程标准（2011 年版）》将小学阶段应该教授的所有二级语法项目在附录中明确列举出来，这就为小学英语教学中语法教学的内容提供了良好的依据，教师可以以此为纲领，更好地把握小学英语语法教学的尺度。教什么内容？教到什么程度？根据地区文化的差异、学校层次的不同、学生水平的差异、家长诉求的不同，都增加了教学内容的难度，语法掌握的要求在课标这个底线的基础上有了不同幅度的增加和提升。

2. 学生进行口头或书面表达方面

（1）理解与记忆的困难导致对语法学习缺少兴趣。

在以讲授语法为主的课堂中，学生对英语特有的语言现象、抽象概念以及语法术语不理解、记不住，感觉教师说的内容枯燥乏味，失去了学习的兴趣。而在通过情景渗透语法的课堂中，部分学生只做到了理解的第一步，即知道它是什么，会简单的模仿，却达不到理解的第二步，即理解语法知识的内涵，知道怎样进行变化。对语法知识举一反三、融会贯通能力的缺失，使学生在看到自己的错误时，能说出错误的原因和正确的答案，在表达中却仍然会不时犯这样或那样的错误。而不断地犯错，也使学生对语法学习产生畏难情绪。

（2）学习能力的差异导致扔掉扶手时机不尽相同

不同的学生有着不同的学习能力，在课堂中，借助教师制作的多媒体和书写的板书、教师提供的框架和关键的信息、教师及时纠错和反复强调，学生在口头表达中语法知识的正确率显得较高。然而，一节新授课后，所有脚手架都在同一时间被撤掉，学生有的只是一本教科书，或者是课堂中辛苦记下的笔记。学习能力普通或较低的学生很难从教科书里提炼今天所学内容的重点和难点，而课堂中的笔记对他们而言基本就是依葫芦画瓢，许多学生甚至还往往抄错。因此，学生很容易在书面表达中出现各种错误，或与以前学习的语法知识相混淆，或口头表达中的错误又表现在作业中，或只会按照书本句型进行机械模仿，一旦脱离书本，所有语法知识都随风飘散了。

（3）在表达过程中受母语思维的负迁移影响较大。

学生认为语法难学，大都是由英语和汉语之间的巨大差异造成的。英语和汉语从属于两大截然不同的语系，英语属于印欧语系，而汉语属于汉藏语系。两者承载着不同的文化背景和风俗习惯，导致了其表达方式和思维习惯上的不同。

① 词法。有很多相似之处，如都有名词、动词、形容词、代词等，而英语中有冠词，汉语中没有。英语中的名词也比汉语中分得要细，有可数名词和不可数名词之分，并且可数名词又有单数和复数的变化。学生少加 s 的情况比比皆是。英语中的动词变化最复杂，不仅随着人称和数量的变化而变化，还随着时态的变化而变化。

② 句法。汉语中无论陈述句、疑问句还是感叹句，语序都不会发生变化，只是通过标点符号或语气助词来表示，而英语中不同的句子都要调整相应语序。

（二）概念界定

1. 理解

理解知识有三级水平，低级水平的理解是指知觉水平的理解，就是能辨认和识别对象，知道它“是什么”；中级水平的理解是在知觉水平理解的基础上，理解概念、原理和法则的内涵，知道它“怎么样”；高级水平的理解是指在概念理解的基础上，进一步达到系统化和具体化，达到知识的融会贯通，知道它“为什么”。本课题研究中的“理解”，根据《课程标准（2011 年版）》，在小学阶段，只要求学生到达理解常用语法规则的第二级水平。

2. 表达

表达就是运用字、词、句、段，用口说或文字的形式表达个人的观点或抒发自己的思想情感。在口头表达和书面表达的过程中，要求用词准确，语意明白，结构规范，表述清晰，没有语病。

3. 语法

《课程标准（2011 年版）》要求从 3 年级起开设英语课程，第二级为 6 年级结束时应达到的基本要求。《课程标准（2011 年版）》对基本要求做了具体阐述，即理解以下语法项目的表意功能并能在特定语境中运用：（1）名词的单复数形式；（2）主要人称代词和形容词性物主代词；（3）一般现在时，现在进行时，一般过去时，一般将来时等时态；（4）表示时间、地点和位置的常用介词；（5）简单句的基本形式。

教学关键问题解决

（一）教师帮助学生理解常用的语法规则

1. 教学设计

（1）语法教学目标设定需具体可测、循序渐进。

具体可测、循序渐进的语法教学目标是帮助学生理解语法的前提。帮助学生理解一种语法知识，达到理解的中级水平，不是通过一节课的教学就能一蹴而就的，它需要对一个单元进行整体地设计才能达成。教师在教学设计时，如果对语法知识目标的制定模糊而笼统，那学生就很难达成教师的预设。要保证在一个单元之后，每一位同学都能至少达到课标所提出的语法要求，我们必须将整个单元的语法知识目标分割、细化成直观可检测的单课目标，目标设定时可将技能培养和语言运用加以融合，以帮助学生循序渐进地学习语法知识。

（2）深挖教材，寻找开展语法教学的细微之处。

现在我们使用的英语教材，都是经过教育部审定的教材，无论是三年级起点的，还是一年级起始的，无论是人教版的，还是外研社的，都在教材中体现了情境性、趣味性和交际性，也都注重听、说、读、写四项技能的培养。语言的学习只有在有意义的情境中才能唤醒学生已有的认知和经验，在新旧知识之间搭建桥梁。因此，在设计教案时，应挖掘教材中能开展语法教学的每一处细节，并将之融入情境之中，根据语法知识教学目标的具体要求，重新整合教材，挖掘教材中能够开展语法教学的细微之处。如教材中的图片，往往是教师教学设计时容易忽视的部分，依托每节课的主题、文字与图片，可以进一步深挖图文背后的一些与本节课语法目标相匹配的内容，这些丰富的蕴涵语法规则的教学内容不断刺激着学生的大脑，帮助学生从体验走向理解。

（3）选择性地在教学中渗透可习得的语法知识。

小学英语教师应该对完整的一到五年级教学内容了然于胸。这样才能在教学设计时，将同一主题或话题、相关度较高的语法知识点以语言背景的方式，借助图片、视频、媒体、动作、表情等各种辅助手段，向学生不断渗透新的语法现象。在不断渗透的过程中，学生可能从中年级对这个语法现象已经有一个大概的印象和了解，而到了高年级后，学生对这一语法现象已经不再陌生，这就是长期潜移默化的结果。但教师在做这样的设计时，必须提供足够的支撑以帮助不同层次的学生理解意义，并做出正确回应或互动。

2. 课堂教学

（1）依托媒体帮助学生理解语法知识的形和意。

在课堂教学中媒体辅助是学生语法学习的扶手和拐杖。帮学生掌握语法知识的形，能为理解与模仿打下基础。此时，媒体上字体粗细的变化，颜色的区分，都能将学生的注意力吸引到教师希望引起学生注意的地方，即语法知识点上。而要做到语法知识的正确表达，除了记住语法的形之外，教师更应该帮助学生了解形式背后的意义。清晰的图片、动态的视频就是很好的帮手。了解了语法的形，掌握了语法的意，如何将它们记在脑中，以保证输出得正确无误呢？运用有节奏感和韵律感的儿歌、歌曲就是一个很好的方法。

（2）多感官学习提升学生理解语法知识的水平。

在整个班级中，不同学习类型的孩子坐在一起学习，他们有的是视觉学习者，有的是听觉学习者，有的则是触觉学习者。作为教师，我们在创设生活化的渗透语法规则的教学情境的基础上，需要通过有效地调动学生的视觉、听觉、味觉、嗅觉和触觉，使学生的多感官受到信息的刺激，从而帮助学生更有效地去体验、感知、模仿运用学习到的语法知识。

（3）及时地多途径反馈学生对语法知识的理解。

语法知识一般渗透在情境中让学生体验。而在整个学习过程中，教师应及时了解学生的理解情况：在语法知识的初次呈现时，在语法知识的反复感知中，在语法知识的多次模仿后，教师都应该在不同时段及时地通过问答、选择、配对、填空、判断等多种途径来检测学生对这一语法知识的理解情况，并根据学生的反应来调整自己的教学进度。值得一提的是，课堂上，教师往往习惯以几位学习水平较高学生的反馈作为这一教学环节是否顺利展开并达到预期目的为标准，蜻蜓点水地将自己的教学按预设的教案“顺流而下”。事实上，仍有一部分学生并未真正理解，这也为他们在后面教学环节中的模仿运用，在作业中的举一反三埋下了隐患。因此，为保证所有学生都能达到基本的语法知识掌握的目标，教师不能以个别学生的表现代替所有同学的表现，以个别学生的反馈替代所有学生的反馈。

（二）正确表达

1. 课堂教学

（1）同一情境下不同任务的语法复现中提高学生表达的正确率。

学生能理解并在各种语境中正确表达出本单元所学习的语法知识，这是一个过程。在这一过程中，教师应不断设计同一情境下的不同任务，让学生反复地听、读、说，甚至写一写渗透着语法规则的语言文本。而这一不断强化的过程，既要考虑单节课的复现率，更要考虑整个单元的复现率；不仅要让这些语法知识多次重复出现，更要把握由浅入深的节奏和时机。从通过一节课能正确运用某一语法知识表达某一场景的事件，到通过一个单元的学习，能正确运用某一语法知识表达一连串或一系列场景中发生的事件，借助大量的文本输入与学习、依托图片和关键信息及句型框架的输出，复现功不可没。当然复现的频次应根据班级学生的实际情况而有所调整。

（2）在情境中呈现容易混淆出错的语法，提高学生表达的区分度。

随着学生年龄的增加，年级的增长，所学习的语法知识日益增多。很多学生在学习单一语法知识的时候掌握情况良好，而一旦这些语法知识，特别是容易混淆的语法规则集中在一起出现时，学生就会乱了阵脚。因此，为了保证学生无论是课堂中的口头表达，还是回家作业时的书面表达都能准确无误，在教学中，应该将容易混淆出错的语法在情境中同时呈现，以帮助学生提高对这些语法规则的区分度。

（3）在渗透语法的听、说、读、写任务中，缩小学生之间表达的差异性。

语法知识在情境中呈现，在学生听、说、读、写的语言技能训练中得到不断提升。然而，每节课中，学生面对的不仅有语法知识，还有新授的词汇、长长的文本、基本的句型，有时还会随着文本的推进变化出不同的形式。对于不同学习程度的学生而言，有太多的信息需要他们去关注、消化、处理、思考。有例句模仿时，大家的表达基本没有差异，而一旦需要学生利用原有的知识结构与新的语法规则相结合进行表达时，部分学生会因为原有知识结构本身的缺陷导致新的语法知识变化应用时丢三落四，或在脑中无法仅仅依靠几遍的模仿就能在新的语境中做出正确的表达。鉴于此，教师需要给予这些学生更多的帮助，可以是板书上的句型框架（因为 PPT 上的内容容易一晃而过）、核心词汇、关键信息的设计；也可以是生生之间或师生之间在 pair work，group work 时的个别化指导与帮助；也可以是降低学习困难学生表达的具体要求，如从几段话的表达下降为一段话的表达，从独立的表达到模仿他人的表达，或在他人提示下进行正确表达等。

2. 课后作业

（1）在口语交际中巩固语法知识。

语言的习得需要真实语言环境的耳闻目染、交际运用。因此，应鼓励学生运用书本知识在真实语境中与家长、同学、朋友、亲戚开展口语交际。学生在更广阔的语境中，在与家人、朋友的互动中，进一步理解语法，不仅模仿运用了学习到的语言规则，更提高了学生运用语法的积极性。

(2) 将语法训练融入情景与生活。

简单枯燥的语法模仿训练是很多教师的“杀手锏”，学生通过不断练习，从大量的习题中，试错、订正、再试错、再订正。学生在错误中学会了正确的表达，却付出了沉重的代价。这样做，教师们似乎忘记了教学的初心，忘记了学生语言学习的真正目的。为了提高学生的语法表达的正确率，一定的模仿训练是有必要的，但题目并不需要很多，能达到课标规定的语法表达的要求即可。同时，再将这一类题目与之后的生活情境作业的设计结合起来，即语法模仿训练题是生活情境拓展题的基础，生活情境拓展题则是语法基础模仿题的理解和运用。

(3) 知识技能与情感态度并重。

在学生的书面表达上，对于涉及语法知识的基础题，教师应该以较为严格的态度来对待。但对于诸如小作文、看图填空或其他开放题，教师则应该不仅仅以语法的正确表达为唯一标准。我们也应该考虑其他的评判标准，如文章虽有语法错误，但内容精彩，表达清晰，敢于运用新颖的句式和词汇，那么教师完全可以对这篇小作文打个五角星，以表彰其优点。同时也将语法错误圈出，并写上批注：“如能再注意个别语法的规范使用，这将是一篇更完美的作业。”这样，既保护了学生表达的积极性，也使学生能更重视和正视自己的语法错误。

范例导读

案例

My new home

教　材：《牛津英语（上海版）》五年级下册（上海教育出版社）

Module 3 Unit 3 Changes Period 2

设计者：王琴，上海市长宁区愚园路第一小学

（一）案例说明

根据《课程标准（2011 年版）》的规定，要求学生能理解一般现在时和一般过去时这两种时态的表意功能，并能在特定语境中进行运用。鉴于此，我们将教学的重点和难点落在了通过单元文本的学习，帮助学生进一步理解一般过去时，并能在不同的语境中进行简单模仿，语言加工，组成语段，表达自己的想法。

一般过去时是小学高年级学生学习的一个重要的语法知识点，在五年级教材 Module 1 Unit 2 Watch it grow 单元，学生在学习毛毛虫破茧成蝶、小鸡小鸭破壳而出的过程中，第一次接触了一般过去时...was/were...，以及一般过去时与一般现在时的简单比较。学生理解新的语法知识和语法规则，并在不断内化的过程中作出正确的口头语表达和书面表达，这需要经历一个反复输入、不断刺激的过程。因此，在 Module 3 Unit 3 Changes 单元，教材又以一个全新的情境呈现了这一语法。

鉴于此，在教学设计时我们创设了在相同角色身上发生的具有内在连贯性的生活情境，从而使学生在不同任务的语法复现中提高表达的正确率；在情境中呈现容易混淆出错的语法，即一般现在时和一般过去时，提高学生表达的区分度等。

（二）教学目标

1. 单元教学目标

（1）通过文本的学习，学生能理解一般现在时和一般过去时所表达的不同语境并进行简单模仿，以此表达自己的想法。

（2）学习单词 rug，shelf，furniture，police station，constable（书本单词），tea table，TV cabinet，neighborhood，neighbor，helpful，volunteer（拓展单词）并能认读这些单词的音标。

（3）学习 to be 句型的一般过去时…was…，感受体会与一般现在时…is…的区别，并仿说仿写。

（4）以 Ben 在家庭和小区里的活动为语境，通过描述、比较和讨论，引导学生体验热爱家庭和社区的美好情感并启发学生服务社区的美好愿望。

2. 分课时教学目标

教学目标		第二课时
语言知识	单词	再现 rug，shelf，neighborhood 新授 tea table，furniture 感受，neighbor
	句型	to be 句型的一般过去时…was…
语言技能		听：听懂单词 tea table，furniture。听懂一般过去时…was…所表达的过去的语境 说：正确发音 tea table，furniture 并认读音标。模仿一般过去时…was…进行说话 读：朗读文本。唱歌曲 *In the living room* 写：填写新授单词，仿写一般过去时…was…
语言运用		学生模仿一般过去时…was…进行表达，并感受体会与一般现在时…is…的区别
情感态度		热爱自己的新家新区，憧憬与家人、朋友的欢乐生活
学习策略		创设情境，以语段带动词句的学习，从听、说、读到写，层层推进。以小组交流等不同形式组织学习，实现学生课堂输出

（三）设计思路

在 While task procedure 环节，情境从第一课时的旧居学习得以延续，全家人搬入新居，复习一般现在时的旧知，激活已学知识，为学习下文内容做好铺垫。教师以老房子的照片直接呈现出一般过去时这一语法，在对新旧客厅的对比中帮助学生进一步体验一般过去时和一般现在时的区别。由于在情境中呈现了容易混淆出错的语法点，提高了学生表达的区分度。学生在对比图片、句型框架、重点标示、各种符号的帮助下，不仅逐句输出文本的第三段，即旧居的样貌，还能在表达过程中同时尝试反馈文本第二段，即新居的变化以及这样变化的原因。之后，通过分层填空练习呈现全篇文本，同时反馈相关词汇和一般过去时的表达，呈现从“说”到“写”的过程。在Post-task activity 环节，学生模仿文本，说说新家更多的变化，表达的范围也从室内延展到室外小区，为第三课时做了铺垫。而作业则从口头落到书面。在渗透语法的听、说、读、写任务中，学生之间表达的差异性在不断缩小。而在整个单元三节课的连续性情境中，不同任务的语法复现提高了学生表达的正确率。

(四) 教学流程

本节课的教学流程如图 11-1 所示。

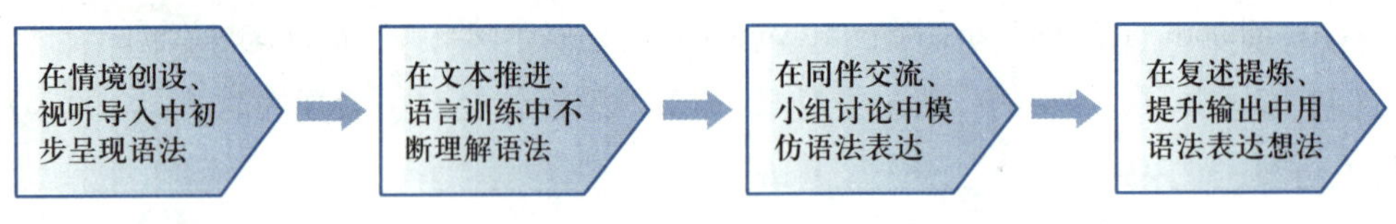

图 11-1

【教学评析】

本单元的教学目标，特别是学生语法知识掌握的目标在设计过程中，既考虑了学生的实际情况，也分课时，分步骤地在教学中一一细化并实现。无论是教案的设计、媒体的制作还是课堂教学的实施，教师都能做到将语法隐形渗透在教学的各个环节之中，不急不躁，缓缓而行，使学生对语法知识的掌握通过一整个单元的学习获得水到渠成的收获。

微课程 11-1　My new home

微课程 11-2　Ant and Grasshopper

教学关键问题 12 如何在语境中，借助思维工具，帮助学生体验语言表达形式所具有的功能?

 教学关键问题提出

Is this a book? Yes, it is. No, it is not. 是小学阶段一个重点语言学习内容。在学习这个句型过程中，教师常会设定这样的语境，让学生点着一本书问另一个人，这是一本书吗？另一个人看着书说是的或不是。对这种看似进行语言交际的活动仔细分析，其实它并不符合认知规律，这种无意义的问答也不会在实践生活中使用。而同样这个句型在猜生日礼物这样一个语境中运用，达到的效果就不同了。

教学关键问题分析

在上面的例子中我们不难发现，由于在情境设定中忽略句型的语义功能，即表示询问，导致了语言任务完成的不合理性—明知故问。教师在日常教学中往往会设定语境，让学生将所学的语言内容进行运用。如前面的例子中，在创设语境过程中，如果单一关注语言内容的操练而不明确其语义功能，可能会导致在实际生活中使用语言内容不合理的局面。同时，在语言学习的过程中，思维能力的发展同样重要。语言是思维的外显，单一关注语言内容而不考虑思维能力发展的操练同样会造成学生对学习内容的不合理使用。教师在教学中，如何让学生在学习语言内容同时发展语言能力和思维能力，通过语境体验合理地语用输出是本章所探讨的关键问题。

语境即“语言环境”，是我们说话的现实情景—运用语言进行交际的一定的具体场合。在英语教学中，我们要充分运用语境进行英语内容的教学，帮助学生理解所学内容（朱浦，2008）。语境提供的是语言交际的场合，在英语课堂中的语境创设必然与交际的目的即语用密切相关。Spratt 等人（2007）提出：“功能是描述语言使用的一个途径……当我们从功能的角度描述语言时，我们强调的是特定语言的具体使用，以及对具体语境下使用语言的人有关联的意义。”语境提供了运用语言的场所，功能体现的是语言使用的意义，因此在小学英语课堂中，教师设定语境时必须有利于语用功能的实现。在适切语用功能的语境下，学生通过对话、介绍等不同的语言表达形式转化对学习内容的理解。而教师则能通过语言表达的形式来检验学生对学习内容的话题内容和语义功能的理解。在《课程标准（2011 年版）》中对于小学阶段的话题和功能有如下的描述：

级　别	知　识	标准描述
二级	功能	理解和运用有关下列功能的语言表达形式：问候、介绍、告别、请求、邀请、致谢、道歉、情感、喜好、建议、祝愿等。
	话题	理解和运用有关下列话题的语言表达形式：个人情况、家庭与朋友、身体与健康、学校与日常生活、文体活动、节假日、饮食、服装、季节与天气、颜色、动物等。

根据《课程标准（2011 年版）》中对功能和话题的描述，教师在日常教学中需要明确话题所涉及的语言内容的话语功能，即语言内容在进行实际交际中的所体现的作用，是问候，还是介绍或是建议。根据语言内容的功能特点，创建此功能所需要的语用环境，让学生在适切的语境中运用语言知识进行交际，这样才会避免学生只单一的学习语言内容，而在真正的实际运用中却不会使用的尴尬局面。《上海市中小学英语课程标准（2014）》中的课程理念同时提出通过第二语言的学习对学生思维能力培养的要求。语言同思维有着特别密切的关系，尽管语言并不是思维，但它对于交流思想，以及对于思维本身来讲，却都是必须的（Dewey，2004）。因此，借助思维工具来设定课堂教学活动，让学生在适切的语境中使用语言，体验语用功能，不仅能发展学生英语学科的综合语用能力，同时对学生的思维发展也有着重要的意义。本问题关注让学生在学习语言内容同时发展语言能力和思维能力，通过语境中任务达成的语用过程，来体验语言内容所具备的功能，以模拟在生活中根据目的，选择适合的语言内容，合理表述。

学生语用体验的整体语境推进过程如图 12-1 所示。

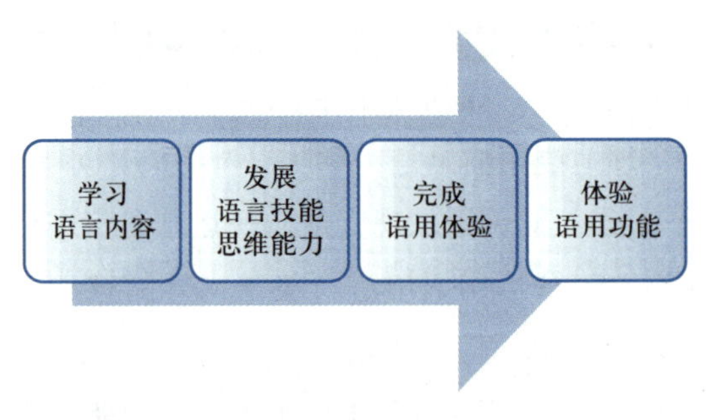

图 12-1

教学关键问题解决

根据对问题的阐述我们发现，为了帮助学生在适切的语境中进行语用体验，体验语言表述的功能，表达主观思想，必须关注以下几个核心问题：

（一）明确语言内容传递的功能

因为语言意义不是任何场合的使用都只有一个意义，往往要结合具体的语境，意义才能更清晰，因此，语言功能的使用涉及语境。

例如，“I'm thirsty.”在不同的语境中会传达不同的语用意义。朋友看见对方不开心询问他时，回答“I'm thirsty.”这时表达的是当事人的一个状态，对方的回应可能会是“I'm sorry to hear that.”但如果在快餐店里，当某人说“I'm thirsty.”往往表达需要一杯饮料的想法，回应的话可能会是“Can I buy you a drink? What do you want?”。

同样的语言内容，在不同的语境下，形成的交流方式和交流内容都会发生改变，因此，教师需要通过研读教材内容去理解和发现其背后所隐含的语用功能，以此来创设适切的话题或语境。

（二）模拟语用体验的语境创设

明确了语言内容表达的功能后，教师可以开始尝试语境的创设了。语言交流具备着传情达意的语义功能。在创设语境时，我们往往可以通过设定一个任务来帮助学生实现其语用功能。这个过程即是《课程标准（2011 年版）》中所提出的：通过创设接近实际生活的各种语境……如任务型语言教学途径等，培养学生用英语做事情的能力。语境的创设有以下两种建议以供参考：

1. 模拟真实生活场景的语境

课本在教学内容的选择上本身就考虑到了语境与功能，以《英语（三年级起点）》（外语教学与研究出版社）的教材为例，课本的图文语境本身就提供了运用语言内容的语境。因此，教师在设定语境时完全可以直接将课本的语境现实化，让学生通过真实的演绎来体验语言内容所表达的功能。

例如，《英语（三年级起点）》四年级上册（外语教学与研究出版社）Module 6 Unit 1 Can I have some? 图文语境的语用功能是询问，通过 Do you want…? Can I have …? 的情景对话完成语用体验。教师可以将课本场景现场话，通过角色扮演和替换语言内容来体验这样一种语用功能的实现。

2. 利用课本提供的话题语境

课本的每个单元都有一个单元话题，话题往往提供了语言知识的核心内容，教师可以根据话题内容和语用功能，设定任务，完成语用输出。为了帮助学生运用语言，教师设定的语境需符合语用功能，这样才能帮助唤起学生使用语言进行交际的需求。

例如，《英语 PEP（三年级起点）》四年级上册（人民教育出版社）第三单元 Three Friends，本单元话题内容是朋友，语用功能是介绍朋友的外貌。教师可根据内容和功能设定介绍新朋友这样一个语境，让学生通过对新朋友描述的任务达成，体验如何选用课本的语言内容来介绍人物。

3. 对于语境创设的几点建议

（1）语境创设前需要挖掘语言内容的功能，如询问、邀请、道歉、建议等。

（2）语境创设需要符合语用功能。如语言内容的语用功能是询问，选取一个具有介绍功能的语境帮助学生语用输出，那么这个语境内容就不符合其语用功能。

（3）语境创设可结合课本给出的语境或话题。

（4）语境创设需有意识整合学生以往学习的内容。

（5）在语用体验中，除了关注知识内容，表达的口气、面部表情、身体动作同样也是在真实语言交流中需要关注的地方。

（三）关注思维能力培养的教学活动的设计

根据语言内容的功能设定语境，帮助学生语用输出的过程中，教师需设计各种活动，帮助学生完成语用任务。在这些活动中，一些是模仿跟读，落实标准的语音语调；一些是机械操练，通过口腔体操帮助学生将语言知识上口；当然也有一些理解、判断等活动方式来帮助学生理解语言内容。在活动的设计中教师除了关注通过学习内容培养语言技能的同时，也需要关注到思维能力的培养。

1. 语言学习和思维能力

学习和思维并不是两个毫不相关的内容，学生通过思考进行学习，而又从学习经历中培养思维能力。如果学生对所学内容进行主动和有效的思考，将使学习更有效。而语言和思维之间又有着密不可分的联系，它们之间相互作用，语言的发展帮助思维的发展。在第二外语学习和思维能力培养方面，有着多年研究的 Alan Waters 先生在其教学日志中曾指出，思维对语言学习的重要性已经得到认识，在第二语言的课堂教学中鼓励学生积极思维的活动也日益普遍。

2. 在教学活动中，借助思维工具，设计促进思维能力发展的教学活动

理解语用功能，在语境中通过培养思维能力的活动完成语用体验是下一步可以思考的问题。以下介绍几种比较常用的思维能力培养策略。

（1）问答策略（Thinking-based Questioning Approach）

教师通过问题刺激学生的思维和讨论。在问答中，教师和学生之间存在着大量的互动，两者之间的界限趋于模糊，教师更像向导或协助者。好的问题能引发学生对事物深一层次的思考，教师多用几个 how，why 等半开放或开放式问题来启发学生的思维，有利于养成学生用英语思考和表达的习惯。

例如，《英语（三年级起点）》四年级上册（外语教学与研究出版社）Module 1 Unit 6 Can I have some sweets? 前面我们已经讨论了此内容的语用功能是征询意见。通

过故事学习和模仿表演，学生体验了用 Can I have some…? 来询问和得到允许。教学过程中，教师提出核心问题，然后根据学习内容追问，激发学生在模仿语言内容的基础上，通过问题去思考内容背后的语义功能。问题的答案虽然依然是课本上的几句 Sorry, I can't. 而教师的设问，促使学生去思考妈妈为什么这么说的原因和口气，以及该怎么说，从而去体验语言文字传情达意的功能。

问题：Why can't I have some sweets?

过程：1. 教师提出核心问题。

2. 学生跟读模仿情境对话。

3. 围绕核心问题，教师引发学生说出孩子如何询问的句子，尝试用询问的口气来表达。

在问答策略中，教师可以根据学生的反应追加问题，同样也可以鼓励学生去提出问题，这种师生、生生互动的问答方式能更好地刺激学生的思考。

（2）思维导图策略（Thinking Maps Approach）

思维导图是表达发射性思维的有效图形思维工具，它运用图文并重的技巧，把各级主题的关系用相互隶属与相关的层级图表现出来。思维导图是将思想图像化的技巧，也是将知识结构图像化的过程。思维导图像一个图画版的提纲，可以作为一种记忆或思考的方式为学生语用输出服务。

例如，《英语 PEP（三年级起点）》四年级上册（人民教育出版社）My friend 这个单元，其语用功能是介绍朋友，为了帮助学生更有逻辑和条理地描述朋友的特征，采用 Circle Map。这样一个思维导图能够帮助学生整理思路，让描述更有层次和条理，如图 12-2 所示。

为了帮学生完成这样一个思维导图，教师可以用引导问题（Guided questions）启发学生将叙述分类，通过对 Circle map 的填写讲述，完成对人物的表述。

Guided Questions

1. Who is your friend?
2. How is he?
3. What does he have?
4. What do you think of him?

图 12-2

思维导图有各种样态，具备不同的功能，Flow map 流程图记录的是事件前后发生的逻辑关系，运用 Flow map 能更好地帮助学生理清事件发生的脉络、顺序。

思维导图对帮助学生记忆和理解、整理和归纳都能起到不小的作用。它可以作为一个说话的提纲，为介绍做铺垫；它也可以是思考的草稿；还可以是围绕核心词发散出各类的想法。让学生学会使用思维导图能帮助学生整理思路，让语用输出变得更有条理。

（3）KWL 策略

KWL 是以下三个问题的英文缩写 What I know? What I want to know? What I learn?

建构主义学习理论认为，学习过程不是学习者被动地接受知识的过程，而是积极地建构知识的过程。当学习者遇到新的知识，会自然与以往的经验和知识建构起联系，经过同化与顺应建立起对新知识的认识。在这个过程中学习者不再是被动地思考，而是主动地获取知识。由于建构主义学习活动是以学习者为中心，而且是真实的，因而学习者就更具有兴趣和动机。同时它还能够鼓励学习者进行批判型思考。

教师在实施教学的过程中，往往会忽略学习者原本对这个领域信息的了解，因此 KWL 策略能更好地从学生的原有基础出发，激发学生主动学习的意识。

在英语教学内容中，有很多故事，往往以寓言或童话故事的方式，将该单元的核心内容在语篇中进行运用。语篇自身已经具备了语境，那么学生在学习这些内容时又如何达到语用功能的实现呢？在下面的范例导读中将具体介绍这样一个如何在语境中，通过思维能力培养的教学活动来帮助学生理解语言表达功能的案例。

3. 对于设计培养思维能力的学习活动的几点建议：

（1）思维能力培养的活动设计同时不能忽略语言技能的培养。

（2）思维能力培养的活动设计依然要为语用输出的功能服务。

（3）思维能力培养的活动设计不能脱离语言内容的整体语境。

（4）思维能力培养和语言学习一样是一个循序渐进的过程，教师在活动设计时应有一个渐进的培养目标。

最后，我们以一个思维导图中 Flow map 流程图的方式来回顾总结，如图 12-3 所示。

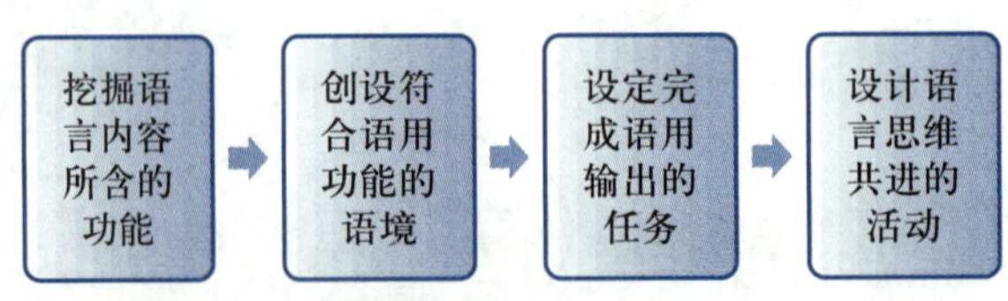

图 12-3

范例导读

案例

Ben and Bob

教　材：《英语（牛津全国版）》三年级下册（上海教育出版社）

Module 3 Unit 7 Hobbies Period 3

设计者：刘燕，上海市浦东新区福山唐城外国语小学

（一）案例说明

本学习内容节选自《英语（牛津全国版）》三年级下册（上海教育出版社）第七单元 My Hobbies，话题是个人爱好。通过核心语言内容：sing，read 等行为动词和 I like doing…句型，来表达个人兴趣爱好这一功能。通过交流，分享感受人际交流中沟通的喜悦是本堂课教师设定的语用任务。

本单元话题：兴趣爱好，分三个课时完成，本节是第三课时的教学：故事学习。在本单元的前两个课时，学生已经能够通过核心词汇和句型的学习来表达个人的喜好。

根据课型定位和目标要求，结合学生已具备的语言知识和语言技能，期望通过本单元的学习，使学生能根据故事语境用简单的英语准确地表达出自己的兴趣爱好，并在故事的表演中体验与他人交流沟通的乐趣和表演故事的兴趣。此外，能整合学生已知的语言内容，Look at the ________. It's/They're ________. 来描述自己的所见所闻，并在故事语境中熟练运用。

（二）教学目标

（1）能借助图片和声音听懂、读懂故事内容。

（2）能根据故事内容判断主人公的特点。

（3）能选择符合主人公的特点对人物喜好进行表述。

（4）能模仿课本内容进行合作性的故事表演，通过表演体验故事人物特点。

（三）设计思路

本课的课型是故事阅读，根据课型特点、学生学习背景和目标要求，教学设计希望通过对伊索寓言中蚂蚁和蝗螂的故事的学习和表演来体验核心语言内容在语境中的使用，并通过 KWL 策略让学生在对故事的学习和表演后对故事主人公有新的认识和体验，并通过语言进行个人喜好的表述。

（四）教学流程

本节课教学流程如图 12-4 所示。

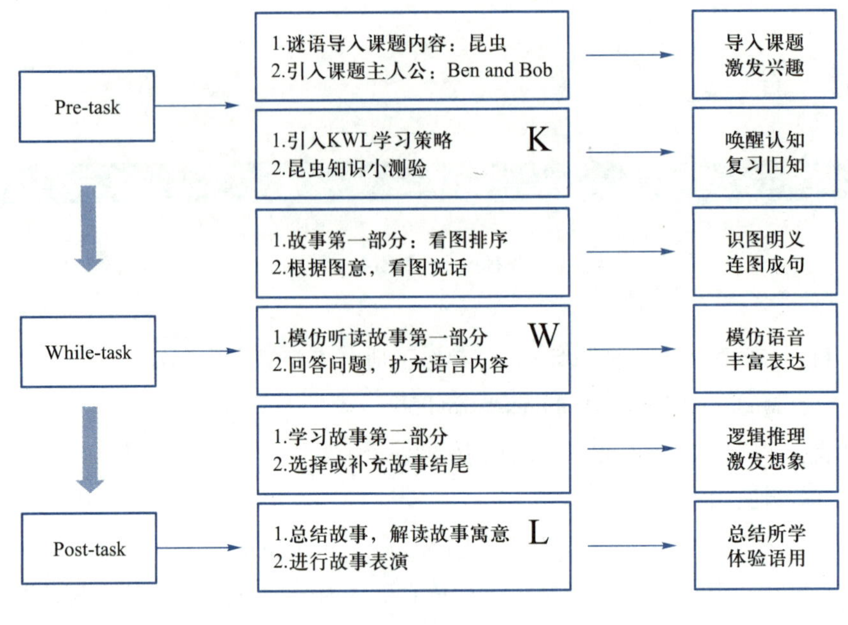

图 12-4

【教学评析】

根据教师设定的教学目标和学生的学情做以下分析。教师对教学目标的设定符合学生特点，由于本堂课的学生是外语类特色学校两年级的学生，学生语言基础较好，且有一年的英语学习经历，因此在课堂内容实施的过程中，教师预设的目标均能达成。但如果是用起始年段的学生的话，教师需放低目标要求，最后的故事表演可以直接将书本内容进行一个演绎。KWL 策略的实施是一个对学生思维能力激发的有效手段，教师可以在不同年段根据学生年龄特点和语言背景予以实施。

1. 关于功能

本单元的核心语言的语义功能是表述个人喜好。学生能听懂别人喜欢做什么事情，并能表达自己喜欢做的事情是本单元的一个主要教学目标。因此教师在设定语境前首先关注到了介绍个人喜好这个语用功能，在最后语用输出的时候，设定了故事表演这个环节，让学生扮演故事中的人物角色，说说自己喜欢做的事情。其任务的语境设定符合语用功能的要求。其次由于教师考虑到学生是初学一年的二年级学生，最后的语言输出采用一种填空式的台词，将故事表演的主干给了学生，符合其学情状况。

2. 关于语境

本单元说的是个人喜好，但由于语言内容的限制和作为初学者语汇的限制，学生在这个背景下能介绍自己兴趣的话语不多。其次，低年段的学生对于动物仍然有着浓厚的兴趣，因此利用课本故事语境，让学生通过扮演伊索寓言中的小动物来加深语用体验是一个不错的尝试。另外，故事和现实中介绍个人喜好的不同是故事还具有寓意，让学生边演边体会，不仅是对语言内容的一个交际，更是一种文化和思想的体验。而这种 moral education 并不是以贴标签的形式灌输的，而是让学生边演边体会的。除了语言，表演时的动作、表情、情绪都体现着对文字背后深一层次的理解。

3. 关于思维

本堂课教师采用的是 KWL 策略，在上课的一开始老师并不直接开始讲故事，而是让学生先说说对故事主人公蝗螂和蚂蚁的认识。这就让学生唤起了他们自我知识体系中对这些小动物的认识。从英语语言内容上学生可以对以往学过的一些英语表达进行一个回顾复习，从知识内容上学生可以对有关这个寓言的一些科学知识或文学知识进行思考。这个 What I Know 的环节旨在激发学生自身的思考。

What I want to know 的环节是教学内容的引入。由于在前一个环节中学生已经自发开始思考，因此学生在这个过程中试图提出一些类似两个小动物是不是朋友的问题。但由于语言的限制，可能学生提出的问题会出现一些语法的错误，在这里教师采取了宽容的态度，因为这个环节的主旨依然是希望激发学生主动思考的意识。带着 Are they friends? 的问题，学生开始了故事学习，而学习过程围绕核心问题的解决展开。为了帮助学生完成最后故事的表演，教师利用日记的形式，将小动物对自己喜欢做的事情进行一个阶段性的叙述。在这个过程中，教师用的是选词填空的方式，降低难度。故事的结尾是一个开放式的结尾，学生可以通过自己对故事的理解来回答核心问题：他们是不是朋友。这个问题的解答导致了课文的故事结尾的不一致，也体现了学生对人物特点个性化的理解。教师潜移默化地让学生通过选择和假设对故事的寓意有一个自我的认识，为下一阶段的教学做铺垫。

通过故事学习、再编结尾，学生进入 What do I learn from the story? 这个阶段。通过前面的阅读和讨论，学生对故事的理解有了自己的认识，也为最后语用输出中表演故事定下了基调。

在整个教学过程中，教师一直用问题引导激发学生对事件的理解和认识，课文最后的表演也充分提供语用机会，让学生通过演的过程来体验、表现主人公的特点和个性。

（点评人：孔琦，上海市世界外国语小学）

微课程 12-1　Zoo animals I like

微课程 12-2　Who am I

教学关键问题13　如何通过有效听读活动，帮助学生理解话题和文本所表达的内容？

教学关键问题提出

《课程标准（2011 年版）》指出：“语言技能主要包括听、说、读、写以及这些技能的综合运用。听读作为理解层面的技能，既是英语学习的内容，又是英语学习的手段。”“能在学习中听懂、读懂故事或小短文，初步形成对英语的感知能力和良好的学习习惯。乐于了解外国文化和习俗。”

在课堂教学中，听读活动占了整个教学活动的大部分时间，这是应该的，也是必要的。但教师在教学实践中会遇到一些困难和疑惑，如：“如何帮助学生掌握听读方法和技能”“在听文本时，如何处理语速快慢、词汇量限制对话题和文本理解造成障碍的问题”“在阅读文本时，如何培养学生对核心语义的归纳和理解能力”“如何创设清晰的语篇、语境，扫除学生对话题和文本的理解障碍”等。同时，学生在参与听读活动中也需要解决“如何掌握听读方法和技能”“如何养成良好的听读习惯”等问题。

教学关键问题分析

在听读活动中，学生不能充分理解话题和文本所表达的内容，究其原因，主要是由于一些教师未具备指导学生进行有效听读的能力和策略；而学生缺乏一定的语言基础，未掌握有效的听读方法和技能，以及领悟话题和文本的能力较差等。因此在教学实践中，教师要充分发挥听读的重要作用，从而帮助学生更好地理解话题和文本所表达的内容。

听读是语言输入和促进理解的重要途径。听读技能掌握的程度直接影响到学生对英语学习中相关话题和文本内容的理解程度。语言理解是听者和读者借助于听觉或视觉语言材料，在头脑中建构意义的主动的、积极的过程。

听是一种接受性的语言技能，听话者接收到声音信息，然后留意该信息，再在感知的基础上对其加以识别，进而理解，并对信息进行储存和记忆。

读同样属于输入阶段。理解教材是一个感性认知和理性认识相结合的辩证过程，学生对阅读对象有了感性认识，为理解文本奠定了基础。

听是学生接触语言的第一种方式，小学生学习语言总是从听开始入手，随之进行培养读的习惯，从而进行有效的阅读。听读是一种艺术的再创造，它们在使无声的书面语言（文本、图片等）变成有声有色的口头语言的过程中，眼、口、耳、脑等多种感官并用，既可以促进学生对知识的理解和记忆，又可以帮助学生积累大量的词汇和句子，提高学生的理解和表达能力。

小学英语教材编写的总体思路是以话题为纲，以交际功能和语言结构为主线，逐步引导学生运用英语完成具有实际意义的语言任务。因此，在英语教学中，恰当地、充分地运用听读手段，可以帮助学生更快地理解话题和文本内容，发展语言、发展思维和陶冶情感。

在小学阶段，学生应通过学习和掌握听读技能，能听懂、读懂故事或小短文，并养成按意群阅读的习惯，掌握新的语言知识、形成新的语言能力，表达自己的观点、情感、态度，并在此过程中逐步发展语言运用能力，思维运用能力和提高综合人文素养。这些能力为初中学习和终身学习奠定很好的基础，进而拓展学生文化视野，培养学生在不同场合中综合运用英语知识的能力、跨文化交际意识和合作探究意识。

教学关键问题解决

义务教育阶段英语课程的总目标是：通过英语学习使学生形成初步的综合语言运用能力，促进心智发展，提高综合人文素养。综合语言运用能力的形成建立在语言技能、语言知识、情感态度、学习策略和文化意识等方面整体发展的基础之上。

“如何通过有效听读活动，帮助学生理解话题和文本所表达的内容”这一关键问题的解决，符合《课程标准（2011 年版）》的总目标。在解决问题的过程中，既关注了语言知识和技能，也关注了文化意识和情感态度。教师基于相关材料，通过设计多样的、分层的听读活动，帮助学生充分调动听觉和视觉，先初步感知话题和文本，再进一步深入学习核心语句帮助理解话题和文本内容，最后体验感悟文本情感和文化内涵。这是一个关注学生理解、内化知识的学习过程。

在教学实践中，要发挥听读的重要作用，教师需要具备指导学生进行有效听读的能力和策略；学生需拥有一定的语言基础，掌握听读方法和技能，领悟话题和文本的能力等。

教师可从以下方面解决这些问题：课前听读、课始分享、导入预测、设计有效提问、借助关键词句、基于文本语言的情感提升和基于话题内涵的文化理解等。《课程标准（2011 年版）》主张“学生在语境中接触、体验和理解真实语言”。在听读的过程中，学生要达到的技能标准是“听懂、读懂故事或短文内容”，这需要以下次位概念来支撑（如图 13-1）。

建议教师在开展教学中关注以下策略的使用：

（一）基于相关材料开展听读活动，感知话题和内容

《课程标准（2011 年版）》指出，“英语学习具有明显的渐进性和持续性特点”。现

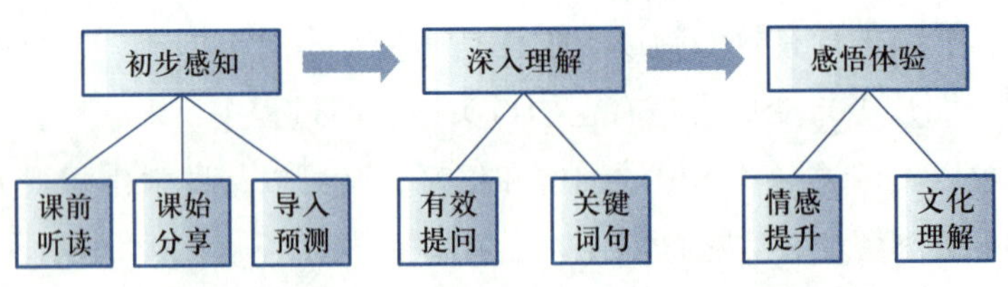

图 13-1

行英语教材在编写时都充分考虑到这一点，注重体现循序渐进的原则，内容的编排遵循由易到难、从简单到复杂逐步过渡的原则，保证语言材料有较高的复现率。因此，教师应基于话题和学生水平选择合适材料，并通过课前听读、课始分享、导入预测等多种有效的听读活动帮助学生熟悉话题，初步感知文本内容。教师所选择的材料可以是学生学过的相关词汇、儿歌、短文等，也可以是与话题息息相关的背景知识、动画故事等其他内容，这些材料必须与新授话题联系紧密，贴近学生生活和语言水平。

1. 课前听读

教师通过课前学习单的形式将精心选择的材料提供给学生，通过听读、预习有效激活学生旧知，为话题和文本作铺垫，有助于学生树立自信心和培养自主学习能力。

例如，《英语 PEP（三年级起点）》五年级上册（人民教育出版社）Unit 3 What would you like? 这一单元时，教师可将以前教材中学过的相关主题，如三年级上册 Unit 5 Let's eat，四年级上册 Unit 5 Dinner's ready 中的内容整合到课前学习单中，引导学生通过课前听读，激活关于 food 这一主题的旧知。在学习本单元的 What's your favourite food? 这一课时，教师可以设计如下学习单：

课前学习单

Ⅰ. Listen and sing a song *What would you like*?

Ⅱ. Read the menu and answer the questions

Today's Menu	
Food:	Drink:
beef noodles	milk
fish sandwich	yoghurt
tomato soup	

What would you like to eat? ____________

What would you like to drink? ____________

2. 课始分享

在新授准备环节，教师通过课堂展示的方式，鼓励学生分享课前听读的收获，交换信息，把课堂变成学生展示课前听读成果的舞台，让学生成为课堂的主人，学生与学生之间、教师与学生进行交流、讨论。学生在师生、生生互动的过程中，再一次获取信息，巩固旧知，为新话题的展开打好语言基础并做好心理准备。

例如，What's your favourite food 这一课时，教师可以在 Pre-task 环节通过 Let's sing the song together，Ask and answer 等活动检测学生课前作业单的完成情况，帮助学生进一步熟悉话题相关材料。

3. 导入预测

在学生充分交流、激活旧知的基础上，教师适时导入话题，引领学生朗读、感知话题，预测文本内容。教师可以引导学生借助标题、图片、开头以及相关的背景知识和社会生活经验来大胆想象、猜测文本内容，设置“悬念”，将学生带入情景，以顺利进行文本教学。

例如，What's your favourite food 这一课时，教师在学生分享课前听读的基础上，出示教材中的场景图片，让学生猜一猜 What are Sarah and Zhang Peng talking about? What would they like? 这些预测性的问题，不仅能活跃课堂气氛，让学生运用已有的知识来发表见解，更能激发学生进一步学习文本的愿望。

教师基于话题选择恰当的内容、合适的材料开展有效的听读活动，可以将课前学习与课堂学习有机结合，提高课堂效率，为帮助学生进一步理解话题和文本内容做好充分的准备。

（二）基于核心语言开展听读活动，理解话题和内容

核心语言是文本中的核心词语和核心句型，包括语音、词汇、语法以及用于表达话题和功能的语言形式等。《课程标准（2011 年版）》指出：“这些语言知识是语言运用能力的重要组成部分，是发展语言技能的重要基础。”抓住文本中的核心语言，开展有效听读活动，可以帮助学生深入理解话题和文本所表达的内容。

1. 设计有效提问

教师在引导学生听读之前，要精心设计有效问题，引发学生思考，让学生明确听读的目的，才能帮助学生更好地听懂或读懂话题和文本所表达的内容。提问在课堂教学中具有独特的作用与功能，设计良好的提问能提示学生学习的重点、难点，能激发学生思维，了解学生听课的质量，培养学生的参与能力等。

有效的提问设计应遵循学生的认知规律、思维规律和心理发展规律，由浅入深、由具体到抽象、由现象到本质地设计问题，不断把学生对文本的理解和思维能力引导到新的高度。

例如，在教学《英语（三年级起点）》六年级上册（外语教学与研究出版社）Module 6 Unit 1 You've got a letter from New York 这一单元时，Listen and read 版块是 Laura 写给 Sam 和 Amy 的信。为了帮助学生更好地理解文本所表达的内容，在布置听的任务之前，教师可先设计如下问题：Why does she write this letter? 整体感知文本，理解

文本内容。在学生反馈的基础上，教师可设计多样化的听读活动如 Listen and think，Read and underline 等，帮助学生进一步理解和掌握文本内容。在学习过程中，教师可设计不同层次的问题，如 Where does Laura live now? Where is she from? What does she want to do next year? 引导学生在思考问题和解决问题的过程中深入理解文本内容，并在理解的基础上促进学生内化，从而帮助学生语用输出。

2. 借助关键词句

关键词句是文本中最能精练体现内容和主题的核心词句，也是能帮助教师实现教学目标的词句。在听读文本的过程中，培养学生寻找关键词句的能力，对帮助学生更快、更准确地理解文本所表达的内容，提高学生听读的效率有显著的作用。

例如，《英语（三年级起点）》五年级上册（外语教学与研究出版社）Module 3 Unit 2 Daming took a photo of his father 这一单元时，Listen and read 版块的内容是 Daming 和爸爸周末去参观长城。在教学过程中，教师可先让学生听文本，借助 Who，Where，When，How 这几个概括性的关键词，寻找文本中的关键信息，理解文本内容；接着让学生读文本，继续借助 Activities 抓住概括性的关键词句，来进一步细化人物活动，深入理解文本。在课堂教学中，教师还可引导学生边读文本，边画出印象深刻、反复出现或线索性的关键词句作为解读文本的“金钥匙”。

教师基于核心语言开展有效的听读活动，可以帮助学生通过文本中的核心语言，更快、更准确、更深入地理解话题和文本所表达的内容，进而为感悟和体验文本情感起推进作用。

（三）基于文化内涵开展听读活动，感悟文本情感

教材提供的文本，作为英语课堂教学的主要内容，承载着丰富的情感与文化内涵。《课程标准（2011 年版）》提出：“在学习英语的过程中，接触和了解外国文化有益于对英语的理解和使用，有益于加深对中华民族优秀传统文化的认识与热爱，有益于培养国际意识。在英语教学中，教师应立足于文化内涵，开展听读活动，帮助学生更全面地理解文本内容，感悟文本情感，拓展全球视野和建立跨文化意识。”

1. 基于文本语言的情感提升

文本语言指的是一种音、形、义结合的符号系统，有规范的语法和严谨的语言结构等，能帮助学生构建丰富的语用知识。在开展听读活动的过程中，教师不仅要帮助学生理解话题和文本字面所表达的内容，更应该重视学生听读文本后的情感激励和唤醒，引领学生融入文本的内心情感世界，去解读和领悟文本所表达的情感，让学生在听读过程中逐步构建对文本的深刻感受和体验，从而促进学生情感的升华。

例如，在《英语 PEP（三年级起点）》六年级下册（人民教育出版社）Unit 4 Then and now，Story time 中，故事文本主要运用过去、现在、将来三种时态描述了人类饮食、地球上树木和鲸鱼在不同时段的变化，要求学生能通过听读文本，理解和运用三种不同的时态来描述事物的发展变化。这篇教材内容的价值除了让学生掌握和运用三种不

同时态的表达，了解过去、现在和将来的生活变化以外，更在文本中提出了这样一个思想：We should help the earth now, so birds will have homes and the forests will be healthy and green again. If we change now, whales and humans will have a bright future。这就需要教师在让学生听读理解故事的同时，更要建立环保意识。教师在设计教学活动时，要将文本和学生的生活实际联结在一起，让学生在听读过程中感受文本透露出来的情感，从词汇结构到情感文化意识，深度理解文本，达到情感的升华。

2. 基于话题内涵的文化理解

语言有丰富的文化内涵。教材提供的话题及相关文本经常会涉及不同国家的风土人情、传统习俗和价值观念等。课堂教学中，教师要透过话题和文本的字面内容，充分挖掘话题和文本中隐藏着的文化内涵，引导学生通过有效地听读活动，去理解和感受丰富的中外文化，激发学生学习英语的兴趣，提高学生跨文化交际的能力。

例如，《英语 PEP（三年级起点）》六年级上册（人民教育出版社）Unit 3 My weekend plan 中，文本的话题主要关于共度周末的方式。在 Read and write 学习板块中，教材呈现了中国国庆节、春节和西方圣诞节的图片以及教材主人公 Wu Yifan 关于中国传统节日中秋节的一篇日记，记录一家人是如何共度中秋节的。教师在开展教学活动时，要让学生在理解文本的基础上，增进对不同国家的传统习俗和文化的了解，这样才能让学生透过文本内容习得更深层面的文化知识和人文情感，加深对本单元话题的感悟。为了帮助学生理解中西方国家的不同节日，教师可以设计以下相关问题，如：What are these holidays? What do your family do on these days? What are you going to do for Mid-Autumn Festival? 让学生带着这些提示性问题去听读文本，在理解文本内容的同时，深刻感受不同国家的节日习俗和风土人情。最后，学生在教师的引导下，不但知道了几个常见的中西方节日，更进一步了解了中国传统节日——中秋节，加深了对中华民族传统文化的认识，加深了爱国情感。

教师基于文化内涵开展有效的听读活动，可以帮助学生更全面、更深入地了解话题及相关文本所表达的情感和文化知识，进一步升华学生的学习情感，也能增强学生的跨文化意识，为提高学生的英语素养起到重要的作用。

范例导读

案例

The season Robin likes

教　材：《英语 PEP（三年级起点）》五年级下册（人民教育出版社）

Unit 2 My favourite season Period 3

设计者：张敏，朱蕾，上海市青浦区庆华小学

（一）案例说明

1. 关键问题与课标的关系

《课程标准（2011 年版）》指出："主张学生在语境中接触、体验和理解真实语言。听和读是理解的技能，说和写是表达的技能。它们在语言学习和交际中相辅相成、相互促进。"听读是语言输入的有效途径，是促进理解的重要途径。听读技能掌握的程度直接影响到学生对英语学习中相关话题和文本内容的理解程度。因此"如何通过有效听读活动，帮助学生理解话题和文本所表达的内容"这一关键问题是完全符合英语课程的总目标。

2. 关键问题与教材的关系

小学英语教材编写的总体思路是以话题为纲，以交际功能和语言结构为主线，逐步引导学生运用英语完成具有实际意义的语言任务。因此，在英语教学中，恰当地、充分地运用听读手段，可以帮助学生更快地理解话题和文本内容，发展语言、发展思维和陶冶情感。

本课案例选自《英语 PEP（三年级起点）》五年级下册（人民教育出版社）Unit 2 My favourite season 第三课时。本单元充分考虑到五年级学生的学情特点，学生基础及实际需求，紧密联系学生的生活实际和学习实际，设计了真实自然的情景，将 season 这个教学内容进行合理的语言分配。本单元中教学内容相辅相成，难度由易到难，知识结构内容循序渐进。能让学生了解不同季节的特征，并能表述自己最爱的季节以及原因。

3. 关键问题与教学设计的关系

本课围绕 season 话题而展开，以 Robin 为主人公，描述他喜欢的季节以及原因。此话题内容与学生生活紧密联系，学习内容与《英语 PEP（三年级起点）》四年级下册（人民教育出版社）第四单元描述天气的形容词有所呼应。教学时应充分考虑这两点，通过课始分享、导入预测等多种有效的听读活动帮助学生熟悉话题，初步感知文本内容。在核心语言学习的过程中，开展有效提问，借助关键词句等有效听读活动，帮助学生更快、更准确、更深入地理解话题和文本所表达的内容，从而更有助于学生感悟和体验文本内容所表达的情感。

（二）教学目标

（1）能正确，连贯地朗读本课时的核心词汇和句型。

（2）能在图片帮助下听懂、读懂、感知话题和文本内容。

（3）能根据问题，从文本内容中获取有效信息并作出正确应答。

（4）能通过听读和分析文本，获取关键词和关键句，正确理解核心语义。

（5）能结合新旧知识，根据 season 话题，有条理地简单表述喜欢的季节及原因。

（6）能对各个季节的特征及在不同季节进行的活动进行简单表述。

（7）能理解感悟 Every season is special 的内涵。

（三）设计思路

本课时的内容为《英语 PEP（三年级起点）》五年级下册（人民教育出版社）Unit 2 My favourite season 中的第三课时 Read and write。本课以 Robin 为主人公，描述他喜欢的季节以及原因。这一板块原来的话题为 Robin likes them all，缺少悬念。为了给学生提供充分的思维空间，让学生带着疑问感知文本内容，教师将话题修改为 The season Robin likes，调动学生的学习积极性。此外，Robin 说：“I like summer, but I can't swim.” 对于 Robin 喜欢夏季的理由表述不明确，将此句调整为：“I like summer because I can go to the beach and have fun in the sun.” 使学生更容易理解 Robin 喜欢夏季的理由。

教师精心设计了有效的听读活动，帮助学生理解话题和文本所表达的内容。Pre-task 部分，通过歌曲激活旧知，把学生带进多姿多彩的自然世界。接着通过课始分享，在互动中，获取信息，巩固旧知，为新话题的展开做铺垫。While-task 部分，教师先引导学生根据话题，猜测 Robin 喜爱的季节，并带着悬念完成听读活动，整体感知并初步理解文本的内容。接着依次展开四个季节的学习，通过有效提问，促使学生主动参与听读活动，聚焦关键词句，深入理解 Robin 喜欢四季的原因。Post-task 部分，通过复述文本，交流自己喜爱的季节，将新旧知识融会贯通，内化并输出，培养学生的综合语用能力。最后欣赏图片，让学生感受四季的魅力，提升情感体验，深刻体会到Every season is special。

（四）教学流程

本节课教学流程如图 13-2 所示。

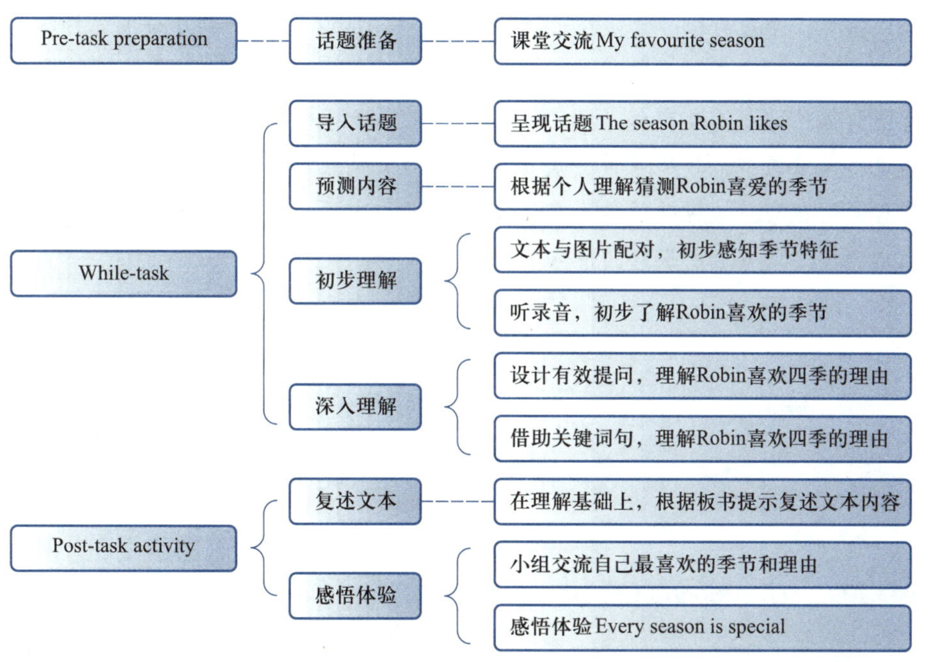

图 13-2

【教学评析】

本课对于如何通过有效听读活动，帮助学生理解话题和文本所表达的内容作了积极的探索和有效的示范。

1. 基于学情，激活旧知、设置悬念，为理解话题和文本做铺垫

在本课的设计中，执教教师从学生已有的生活经验和知识基础出发，通过课前学习单，既有效激活旧知，又与课堂的后续学习有机结合。同时，将话题改为 The season（s）Robin likes，有效地设置了悬念，留给学生想象的空间，激发学生对话题和文本内容的猜测与讨论，为理解话题和文本内容做铺垫。

2. 有序地设计问题，引导学生在文本推进过程中逐步理解

采用任务驱动的方式设计有效问题，逐步帮助学生理解文本内容是本课的一大成功点。如在听整个语篇之前提出了第一个问题：Which season does Robin like？检测学生对文本内容的初步理解。接着提出问题：Why does Robin like all the four seasons？来统领随后的分节听读活动，又逐一提出进一步的理解性问题：Why does Robin like spring/summer/autumn/winter？来引导学生对文本细节的关注与理解，由浅入深、由易到难、循序渐进地在语境推进过程中促进对语篇的深入理解和感悟。

3. 抓住核心语言，有效解读文本，加深对文本的理解与感悟

如何通过有效的文本解读，帮助学生加深对文本的深层次感悟，是本课的一大难点，但教师却成功地找到了切入点。首先用图文阅读配对的方式引导学生关注四个季节的气候特性，接着再引导学生在听读活动中了解 Robin 喜欢不同季节的原因和他能做的事情有关。让学生意识到这些他在不同季节的不同活动都是每个季节所特有的，进而为感悟和体验“每个季节都是精彩纷呈”的文本情感起到了很好的推进作用。

总之，本节课中，教师通过开展形式多样的听读活动，以语篇和语境带动了词句的理解和学习，有效地帮助了学生在语篇推进过程中深入理解话题和文本所表达的内容，深刻领悟文本背后所表达的情感。

（点评人：朱浦，上海市教育委员会教学研究室）

微课程 13-1　My favourite season

微课程 13-2　The Spring Festival

教学关键问题14 如何帮助学生围绕话题进行表达？

 教学关键问题提出

在日常教学中，学生围绕话题进行表达时存在一些问题。如：中心凸显不明，即表达时或缺乏中心，或中心变换，或脱离中心；内容连接不紧，即表达时或前后脱节，或缺少层次，或思维不严；语言表达不精，即表达时或存在词句问题，或存在语法问题，或存在中式英语问题；细节关注不够，即口头表达时存在语音、语调连读、失爆等问题，而在书面表达时又存在大小写、标点符号、拼写错误等。

教学关键问题分析

话题是指“谈话的中心”；表达是指“表示（思想，感情）”。在小学英语教学中，我们所讲的“围绕话题进行表达”，主要是指“针对某个特定的中心，连续用几句简单的、意思连贯的话语，口头或书面进行描述、介绍或阐明自己的认识或见解”。它体现了建构主义的理论思想，即学习者要对外部信息做主动的选择和加工，通过新旧经验的冲突引发观念的转变和结构的重组。换句话说，学习如何围绕话题进行表达的过程就是新旧经验间的相互作用过程。

学生在围绕话题进行表达时所表现出的问题和困难，可能受到学生现有知识水平的影响，也有可能是由于学生不能很好地依据已有的生活经验，寻找到与书本的交叉点和交集区，因此难以提高在真实情境中围绕话题进行表达的能力。

教学关键问题解决

在《课程标准（2011年版）》中明确指出了义务教育阶段英语课程的总目标是：通过英语学习使学生形成初步的综合语言运用能力，促进心智发展，提高人文素养。让学生围绕话题进行表达，就是在培养学生形成初步的语言运用能力、合理的逻辑思维能力和一定的交际表达能力，有利于促进学生综合语言运用能力和综合人文素养的形成和发展，并有利于英语课程总目标的达成。

要解决学生在围绕话题进行表达时存在的各种问题，帮助学生提高围绕话题进行表达的能力，必须关注如图14-1所示的几个环节。

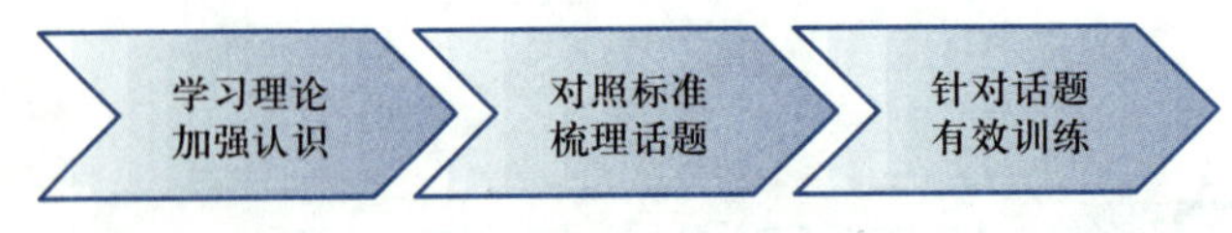

图 14-1

（一）学习理论，加强认识

要切实提高学生话题表达的能力，教师必须对其意义有较为深刻的认识，并进一步了解它所必须遵循的原则和具体要求。

1. 训练意义

围绕话题进行表达，是一项多维度体现和考验学生综合能力的任务。学生围绕话题进行表达的能力训练，对学生的语言学习有着不可忽视的作用。

（1）促进语用能力的提高。

围绕话题进行表达是提高学生语用能力的有效途径之一。学生借助话题，将所学内容进行重新整合，形成新的话语系统，表达自己的想法和认识，这就是其语言内化和运用的过程。

（2）促进思维品质的提升。

围绕话题进行表达是学生进行思维训练的过程。表达时，学生不仅要尽量做到外在语言的准确，也要尽量做到内在思维的合理；既要比较清晰地反映话题的内容，又要充分注意内容之间的关联、递进等关系。

（3）促进交际素养的形成。

围绕话题进行表达，不仅反映学生的语言素养，也反映学生的交际素养。面对不同的对象，不仅需要有不同的话语内容，还需要有不同的语气、语态，甚至肢体语言，这些都是交际的基本策略和素养。

（4）促进心理素养的完善。

围绕话题进行表达，尤其是口头表达时，更需要有较好的心理素养。面对表达的对象，要不慌不忙；针对表达的话题，要不偏不离；面对表达的障碍，要及时克服。

2. 遵循原则

围绕话题进行表达，对学生而言是一项综合任务，因此需要教师在日常教学中进行训练。而有效的训练又必须遵循一定的原则。

（1）话题的复现性。

语言的复现，有助于学生的学习、记忆和巩固。同样，话题的复现，也有助于学生的积累、表达和运用。随着所学语言知识的不断丰富，围绕同一册教材同一话题或不同教材同一话题的表达，就是让学生不断复现和综合所学内容，帮助他们提高语言表达的能力。

（2）范围的适切性。

适切的话题，有利于学生的语言表达，而不适切的话题，则有碍于学生的表达。

在选择话题时，不仅要符合学生现有的认知水平，还要充分考虑学生的年龄特点，更要关注学生已有的生活经验。只有从学生的角度出发，选择适切的话题，才能达到语言训练的目的。

（3）内容的综合性。

话题复现时要求学生围绕相同的话题所表达的内容是有所不同的。同一册教材的前后内容叠加或不同册教材的前后内容整合等，都是对学生进行有效训练的方法。围绕话题的表达，就是要求学生将所学的内容进行筛选、重组和整合，以提高学生综合语用能力。

（4）方式的多样性。

语言表达的方式主要有口头与书面两种。围绕话题的表达，同样也应该有口头与书面两种形式。在对学生进行围绕话题进行表达的训练时，要做到口头与书面结合，并尽量做到先口头后书面。中低年级的学生以口头为主，中高年级的学生从口头逐步过渡到书面。

（5）要求的递进性。

学生语言学习的过程，就是语言知识不断积累和语言能力不断发展的过程。因此，对不同年级的学生围绕同一话题进行表达时应该有不同的要求，年级越高要求越高；同一年级的学生围绕不同的话题进行表达时要求也应该有所变化，越是学到后面要求越高。

3. 具体要求

教师只有明确对学生围绕话题进行表达训练时的具体要求，并真正落实到自己的日常教学中，才能避免一些问题，达到事半功倍的效果。

（1）主题鲜明，围绕中心；

（2）意思连贯，前后关联；

（3）符合逻辑，思维缜密；

（4）层次递进，逐步推进；

（5）语言正确，规避语病；

（6）关注细节，追求完美。

（二）对照标准，梳理话题

在正确认识学生围绕话题进行表达的意义、原则和要求后，教师还需要进一步了解学生必须掌握的话题范围，以便在日常教学中进行有的放矢的训练，提高学生的表达能力。

1. 研读课标，了解相关话题项目

《课程标准（2011 年版）》中明确规定了用于表达的话题是义务教育阶段学生应该学习和掌握的英语语言基础知识之一，在附录中也详细罗列了包括个人情况、家庭、朋友与周围的人等 24 个常见的话题项目，而在语言知识分级标准中，又明确指出了在

小学阶段所要理解和运用的二级话题包括个人情况、家庭与朋友等。

2. 解读教材，梳理相关话题内容

在研读《课程标准（2011 年版）》并了解了需要掌握的话题范围以后，教师必须认真解读教材，要从教材中梳理相关的话题，并初步了解学生在围绕话题进行表达时所需要表达的具体内容。

（1）梳理与二级话题相关的内容（列举其中 1 个话题）

序	项目	要素	教材	内容
1	个人情况	个人信息	3AU1 6BU1	I' m… I weigh…/I' m… centimeters tall. /I' m from…
		家庭信息	4AU4 4AU6	I have…/They are my… My father/mother is a…
		学校信息	5AU2	…is at… Primary School.
		兴趣与爱好	3BU7	I like…（ing）.
		工作与职业	4AU6 5AU1	My father/mother is a… I want to be a… I want to…

（2）提炼与教材内容相关的话题

序	项目	要素	教材	内容	名称
1	个人情况	个人信息	3AU1 6BU1	I' m… I weigh… I' m…centimeters tall. I' m from…	Me
		家庭信息	4AU4 4AU6	I have…/They are my… My father/mother is a…	
		学校信息	5AU2	… is at… Primary School.	
		兴趣与爱好	3BU7	I like…（ing）.	
		工作与职业	4AU6 5AU1	My father/mother is a… I want to be a… I want to…	

（3）确立与话题名称相关的框架

Me

Hello. My name is…. I' m… years old. I' m a student at… Primary School. I' m…. I have…. My… is…. My… are…. I weigh… kilograms. I' m… centimeters tall. I can/like…. I want to be a… in the future. I want to….

（三）注重训练，提高实效

在加强理论学习，提高认识，并进一步了解和梳理学生围绕话题进行表达的具体范围和内容的基础上，教师还要开展针对性的训练，以提高学生的表达能力。

1. 训练途径

围绕话题进行表达的训练途径很多，有教师在课堂学习过程中布置的训练任务，有作为课堂教学延续的作业和书面练习的巩固任务，还有侧重学生参与课外活动的体验任务。所有这些任务，都是学生进行有效训练的平台。学生借助各种任务的完成，提高围绕话题进行表达的能力。

（1）基于学习内容的课堂训练

在课堂教学的过程中，教师可以根据学生所学的内容，选择围绕话题进行表达的基本训练方法，设计各种围绕话题进行表达的活动，以帮助学生提高围绕话题进行表达的能力。

① 内容提炼式：围绕文本的话题，根据所学的文本内容，自己组织话语，进行概括、提炼和表达。可以是转换对话文本的方式，即将输入的对话文本转换成输出的描述文本进行输出表达；也可以是概括描述文本的形式，即对输入的描述文本进行概括，同样以描述文本的形式进行输出表达。

② 话题转换式：根据所学的文本话题和内容，围绕新的话题，参照或组织新的语言内容进行表达。可以是横向转换的方式，即将输入的文本话题改成结合自己实际情况的话题进行表达；也可以是纵向转换的方式，即将输入的文本话题改成自己介绍他人的话题方式进行表达；还可以是纵横结合的方式，即将输入的文本话题进行纵向或横向的多次转换，通过纵横结合的方式，围绕转换话题进行多种表达。

- 横向转换式（图 14-2）

图 14-2

- 纵向转换式（图 14-3）

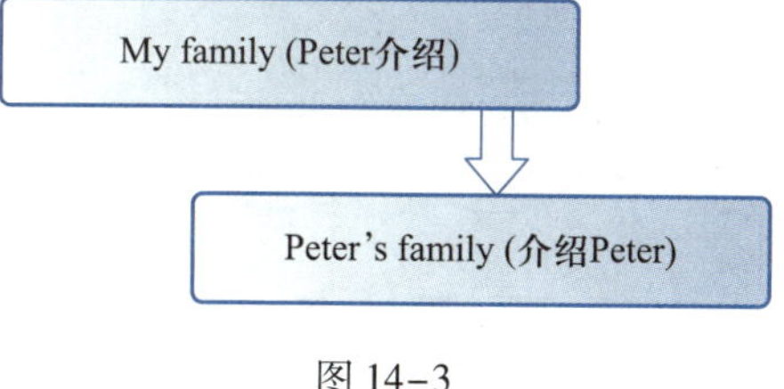

图 14-3

- 纵横结合式（图 14-4）

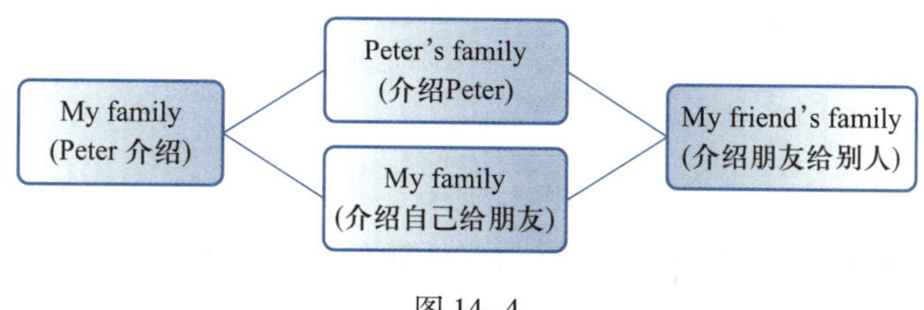

图 14-4

③ 内容叠加式：围绕同一个话题进行表达时，表达的内容可以在原有学习内容的基础上，增加新学的内容，使围绕该话题表达的内容不断丰富。它可以是单课内容的叠加，即在前面所学内容的基础上，增加补充文本的内容，使话题表达的内容能在先前内容的基础上不断丰富；也可以是单元内容的叠加，即在前课时所学内容的基础上，增加本课时所学内容，使话题表达的内容能在前课时内容的基础上不断丰富；还可以是前册内容的叠加，即在前册教材内容的基础上，增加本册教材内容，使话题表达的内容能在前册教材的基础上不断丰富。

- 叠加单课内容（《牛津英语（全国版）》五年级下册（上海教育出版社）Unit 2），如图 14–5。

图 14–5

- 叠加单元内容（《牛津英语（全国版）》五年级上册（上海教育出版社）Unit 12），如图 14–6。

图 14–6

- 叠加前册内容（《牛津英语（全国版）》（上海教育出版社）），如图 14–7。

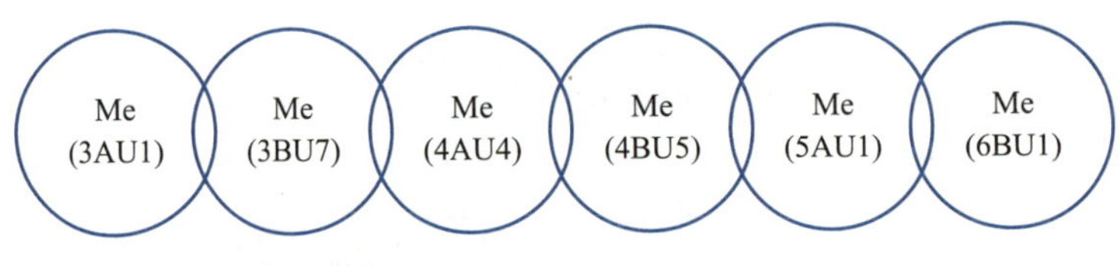

图 14–7

（2）基于作业练习的巩固训练

作业，作为课堂教学的延伸，对帮助学生巩固所学起到了不可忽视的作用；练习，同样起到了反复学习、巩固所学的效果。在围绕话题进行表达时，作业和练习的作用不可小觑。

① 作业巩固

在布置作业时，教师可以让学生对同一话题的内容进行重复训练，即在课堂中已经围绕话题讲过的内容，再次在作业中布置，以提高学生围绕话题进行表达的熟练度和精确度；教师也可以让学生对同一话题的技能进行转换训练，即在课堂中已经围绕话题进行的口头表达，在作业中以书面形式进行表达，以加强学生书面表达能力；教师还可以对不同话题的内容进行重组训练，即在课堂上已经对所学内容进行概括表达，在作业中可以让学生结合自己的实际情况进行表达，以提高学生的语用能力。

- 同一话题的内容进行重复训练

  课堂中：Peter's self-introduction　　　　作业中：Say sth. about Peter

- 同一话题的技能进行转换训练

  课堂中：Peter's self-introduction　　　　作业中：Write sth. about Peter

- 不同话题的内容进行重组训练

  课堂中：Peter's self-introduction　　　　作业中：Introduce yourself

② 练习巩固

教师可以设计依据内容框架的模仿练习，即教师给出一个话题表达时的句型框架，让学生根据提示的框架结构进行有序的表达；教师也可以设计依据问题回答的启发练习，即教师给出一个话题表达时的思考问题，让学生根据所给的问题内容进行适当的表达；教师还可以设计依据图片语境的提示练习，即教师给出一个情景，让学生根据图片的情景内容进行连续的表达；教师甚至还可以设计依据题目文字的开放练习，即教师给出一个话题表达时的文字题目，让学生根据所给的题目范围进行自由的表达。如：围绕 Me 这个话题，教师可以设计相应练习：

- 依据内容框架的模仿练习

  My name is... I'm...years old. I'm... My...is /are... I can... I like...

- 依据问题回答的启发练习

  What's your name? / How old are you? / What are you like? / What can you do? / What do you like? ...

- 依据图片语境的提示练习

  Stick a photo

- 依据题目文字的开放练习

  Me

（3）基于任务体验的补充训练

在围绕话题进行表达的训练时，教师除了让学生进行课堂训练和作业练习外，还可以让学生通过任务的体验来进行训练，如：通过真实交际任务、环境布置任务、演讲比赛任务等，来提高学生围绕话题进行表达的能力。当然，对于大多数的小学生来讲，更多的应该是课堂的有效训练和课后的巩固训练，而任务体验的训练方式只能作为一种补充，以适当激发学生的学习兴趣。

2. 训练要领

要想帮助学生提高围绕话题进行表达的能力，教师除了要选用适当的训练方法和开展有针对性的训练以外，还要进一步掌握训练的要领，以提高训练的实效。

（1）必须与教学设计相结合

首先，教师要在目标设定中明确学生的语用目标，确立与语用目标相匹配的话题，让学生明确学习目标；其次，教师在教学过程中要设计学生的学习任务，开展与话题内容相吻合的实践，让学生逐步达标；然后，教师在媒介设计中要通过媒体制作、板书设计、图片使用和文字支撑等，让学生借助直观媒介来训练达标；最后，教师在作业布置中要设计学生的巩固内容，综合发展技能，让学生充分达标。

（2）必须与技能培养相结合

学生的语言技能包括听、说、读、写四项，围绕话题的表达更多的是对学生进行说和写的技能的训练。教师既要充分重视对学生围绕话题进行口头表达的训练，同时还要关注对学生围绕话题进行书面表达的训练，做到先口头后书面、口头和书面相互转换，从而借助话题的表达，不断提高学生的语言技能和语言运用能力。

（3）必须与规则学习相结合

要让学生围绕话题进行准确的表达，除了给学生提供训练表达的途径和方法以外，还要让学生重视语言知识的学习和语言规则的掌握，如：为了避免用词错误，必须了解用词规则；为了避免语法错误，必须掌握词句规则；为了书面表达准确，必须学会拼写规则和书写规则等等。只有借助规则的学习，才能提高学生表达的准确性。

（4）必须与教学环节相结合

帮助学生围绕话题进行表达，必须与教学的五个环节结合起来整体考虑。除了在备课中重视设计、上课中重视训练以外，还要通过作业环节来加以巩固，通过辅导环节来帮助纠错，利用评价环节来激励调节。只有充分利用和发挥教学各个环节的作用，才能真正帮助学生完成语言的学习任务和提高语言的运用能力。

范例导读

案例

Our new home（Sally's new home）新授课

教　材：《牛津英语（全国版）》五年级下册（上海教育出版社）

Unit 2　Our new home Period 2

设计者：姚琼，上海市长宁区绿苑小学

（一）案例说明

本课时主要教学内容为 Listen and say 和 Look and learn 两块栏目。在语篇学习的过程中掌握单词 dining room，study 和句型 Why do you like...? I like... because...学生通过本

课时的学习，能了解房间的功能并通过 Sally 家庭成员间的介绍，感受到对家的热爱。

《课程标准（2011 年版）》二级学习目标中提到：学生通过学习，能交换有关个人、家庭和朋友的简单信息，并能就日常生活话题做简短叙述。本课时中所呈现的 Home 是学生熟悉并了解的日常生活话题。通过学习，学生不仅能理解和掌握 Sally 及其家人喜欢新家的原因，并能在此基础上，综合表达，将 Home 的话题延伸到学生的真实生活中。

如何帮助学生围绕 Home 这个话题进行表达？在教学过程中，教师利用内容提炼方式让学生捕捉对话信息，表达爱新家的场所和理由；利用话题转换方式进行话题表达的训练，让学生扮演 Sally 介绍 My new home，并用第三人称的方式介绍 Sally's new home，并在运用环节围绕 My home 进行语用输出；利用内容叠加方式让学生通过补充短文的阅读，更丰富地表达爱新家的理由；通过作业巩固话题的表达。

（二）教学目标

（1）能根据 floor plan 介绍 Sally 新旧两家的不同之处，理解和学习词汇 dining room 和 study，能判断不同的房间，准确说出各房间的名称和不同的功用。

（2）能在语境中理解、学习短语 face south 和句型 Why do you like…? I like… because …并能运用此句型对为什么喜欢新家进行问答。

（3）能在语境中围绕 Sally's new home 这个话题介绍 Sally 的新家及她与家人们喜欢新房的原因，语言准确，有逻辑性。

（4）能围绕 My home 这个话题介绍学生自己的家和最喜欢的房间，并阐明喜欢的理由，语言准确，有逻辑性。

（5）能通过学习，感受家的美好，激发爱家之情。

（三）设计思路

1. 确立围绕话题进行表达的语用目标

延续上一课时的话题和教学内容，本课时话题定为 Sally's new home。学生通过本课时的学习后将能根据平面图对家进行简单的描述；能通过对话文本学习和理解本课时重点句型 Why do you like…? I like… because…并使用这些句型介绍 Sally 和自己的家，说明喜欢的理由。

2. 创设围绕话题进行表达的情境主线

为了达到所设定的目标，本课时将通过以下三个步骤的实施来完成上述教学目标。首先在 Pre-task 环节，教师带领学生复习上一课时话题文本，做到温故而知新。其次，在 While-task 环节，教师创设了 A visit to Sally's new home 这一情境主线，围绕“家”这个话题，从平面图的讨论引入新家的参观，从 Sally 与父亲的对话到 Sally 与母亲之间最后到 Sally 与同学之间的交流，不断输入语言表达的信息，叠加话题内容，丰富话题语言。在 Post-task 环节中，由介绍 Sally 的家转化为介绍学生自己的家，帮助学生在真实情境中运用语言。

3. 设计围绕话题进行表达的训练任务

在教学过程中，教师以多媒体为教学辅助，帮助学生直观感受家的美好，同时通过设计多种教学活动帮助学生围绕话题进行有效的表达。例如：在 Pre-task 环节，教师要求学生使用 There is… but there are…/There is no… but…句型介绍“家”的变化；在 While-task 环节，教师要求学生通过阅读与其他学生交换信息的活动，了解父亲等人的喜好及原因，最后要求学生根据教师所提供的框架来转述；在 Post-task 环节，教师要求学生欣赏和朗诵诗歌 *Home*，在音乐的渲染下，帮助学生体会“家”的含义，也为后续介绍自己的家做情感铺垫。

4. 注重围绕话题进行表达的语用能力

教师设计各种围绕话题的任务训练学生的表达能力，目的就是为了提高学生的语言运用能力。课上，学生借助教师所提供的图片、板书、文本框架进行口头表达训练。 课后，在作业布置环节，教师要求学生拍一张自己最喜欢的房间照片，结合自己的实际情况进行表达，既巩固课堂所学，又将口头表达转化为书面表达以提高学生的语用能力。

（四）教学流程

本节课教学流程如图 14-8 所示。

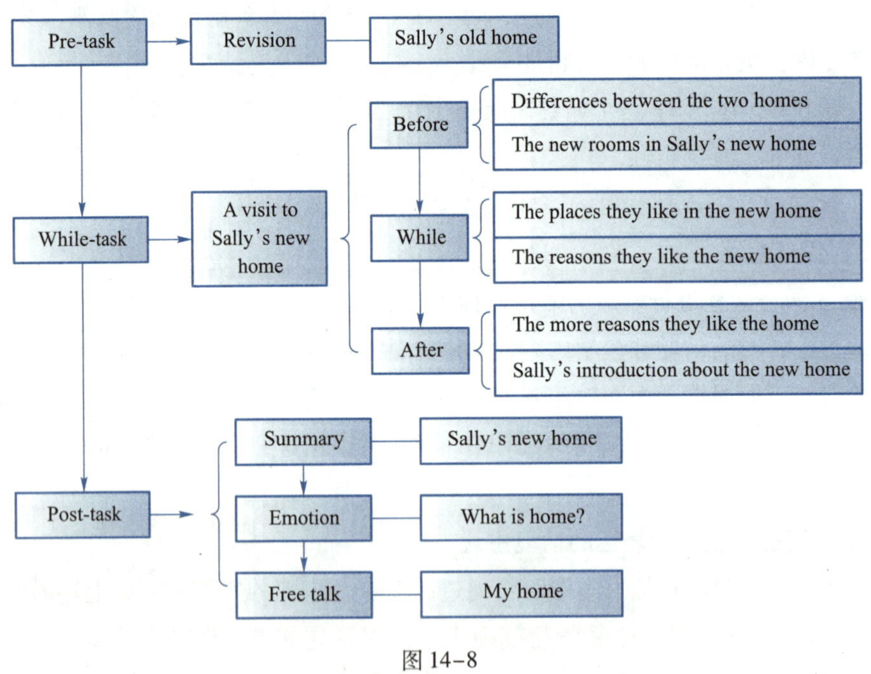

图 14-8

【教学评析】

本课时的话题是 Sally's new home，它是在前一个课时话题 Sally's home 的基础上展开的，体现了单元之间话题的关联和延伸。在对学生进行围绕话题的表达时体现了以下特点：

1. 通过各个环节，开展话题的表达

教师在教学设计中能充分抓住话题的内容主线层层推进；在教学过程中又能围绕话题，在帮助学生开展对本课重点和难点的语言学习的同时，兼顾对学生进行听、说、读、写技能的综合训练；并能利用作业布置环节，让学生延续话题成文介绍，体现课堂教学的延伸。各环节实施中关注学生对话题的情感体验，真情实感。

2. 通过多种途径，训练话题的表达

教师能通过内容提炼的方式，让学生对对话中所提供的 Sally 家人各自喜欢的房间（或场所）和喜欢的理由进行概括和表达；又能通过内容叠加的方式，利用补充文本来丰富学生的表达内容；还能利用话题横向和纵向转换的方式，让学生分别对 Sally's new home 和 My home 进行转述和语用表达；同时，还能充分利用板书、图片等，把第一课时和第二课时的话题进行整合，既让学生表达新旧家的区别，又能结合“爱家”对学生进行德育教育，起到了语言与情感的同步发展的作用。

总之，本节课非常好地处理了话题与语境、话题与语言、话题与情感之间的关系，是一节将语言学习、技能训练、能力培养和情感教育融为一体，并能充分围绕话题让学生进行表达的好课。

（点评人：朱虹，上海市长宁区教育学院）

微课程 14-1　My weekends

微课程 14-2　Sally's new home

教学关键问题 15　如何在学习活动中，激发学生主动参与课堂学习活动的热情，提高课堂效益？

教学关键问题提出

英语课程是一门实践性很强的课程，《课程标准（2011 年版）》在课程基本理念中提出“强调学习过程，重视语言学习的实践性和应用性”。教师要把课堂更多的学习时间和思维空间还给学生，让学生主动参与到课堂学习活动中来，真正成为学习的主人。学生的参与热情与程度关系到课堂效益的高低，甚至关系到一堂课的成败。激发学生主动参与课堂学习活动的热情是引导学生学会学习的切入点，是提高课堂效益的有效途径。

但是，在当前英语课堂教学中，教师单纯传授语言知识的教学现象还普遍存在。在这种教学模式下，学生的参与度很低，进而导致教学的低效性。另外，有很多教师认为学生积极回答问题就是主动参与课堂学习活动。课堂上，教师频繁提问，表面上看热热闹闹，但实际上大部分问题是有关事实、回忆或者知识的，学生的思维一直在同一水平上重复。教师提出问题以后，留给学生思考的时间很短，回答问题的学生群体往往比较固定，剩下的学生只是静静地旁观，成了课堂教学的“局外人”。教师将教案视为固定的剧本。当学生的回答不完整或不正确时，教师会立即要求其他学生回答该问题或者是自己直接给出正确答案，而不是进一步引导、启发，让该学生回答完整或正确。可见，课堂上学生主动参与学习活动的情况不容乐观。

教学关键问题分析

首先，由于传统教学观念的束缚，教师占据了课堂的“统治”地位，学生的主体地位得不到认可，主动参与课堂学习活动的热情不高。教师关注的是能否顺利完成教学任务，却不在乎学生思维、情感等方面的发展。但学生学习知识是不能单靠记忆现成的结论来完成的。学习策略、思维能力、道德品质等是很难从现成的结论中获取的。只有学生主动参与到学习活动中，通过动口、动手、动脑，亲自体验认知过程，才能在获取知识的同时，学会怎样去学习，提高思维能力，形成良好的个性品质。其次，教师对学生主动参与课堂学习活动的理解存在着种种偏差，导致了当前课堂教学中学生主动参与度低。主动参与在是指学生在教师的引导下，基于原本生活经验及学习基础，在师生交往、生生互动等主体交互中，情感、思维和行为自觉地融入课堂学习活动，自主建构意义，由此产生新的思想和认识。主动参与既要有感官的运用和大脑的思考，也要有情感、意志、兴趣和性格等非智力因素的积极参与。这种参与不是被动的、消极的，而是参与者主动发起的、自愿的、平等互助的行为。在整个过程中，教师与学生思维同步、情感共鸣。

学生主动参与课堂学习活动具有以下特点：

1. 参与的主动性

学生的参与是自发的，而不是被动的。学生由“老师要我学”转变为“我要学”。

2. 参与的全程性

教师要努力创造机会让学生参与教学的全过程，要在课堂教学的每一个环节给学生思考、交流、活动的时间和机会，而不只是在某个环节让学生参与，其他环节依然是教师主宰课堂。

3. 参与的全员性

要让每一位学生都有参与课堂学习活动和展示自我的机会，体验到参与带来的成就感。由于学生在知识基础、性格、认知方式、生活环境等方面存在差异，他们具有不同的学习需求，因而全体参与实质上是一种有层次的差异参与。教师在尊重学生差异的基础上，针对不同特点的学生，在目标、方法、评价方面体现出层次性，使每个学生都有参与的机会，使他们在各自原有的基础上都有所发展，从而获得最大化的整体教学效益。

4. 参与的全面性

要引导学生全身心地参与学习活动，既要有认知与行为的参与，又要有思维和情感的参与。

教学关键问题解决

主动参与既要摆脱传统教学模式下的被动参与、部分参与，又要避免由于对学生参与的片面理解而导致盲目追求形式参与、表面参与的倾向。那么，如何在学习活动中，激发学生主动参与课堂学习活动的热情，提高课堂效益呢？

（一）制定合理适切的教学目标，促进学生主动参与

教学目标是教学活动的依据，教学过程是围绕教学目标而进行的。教学目标具有诱发、导向和激励行为的功能。目标偏高，学生不能体验到成功的乐趣，容易丧失信心；目标偏低，学生容易失去学习的兴趣与动力。可见，切合学生实际的教学目标，才能激发学生强烈的学习动机，引起持久的学习积极性，学生才能更积极主动地参与到课堂学习活动中，为实现目标而不懈努力。《课程标准（2011年版）》提出的教学建议之一是“教师应充分了解所有学生的现有英语水平和发展需求”“教师应了解学生不

同的学习经历、学习水平和学习风格，尊重学生的个体特点，充分发掘学生的不同潜能”。所以，在确定教学目标时，教师要站在学生的角度去预设目标，深入研究学生的兴趣、动机、知识基础、能力水平以及学生的不同特点和个体差异，把握学生的“最近发展区”，确立难度适中的目标，激发学生主动参与的意识，促进教学活动朝着产生最大成效的方向发展。

（二）创设贴近学生生活实际的语境，唤起学生的学习兴趣

语境是语言赖以生存的语言情境。语言一旦脱离了语境，就只是一些文字符号。传统的英语教学中，语音、词汇、语法等教学都是在脱离具体语言环境的情况下进行的。教学方式大都是教师讲、学生听，学生的学习方式是死记硬背，学生的学习兴趣不高，教学效果欠佳。创设真实的语境，能够缩短学习语言与现实生活的距离，将语言一下子变得鲜活、真实、生动，能够激发学生积极主动参与课堂活动的热情；创设贴近学生生活实际的语境，让学生建立起知识与生活实际之间的联系，能加深学生对知识的理解，让他们感觉到学英语可以学以致用，获得成就感和自信心，这有利于激发学生的学习热情，引发学生情感上的共鸣，使被动的接受学习变为积极主动的学习，从而达到理想的学习效果。所以，《课程标准（2011 年版）》主张学生在语境中接触、体验和理解真实语言，教师应尽可能多地为学生创造在真实语境中运用语言的机会。教师在选择语境时要从各个角度考虑创设的语境是否真实，是否合情合理，是否符合学生的生活实际，是否能激发学生的兴趣。

例如，《英语 PEP（三年级起点）》三年级上册（人民教育出版社）Unit 1 Hello 这个单元中，核心句型是 What's your name? My name's…在跟读后，教师在屏幕上出示对话的框架：S1：What's your name? S2：My name's…让学生来询问她，做一个示范，然后让学生开展 Pair work，进行问答练习。班级里的学生之间早已互相认识，根本没有必要去询问对方的名字。这种语境的创设，太倾向于语言知识的操练，不真实、不合理。所以，学生在互相问答时兴趣不高。为此，教师进行了修改。先是出示了本学期新来的外教的照片，先让学生听录音：Hello. My name's Mark. I'm your new teacher. What's your name? 当学生看到外教照片，听到他的声音后，兴趣盎然。随后，教师说：He's our new teacher, Mark. He wants to know your names. How can he ask? 学生回答：What's your name? 然后，学生开展 Pair work，一个扮演 Mark，互相问答。当进行反馈时，教师让扮演 Mark 的同学带上头饰。这样学生之间的交流就比较贴近学生真实生活，是有意义的，学生参与活动的热情被激发出来了。

（三）创设问题情境，激发学生主动参与的欲望

学起于思，思源于疑。学生探求知识的思维活动，总是由问题开始的，又在解决问题的过程中得到发展。创设问题情境就是在教材内容和学生求知心理之间制造一种“不协调”，引起学生的认知冲突。认知冲突是学生学习动机的源泉，也是学生积极参与思维学习的原因。所以，教师在教学中要不断创设问题情境，设置认知冲突，激发

学生的参与欲望。

问题情境不是一般的提出问题，教师要选准问题的切入点，激发兴趣，引导学生积极探求；激化思维，引导学生深入思考，最终排疑解难。在这个过程中，学生的思维按认知规律有序进行，逐步排疑解难，既学习了知识，又掌握了学习方法，形成了思维能力，并在此过程中获得了积极的情感体验。问题的质与量以及呈现方式直接影响着学生的主体参与。问题要少而精，要有一定的层次性，要在问题之间留有学生思考的充足时间。

例如，《牛津英语（上海版）》四年级上册（上海教育出版社）Module 3 Unit 3 In the shop 这个单元的核心句型是 How much is it/are they? It's / They're…第二课时，教师设置的话题是 Shopping for the welcome party，创设了 Kitty 和妈妈到超市，根据购物清单为 party 采购所需要的东西。在第一次试教时，Kitty 严格按照购物清单买，在整个教学活动中，学生只是跟读、模仿、角色扮演表演对话等，不需要太多思维的参与，课堂气氛比较沉闷。教师进行了修改：在购物的过程中，Kitty 并没有严格按照购物单的来购买，而是设置了悬念，超市有促销打折活动，从而购买了三瓶果汁而不是一瓶果汁。这样，文本内容就更加真实有趣，贴近学生的生活。课上，教师设计了几个层层递进的问题：看着购物单回答 What do they want to buy at the drinks section?（想买什么）听听录音，找到 What do they buy at the drink section?（买了什么，和原来的打算一样吗）再通过阅读，思考为什么。在找原因的过程中，学习核心句型 How much is it / are they? It's / They're…去询问价格就具有真实的意义了。这几个问题，调动了学生的学习积极性，促进学生去积极思考、主动探索，使学生能更加自主地参与到学习中。

（四）精心设计课堂活动内容和方式，维系学生主动参与的热情

语言学习是实践性很强的活动。要想学会运用语言，仅靠书本知识是无济于事的，必须进行大量的语言实践，因此，教师要坚持以“活动”作为课堂教学的主要形式。《课程标准（2011 年版）》以学生“用英语做事情”的描述方式设定各级目标要求，提倡教师创设接近实际生活的各种语境，采用循序渐进的语言实践活动，培养学生的综合语言运用能力。教师在设计活动时，要注意活动是否有明确的交流目的、真实的交流意义。活动不只是简单地调节课堂气氛，必须与教学内容有机地、紧密地结合在一起，真正地把所学的语言知识运用到活动中，学以致用。学生对源于自己生活的活动特别感兴趣，并有强烈的参与欲望，活动的内容和形式要贴近学生的生活实际，符合学生的认知水平和生活经验。单调的学习过程容易使学生产生厌倦感并导致注意力分散，从而造成教学效率低下。只有学习过程充满欢乐感时学生才愿意一再重复。尤其是小学阶段的学生，他们好动，有意注意时间短，所以教师要组织形式多样的、有意义的、操作性强的课堂活动，创造机会让学生参与，以适宜的内容和方式吸引学生主动参与。

例如，《牛津英语（全国版）》三年级上册（上海教育出版社）Module 1 Unit 3 Are

you Kitty？单元核心句型为：Are you…？ Yes，I'm…/No. I'm…教材中 Play a game 板块是两个同学在一起玩"猜一猜"的游戏。教师先出示教材图片，让他们首先了解这个情境，接着让学生听录音，回答问题：Who's the girl？然后播放 Flash，让学生跟读模仿，分角色朗读，演一演游戏的过程，最后教师重新提供了几个学生熟悉的角色，让学生通过 Pair work 能够初步运用核心句型去玩猜一猜的游戏。这个游戏符合二年级学生的年龄特征和认知水平，把枯燥、机械的语言学习变得生动、活泼，在整个过程中充满了欢乐，激发了学生对英语学习的兴趣，班级学生都能主动地参与到活动过程中。

（五）创设民主和谐的课堂氛围，营造宽松的参与环境

罗杰斯说："成功的教育依赖于一种真诚的理解和信任的师生关系，依赖于一种和谐安全的课堂氛围。"只有创设民主和谐的氛围，形成相互尊重、信任、理解和合作的人际关系，学生才能更积极主动地参与到课堂学习活动中来。首先，教师要相信、尊重学生。教师要认真倾听并尊重每个学生的意见，我们不能仅仅只听见"我们心中的答案"。这样，学生能够感到被倾听和被重视，他们参与的积极性、主动性就会被调动起来。其次，教师的激励性评价能充分调动学生参与课堂教学活动的积极性和主动性，使学生充满生命力。在参与过程中，教师要善于发现学生的成功和进步，不断地给予积极的鼓励和肯定的评价。当学生有错误时，教师决不能简单地批评指责，对学生的错误要理解和宽容，要尽量对错误中的准确成分加以肯定，启发学生发现并纠正错误，从而获得成功的体验。最后，教师要注意学生间的差异，要让不同层次的学生按不同层次的要求拥有同等参与活动的机会。教师可以根据教学目标和教学内容组织 Pair work，Group work ，Class work 等活动，促进师生之间、生生之间的互动、交流和合作，创设师生间、生生间的良好合作与对话氛围。

范例导读

案例

A shopping list for the welcome party

教　材：《牛津英语（上海版）》四年级上册（上海教育出版社）
Module 3 Unit 3 In the shop Period 1

设计者：侯明翠，闵行区田园外语实验小学

（一）案例说明

《课程标准（2011 年版）》提出义务教育阶段英语课程的总目标是：通过英语学习使学生形成初步的综合语言运用能力，促进心智发展，提高综合人文素养。课程目标

的变化带来了教学模式和方法的变化。课程从以教师为中心的教学模式转变为以学生为中心的教学模式，强调学生的参与和体验。《课程标准（2011 年版）》在情感态度分级标准中，二级目标描述也明确指出“积极参与各种课堂学习活动”。

本课是 Module 3 Unit 3 In the shop 中的第一课时。Module 的 Theme 是 Places and activities，本单元的 Sub-theme 是 In the shop。本单元的核心词汇是 a packet of sweets，a loaf of bread，a bowl of noodles，a bar of chocolate，a packet of biscuits，a bottle of water 等量词词组，核心句型是 How much is it /are they? It's / They're…有关食物和购买东西的话题是学生较熟悉的话题。学生在前期已经学过很多关于食品和饮料的词汇，购物时营业员和顾客的一些基本句式，如 Can I help you? May I have…? How much? 学生也已经学习过。但量词词组是第一次出现，本单元的量词词组较多，对学生来说是一个难点，在一定程度上会影响学生主动参与课堂学习活动的热情。为了让学生积极主动参与到课堂学习活动中来，可以创设 Kitty 为新同学 Jill 开 party 的语境。将本单元分为四个课时，分别为 A shopping list for the welcome party，Shopping for the welcome party，A welcome party for Jill，Panda's glasses shop，在为新同学 Jill 开展 party 的语境下，制订购物单、去超市购物、开欢迎会，通过参与和体验，学生能掌握购物时的简单用语，能运用对话来询问物品的价格，会用一些量词词组来表达所要购买的商品及其数量。同时，学生还了解了如何为一项活动制订购物单，并能根据购物单选择合适的场所、运用适当的目标语进行购物，还能在整个过程中体验同学之间的友情与关爱。

（二）教学目标

（1）在 Kitty 为 A welcome party 制订购物清单的语境中，大部分学生能在文本、图片和板书的帮助下，扮演 Kitty，介绍购物清单，语音基本正确，语调基本达意。能在海报和超市广告单的帮助下，说说自己 party 上需要的东西。

（2）全体学生能听懂、读懂核心词汇 a packet of sweets，a loaf of bread，a bar of chocolate，a packet of biscuits，a bottle of water 和核心句型 How much is it/are they? 大部分学生能正确朗读核心词汇。

（3）在 Kitty 列购物清单的过程中，学会有计划、合理地进行购物，并感受同学之间的友情与关爱。

（三）设计思路

由于这节课是本单元的第一课时，量词词组的学习对学生来说有一定的难度，且比较枯燥，进行了单元整体设计，把本课时的目标设定为“大部分学生能在文本、图片和板书的帮助下，扮演 Kitty，介绍购物清单”，语言知识目标设定为“理解量词词组的含义并能正确朗读”，这个目标符合学生的学习现状，学生经过努力是可以实现的。

Kitty 为 A welcome party 列购物清单的语境，贴近学生的生活实际，能够激发学生的学习兴趣。通过 A welcome party for Jill 这条清晰而生动的教学主线，将教学过程中相互关联度不高的教学内容串联起来，以一个整体性的事件呈现给学生，各项课堂活动将围绕它开展并通过它进行发散与拓展，学生在情节发展中的各项活动中有效地、快乐地学习。设置了几个问题把教学过程贯穿下来：

1. Who will be at the party? What can they do at the party?

通过听录音了解 party 上来哪些人以及 party 的活动，根据活动内容学生知道 party 上 Kitty 需要食物和饮料。

2. What does Kitty need for the party?

看着超市海报说一说，如果你是 Kitty 你想买什么，激活旧知，降低学习难度。然后听一听、圈一圈 Kitty 需要什么，初步感知量词词组的音、义。

3. Why?

通过了解 Kitty 需要这些数量物品的原因，通过跟读、儿歌等方式进一步学习量词词组，并学会有计划并合理地进行购物，感受同学之间的友情与关爱。

这几个问题能够激发学生兴趣，适合学生思考。列购物清单需要结合参加 party 的人数、party 的活动、大家喜欢的食物等来考虑，课堂学习活动不再是大量的机械操练，符合生活实际，变得有意义了。学生在不知不觉中入情入境，主动参与语言实践，从而达到在兴趣中体味、领悟，在不断的交流中自然呼应、表达的目的，课堂真正成了师生情感碰撞、思想交流的地方。

（四）教学流程

本节课教学流程如图 15-1 所示。

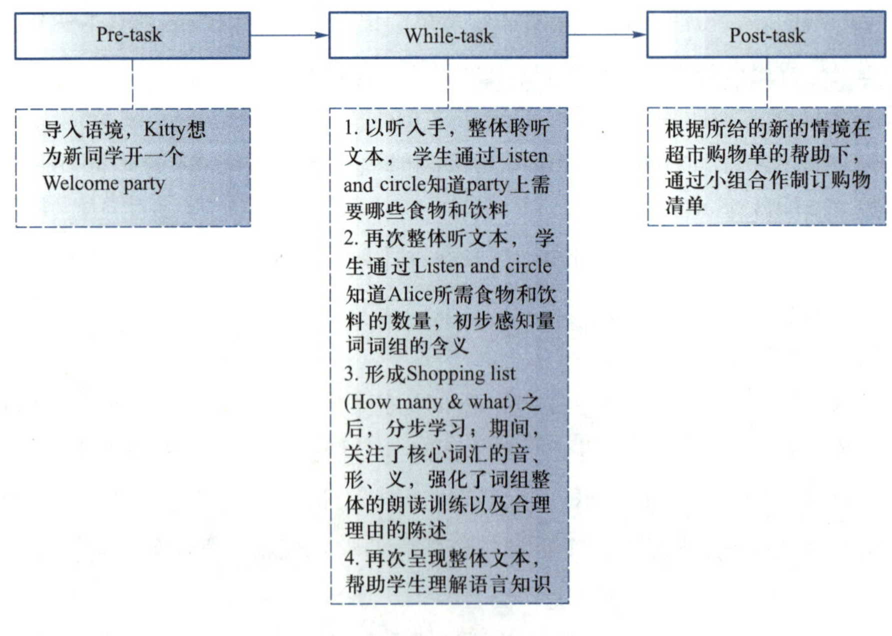

图 15-1

【教学评析】

教师设定的教学目标科学、合理。要让学生有效地参与课堂教学，教师设定的教学目标必须切合学生的实际需要，符合学生“最近发展区”。教师在充分解读教材和学生的基础上，设定了教学目标，学生“跳一跳，能摘果”，每个学生都能从自己原有水平和能力得到发展。

教学过程符合学生认知规律。首先，教师以唱唱、说说的方式，复习激活学生已有的语言知识。其次，通过展示超市宣传册，猜一猜：If you were Kitty, what do you need? 引发学生主动思考，提取语言知识。最后，通过 What does Kitty need and why? 让学生始终在语篇、语境中感知、学习语言。语言知识的学习是有思维、有意义的，学生学习情绪高涨，能积极参与到课堂学习活动中。

教师注重对学生思维的培养，引导学生全身心参与课堂学习活动。通过创设有意义的情境，将学生带入新的语言学习中。如 What does Kitty need for the party? 教师并不是让学生随意乱猜，通过问题引导，学生是根据参与 party 的人的数量以及他们的喜好、party 的活动和家里是否有这些物品来确定 party 所需的物品。这个思考过程贴近学生的生活，课堂互动真实有效，学生参与热情高，身与心、知与情都动员起来参与学习活动。

（点评人：王珏，上海师资培训中心）

微课程 15-1　Shopping list（1）

微课程 15-2　Shopping list（2）

教学关键问题16 如何通过合适的教学活动方式，促进生生之间、师生之间的合作？

教学关键问题提出

《课程标准（2011 年版）》明确提出义务教育阶段英语课程的总目标是：通过英语学习使学生形成初步的综合语言运用能力，促进心智发展，提高综合人文素养。即学生初步形成用英语与他人交流的能力，形成积极向上的情感态度，乐于与他人合作，养成和谐健康的品格。

但是目前的课堂教学，仍然缺乏“合作”，存在着以下问题。第一，课堂上仍然以教师的讲为主，即使有沟通也往往多数是从教师到学生的单向沟通，学生之间缺乏必要的合作。第二，在很多小组合作活动中，经常会看到一些主动性不强的学生，总是处于旁观者的角色，没有真正地参与合作。存在着“有小组，无合作”或者“合作低效”的情况。第三，课堂上有很多教学活动，看似热闹活跃，人人在合作，但存在合作无意义的现象。第四，在教学活动中，有的教师自身没有参与学生的小组合作活动，当学生在活动的时候，自己漫无目的地站在一旁，充当旁观者。

教学关键问题分析

（一）问题成因分析

目前的课堂教学，存在以上这些问题的原因主要是：第一，课堂教学仍然是以知识的传递为主导，缺乏合作意识；第二，很多的“合作”是“假合作”，只是表面上采用了合作的形式；第三，活动的设计脱离教学目标，思维含金量较低，学生不合作也一样能完成；第四，教师自身缺乏合作意识，没有认识到师生之间也应该有必要的合作。

（二）关键词概念界定

“合作”是指个人与个人、群体与群体之间为达到共同目的，彼此相互配合的一种联合行动、方式。

而课堂中的“合作”，就是在一个学习共同体中，所有成员间为实现学习目标的联合活动。传统课堂也存在合作，但常常是教师对学生的单向沟通与帮助，本关键问题提出的“合作”，更多的是在教师的组织、帮助、引导之下的学生之间的合作。这其中既有生生之间的合作，也有师生之间的合作。

教学关键问题解决

那么，如何通过合适的教学活动方式，促进生生之间，师生之间的合作，以便学生在走入社会之后，更好地适应多元化的社会，为终身学习奠定基础呢?

首先在理念上要从以教师为中心的教学模式转变为以学生为中心的教学模式。其次，所采用的教学活动方式，必须强调学生的参与和体验，尽可能多地为学生创设在真实语境中运用语言的机会，通过合适的教学活动方式，如活动、表演、任务等，促进生生之间、师生之间的合作。

(一) 通过活动的方式，营造良好氛围，培养合作精神

小学阶段的学生年龄小又活泼好动，在课堂教学中采用活动的教学方式，能自然地促使学生之间的合作。例如，让学生背诵学过的课文，教师可以把背诵变成一次演讲活动，这样不仅能激发学生积极参与的热情，还能请全班学生做评委给予点评，在反馈中实现合作，在合作中共同学习。常见的活动方式有：游戏、头脑风暴、演讲、手工活动等。

1. 通过游戏活动，培养合作精神

英语课堂的活动，特别是游戏活动，往往是以两人结对或者小组形式展开的，一旦学生参与到游戏中就不得不与他人合作，这其中既有生生之间的，也有师生之间的合作。而且相当多的活动是需要多人合作才能完成的，此时学生的团队合作精神就成为游戏能否顺利实施的关键。通过活动，学生之间的配合逐渐默契，自然而然地培养了合作精神。

2. 通过手工活动，增进交流合作

活动还为学生提供了更大的空间和自由度，当学生参与活动时，心情愉悦，学习氛围变得宽松自在，在这样的环境下，学生更愿意与同伴合作，语言学习更为有效。例如，一些常常被教师们忽略的手工活动，其实学生们非常喜欢手工活动，而且做手工的过程中，往往是学生合作的好时机。

《牛津英语（三年级起点）》（上海教育出版社）中就有 Make and say 的手工活动版块，如四年级上册 Module 4 The world around us Unit 12 Weather 这一单元中的 Make and say 版块就是让学生制作关于 Weather 主题的旋转陀螺，通过两人之间或小组之间玩陀螺，练习关于天气的问答，进行合作学习。其实，如若教师指导得当，在制作陀螺的过程中就可以实现生生合作，教师可以每组只发一套彩色笔、一把剪刀，这样，学生在做手工的过程中，就不得不使用 Give me…, please. Can I use…? What colour do you need? Red/Green/…这些曾经学过的语言向对方索取自己需要的物品。这就是在真实的语境中，为学生创造了使用语言来交流的机会，同时在交流的过程

中培养了合作精神。

3. 围绕教学目标，开展有效活动

当然，英语课堂的活动，不应该是单纯为了好玩和热闹而设计的，而是要围绕教学目标，能把英语知识与综合语言运用能力融合在一起，能够寓英语学习于活动之中。比如上述提到的制作陀螺的活动，这不是为了做手工而做手工，是为了最终实现关于本单元所学的 Weather 这一话题的语言运用，采用的教学活动方式始终是为了实现教学目标而进行的。

（二）通过表演的方式，提高学习效果，提升合作能力

《课程标准（2011 年版）》提出要注重语言实践，各种语言知识的呈现和学习都应从语言使用的角度出发，为提升学生"用英语做事"的能力服务。表演的教学活动方式正是以交际为目的，让学生在真实的情境中运用语言，并为学生提供展示学习成果的机会。通过表演能有效提高学生的语用能力与合作能力，并能使学生在表演展示中感受成功，体验学习的乐趣。表演的教学活动方式具体有课本剧表演、短剧表演、角色扮演、儿歌和歌曲演唱、木偶剧表演等。

1. 通过歌曲表演，实现合作

人天生具有表演的欲望和需求，加上小学生好动的天性，使得他们尤其喜欢表演。他们喜欢为其他同学表演故事、歌曲和短剧。瑞士心理学家皮亚杰及其同事通过实验证实小学生的学习是通过动作来进行的。因此，当我们将儿歌、歌曲、故事等学习内容配上动作，融合入肢体语言，采用表演的方式来教学时，学习效果会极大地提高。

例如，《英语 PEP（三年级起点）》三年级上册（人民教育出版社）的 Unit 3 Look at me 这一单元是关于身体部位知识的学习，其中 Let's sing 版块，是一首关于身体部位的歌曲 *Head, shoulders, knees and toes*，在教这首歌曲时，教师都会采用歌曲表演的教学活动方式，配上相应的动作，帮助学生理解记忆这些身体部位的单词。这首歌曲的表演，可以采用多种方式进行，教师唱，学生演；学生唱，教师演；同桌或小组内，一起唱一起演；小组内，一个唱，其余演等。

通过这样的教学活动方式，学生不仅能牢牢掌握关于身体部位的语言知识，还能促进师生之间、生生之间的合作。

2. 合理组织表演，人人参与合作

课堂上的表演通常会以两人合作或是小组合作的方式开展，教师可以将课文内容改编成课本剧或是短剧，当然根据课时关系，也可以挑选具有多个角色的对话课文、故事文本给学生进行角色扮演。

例如，《英语 PEP（三年级起点）》四年级下册（人民教育出版社）的 Unit 6 Shopping 这一单元中 A 版块和 B 版块的 Let's talk 部分，都非常适合采用角色扮演的教学活动方式。学生可以通过扮演售货员、John 和妈妈，运用所学的关于购物的语言知识，

表演在商店试穿鞋子的课文。

学生三人一组，从分配角色开始，就已经在进行合作了。教师在分组的时候，也要参与合作，注意不要让某个学生落单，要保障每个学生都参与，还要观察各个小组之间的水平是否均衡，尽量做到“组内异质，组间同质”，即小组内三人的能力有区分，强弱搭配有互补，但是小组与小组之间的能力最好不相上下，这样能保持表演水平的均衡，使学生较容易获得成功的体验。在进行角色扮演的过程中，学生会进一步合作，每个人不仅要记住自己的角色和台词，还要记住同伴的部分，要明确何时轮到自己说话，更要明确当同伴在说话时，自己应该做什么动作，只有通过全体组员的通力合作，才能保证表演的顺利进行。因此，学生的合作能力通过表演将得到很好的提升。

3. 合作表演展示，提高学习效果

因为在表演的展示过程中会有观众，表演的教学活动方式能有效地提高教学效果。一方面，观众的存在会促使表演者格外注意自己的语言，以及所要表达的信息的准确性和有效性。当学生要表演一个课本剧时，为了要在全班面前有精彩的演出，他们会付出加倍的努力，对于课文内容要做到不仅仅是正确朗读，还要有优美的语音语调，更要将内容烂熟于心。表演至少要先背诵下来，而表演的要求和效果又高于背诵。另一方面，当一部分学生在表演时，其余学生就是最好的观众，对于这部分观众而言，他们又获得了一次基于理解沟通的听的体验，这就是生生之间的合作学习。倘若在小组表演展示之后，教师能指导观众进行互动点评，给出反馈，那就能通过师生合作，进一步促进生生合作、师生合作，提高学习效果。

（三）通过任务的方式，实现信息交流，合作完成任务

任务是那些主要以表达意义为目的的语言运用活动。通过任务的教学活动方式，教师创设尽可能接近真实的语境，指导学生通过感知、体验、参与、合作等方式，在“做事情”的过程中，完成任务目标，从而提高综合语言运用能力。

英语教学中的任务，大多以小组活动的形式进行，通过讨论、合作共同解决问题。学生们通过相互支持，共同完成任务，养成了团结合作的精神，体会到了共同分享成果的快乐。在英语学习中，通过具体任务实施的合作学习，是一种学生与学生之间面对面的互动性交流合作，能促进学生之间的有效沟通，帮助学生学会与他人合作。英语课堂上任务的教学活动方式，能充分发挥人际交往中的合作意识，让学生在合作中学会学习，在学习中学会合作。通常，任务可分为简单任务和复杂任务，或真实任务（如预订飞机票、写信、在地图上找目的地、查找电话号码、收听天气预报等）和学习型任务（如拼图任务、信息沟活动、解决问题的任务、决策任务、交流意见任务等）。

1. 在任务过程中的合作

教师可以依据教材的内容，结合学生实际生活和经验，采用“做调查”的任务形

式。学生们非常喜欢做调查，在做调查时，学生以个人、小组为单位，带着明确的目的，运用所学的语言与同学交流信息，进行有真实意义的合作，完成调查任务，汇报调查结果。

例如，《英语 PEP（三年级起点）》五年级上册（人民教育出版社）的 Unit 3 What would you like？这一单元的核心语言是 What would you like？What's your favourite food？I'd like… 如果在课上让学生两人一组相互问答 What would you like？I'd like…，那就只是单纯的机械的句型操练。教师可以设计一个任务，告诉学生要为周末的派对准备餐点，需要准备哪些食物呢？那就要先在小组中进行调查，记录下每个同学的喜好。所以要开展调查任务："What would you like for the party?"

学生一个人是无法进行调查的，要完成调查任务，必须与他人合作。在调查任务中，当学生使用 What would you like？这一句型时，就不再是机械操练了，而是带着真实交流意义的语言实践活动，学生使用目标语言是为了获取、交流信息。同时在完成任务的过程中，学生掌握了目标语言，口语能力、听力能力、写作能力都得到了发展，同时还学会了人际交往，综合语用能力和合作精神都得到了培养。

2. 任务后的展示合作

完成任务的过程能很好地促进生生之间的合作。其实任务后的展示阶段，也能达到同样良好的效果。

例如，《英语 PEP（三年级起点）》六年级上册（人民教育出版社）的 Unit 5 What does he do？这一单元是关于职业的介绍，以及用 I'm going to be…表达自己期望的未来职业。根据教材内容和高年级学生的年龄特点，教师可以设计制作职业海报并评选"我最爱的梦想职业"的任务。全班分成不同的小组，每个小组合作制作一份介绍某一职业的海报，并将海报张贴在教室里。

在任务后的展示阶段，各小组经交流讨论，选派一名代表介绍本组的海报，即用本单元所学的目标语言来介绍具体的职业内容。当小组代表在介绍的时候，其他同学就是听众，学生在听的时候，就产生了第一层次的生生之间的合作。接下来，更重要的是师生之间的合作。教师要适时地给予引导和支持，告诉学生认真听，因为稍后要选出自己最爱的梦想职业并说出理由。最后在评价反馈阶段，当每个学生畅谈自己最爱的梦想职业时，教师要参与其中，和学生一起畅谈，通过评价和点拨，实现第二层次的师生之间的合作，并反过来进一步促进生生之间的合作。

3. 教师在任务中的角色定位

在任务过程中，教师要清楚自己的角色定位，不能无所事事地站在一旁，充当旁观者。教师也是合作者，教师通过巡视、倾听、观察能及时得到有关学生学习情况的信息，并通过和学生的合作，帮助学生更好地开展活动。

范例导读

案例

My dream jobs

教　材：《牛津英语（三年级起点）》五年级上册（上海教育出版社）

Module 1 Unit 1 My future Period 2

设计者：吴旻烨，上海市宝山区第二中心小学

（一）案例说明

《课程标准（2011 年版）》提出义务教育阶段，学生应初步形成用英语与他人交流的能力，形成积极向上的情感态度，乐于与他人合作，养成和谐健康的品格。那么如何通过合适的教学活动方式，促进生生之间、师生之间的合作呢？本案例中，教师通过游戏的教学活动方式，使生生之间、师生之间实现了基于目标的、有意义的交流，在达成教学目标的同时培养了合作精神。

本案例的教学内容，选自《牛津英语（三年级起点）》五年级上册（上海教育出版社）Module 1 Unit 1 My future，本单元共四课时，本节课是第二课时，通过第一课时的学习，学生已经学习了目标单词 cook，pilot，taxi driver。对于目标句型 What do you want to be? I want to be...已经有了初步的感知。本节课要在第一课时的基础上思考自己将来想从事什么职业，谈论自己的 dream job。这也考虑到学生的年龄特点，五年级的学生已经具备了思考未来职业的思维能力，有意识地对未来做出规划，从小树立正确的职业观，也是英语课程育人价值的体现。

（二）教学目标

（1）全体学生能根据提示，在梦想职业卡中写出自己的梦想职业和理由，词汇和语法基本正确，意思清楚。并能用 What do you want to be? I want to be... 的句型，在游戏中和同伴合作交流自己的梦想职业，表达较为流利，意思较为清楚，语言基本正确。通过合作，学生能用第三人称单数的形式讲述他人的梦想职业，语音语调基本正确，语言和内容基本正确。

（2）了解每个人应当要有梦想职业，丰富自己对未来职业的设想。

（三）设计思路

为了让学生在真实的语境中，能就梦想职业这一话题进行合作交流，提升综合语言运用能力，本节课的最后采用了游戏的教学活动方式。

在学生学习了文本内容和相关的目标语言知识以后，教师安排了“活动角”的游戏。在教室的各个活动角落放一些有关职业的代表性物品或卡片，如厨师帽（cook）、小飞机（pilot）、小汽车（taxi driver）等，这些职业都是这一单元的目标词汇，留有一个角落只张贴一张白纸，允许学生选择书本上没有的职业。然后请学生环顾各个活动角，思考自己的梦想职业是什么，填写自己的梦想职业卡片，接着拿着自己的梦想职业卡片走到相应的活动角区域。教师告诉学生要在活动角里找一位同伴，和同伴交流自己的梦想职业，当两人交流完后举手。然后，教师请学生找另一位同伴，先和新同伴交流自己的梦想职业，再告诉新同伴刚才那位同学的梦想职业是什么和为什么。

通过游戏的教学活动方式，学生获得了充分的交流合作的机会，从师生间单向的沟通变为师生之间、生生之间的合作。在向新同伴转述旧同伴的梦想职业时，练习了第三人称单数的表达，解决了本课时的难点。在游戏中，通过一次次的合作，生生之间产生了新的思维碰撞，丰富了对自己梦想职业的理解和表达。

（四）教学流程

这节课教学流程如图 16-1 所示。

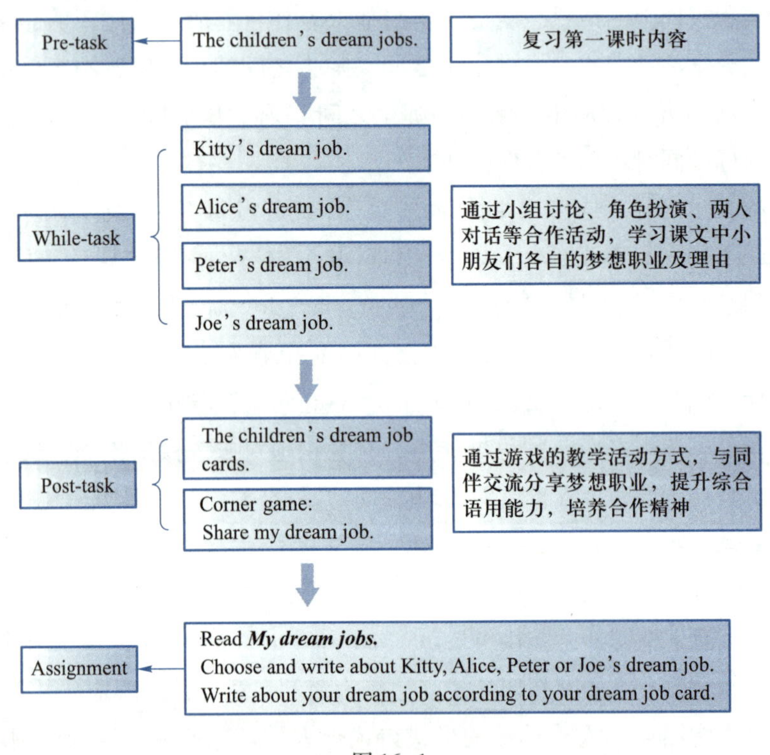

图 16-1

【教学评析】

本节课在整个 While-task 环节，采用了大量合作学习的教学活动方式，有同桌合作角色扮演，小组合作讨论等，通过这些教学活动方式，学生使用语言的机会获得了成倍的增加。在扎实地推进语言学习的同时，又促使了生生之间的合作。

最后的游戏活动，让学生在一次次的同伴轮换交流过程中，实现了真正的合作学习，从同伴对梦想职业的表述中，获取新的信息，补充丰满自己的思考和表达。这时，学生的知识是从同伴身上“习得”的，是在合作中“生成”的，这比单纯地从教师那儿“学得”要更加具有价值。生生合作，让学生之间产生了交流，师生合作，又促进了教师对学生的支持。本节课教学活动方式丰富，且所有的教学活动都紧紧围绕着教学目标展开，学生在学习语言的同时，培养了合作精神。

（点评人：王珏，上海市师资培训中心）

微课程 16-1　My dream jobs（1）

微课程 16-2　My dream jobs（2）

教学关键问题 17　如何在教与学的过程中给学生提供体验中外语言文化的机会，感受差异？

教学关键问题提出

掌握一种语言并不仅限于学习语言本身，在语言学习中，目标语的文化知识不但是培养交际能力的重要方面，而且其本身也是教育的内容之一。《课程标准（2011 年版）》在前言的“课程性质”中指出：“基础教育阶段英语课程的任务其中重要一项就是：帮助学生了解世界和中西方文化的差异。”

在小学英语教学阶段，教师往往偏重于对学生进行语言知识和语言技能的传授和训练，忽视通过发现和发掘现行教材中显性和隐性的文化元素，提供给学生自主体验和实践的机会，走进或了解中西方文化，并感受差异。

教学关键问题分析

《课程标准（2011 年版）》在“内容标准”的“情感态度”方面建议：“教师应在教学中，不断激发并强化学生的学习兴趣，并引导他们逐渐将兴趣转化为稳定的学习动机，以使他们树立自信心，锻炼克服困难的意志，认识自己学习的优势与不足，乐于和他人合作，养成和谐和健康向上的品格。通过英语课程，增强祖国意识，拓展国际视野。”

教师在课堂教学中，可以借助具体语言知识（包括词汇，对话等）和语言技能（包括日常人际交往等）的教学，帮助学生不仅掌握语音、词汇、语法的使用，而且还能知道使用这种语言的人如何看待事物，如何观察世界，如何用他们的语言来反映他们社会的思想、习惯、行为等；与此同时，学生通过参与语言实践活动，在巩固和提高综合语言运用能力的基础上，也进一步体验了本国及世界各个国家和地区，特别是英语国家的风土人情，文化面貌。这样的一种“教与学”并行的策略，能较好地提供并拓宽学生体验中外语言文化、感受差异的途径和渠道，有利于实现“跨文化交际”的目的。

教学关键问题解决

《课程标准（2011 年版）》在“实施建议”的“教学建议”中，针对“如何培养学生的跨文化意识，发展跨文化交际能力?”这一问题，对于教师的教给出了较为明确的指导，即：“应结合教学内容，引导学生关注语言和语用中的文化因素，了解中外文化的异同，逐步增强学生对英语文化的理解力，为开展跨文化交流做准备；应根据学生的语言水平、认知能力和生活经验，创设尽可能真实的跨文化交际情境，让学生在体验跨文化交际的过程中，逐步形成跨文化交际的能力。”在日常课堂教学中，教师可以着力从以下几方面进行实践。

（一）从生活出发，引导学生初步感受文化差异

发展跨文化交际能力，是英语教学的最终目的。因此，教师结合日常生活，引导学生感受各个国家和民族的文化背景差异，有助其迈开发展跨文化交际能力的第一步。而这种差异可以体现在生活中人际交流的各个方面。

1. 日常谈话

东西方各种称呼的差异、打招呼用语的差异、祝贺和赞扬的差异，都反映出不同国家不同民族的文化差异。在课堂教学中，通过以上一项或多项的对比，引导学生感受和认识这些差异，能在一定程度上提高其对文化差异的敏感性和适应性，从而为其恰当运用语言打下基础。教师除了要对相关表达的文化背景进行解释，还要同母语进行适当的比较，以帮助学生初步掌握正确使用目标语的方法。

（1）各种称呼

例如，中国人称呼别人，通常情况下要根据对方年龄、身份、社会关系、职位等，称“某某先生，某某老师，某某经理”等；而英语国家（特别是美国）的人常常就直呼其姓名，如：Kitty，Sam 等，只有少数职业或职务可用于称呼，如：Doctor Anderson。

（2）打招呼和道别

例如，中国人见面寒暄，为表示热情，喜欢用“吃过饭了吗”或是“你去哪里呀”打招呼；而英语国家的人如遇这样的情形，会觉得这些事情纯属个人问题，与你无关，他们打招呼就是简单地说：Hello！Hi！Morning！

2. 社会关系

在用汉语和英语与不同文化背景的人进行交流时，表示亲属或社会关系的词语往往在彼此理解对方的意思方面会造成一定的障碍和困难，教师可以采用图表等的方式来解释和比较。

例如，家庭成员（部分）

汉　语	英　语
祖父（母）	grandfather（grandmother）
外祖父（母）	
父亲	father
母亲	mother

汉　语	英　语
兄（姐）	brother（sister）
弟（妹）	
伯父	uncle
叔父	
姑父	
舅父	
姨父	
姐夫	brother－in－law
妹夫	
其他	

3. 社交礼仪

使用汉语的人群和使用英语的人群在社会交往的不同情境，如请求帮助、表示歉意等中会使用相同的身心反应和相近的表达方式，但仍然存在着一定的差异。教师可以采用场景再现和角色扮演的方式，给予学生感受和认识这种差异的机会。

例如，中国人在请求别人帮个小忙的前后，不常用类似“请”或是“谢谢你”等的固定说法，特别是对亲属和熟人；而英语国家的人使用“Thank you”或是“Excuse me”等的频率很高。

（二）从教材出发，帮助学生逐步梳理文化差异

现行小学英语教材，无论在编写框架、主题设计、还是内容选择上，大多较为关注语言知识和文化融合的良性互动，这在一定程度上帮助教师更便捷也更有效地引领学生逐步了解和掌握中西方文化差异，从而为培养其跨文化交际能力迈开坚实的一步。

以《牛津英语（三年级起点）》（上海教育出版社）为例，各册教材中都设置了2～5个Culture corner版块，配合单元主题，简单明了又富有情趣地展示了中西方在历史、节日、建筑、文化、体育、生活等方面的差异，成为教师教学的重点内容之一，也成了学生乐于学习和分享的内容之一。

例如，该教材五年级下册Unit 4 Reading is fun中的Culture corner着重介绍了英美两国关于“一楼”在表达上的不同用法，教师也可以鼓励学生调用生活体验，回忆生活中各个公共场合以及居家中有关这一表达的视听资源。

再以《英语（三年级起点）》（外语教学与研究出版社）为例，各册教材关注时代变迁、社会发展，同时结合教学进度，适时地在编写中加入了相当数量的中西方文化差异的内容，从而保证了学生在学习常规时间内感受和了解该项内容的频率。

例如，该教材四年级上册Module 10 Unit 1和Unit 2分别以Spring Festival与Christmas 这两个中西方最盛大节日为主题。教师可创设相应节日氛围，鼓励学生以动态参与的方式，去更为全面地了解和感受这两个节日在背景、意义、习俗等诸方面的异同，极大程度上激起了学生热爱祖国文化，拓展国际视野的欲望。

（三）从知识出发，指导学生系统了解文化差异

1. 词汇教学中的文化差异指导

文化差异对语言的影响首先体现在词汇上，词汇是文化信息的承载体。在日常教学中，教师可以指导学生根据学习内容熟悉一些词汇的内涵和外延，掌握其不同的文化内涵。

例如，一星期各天的名称由来：

Tuesday 来自古斯堪的纳维亚战神铁尔（Tyr）的名字。

Wednesday 来自盎格鲁撒克逊神话中最有威力的神伍顿（Woden）的名字。

Thursday 来自古斯堪的纳维亚雷神索尔（Thor）的名字。

Friday 来自于音乐女神福利亚（Freya）的名字。

Saturday 来自罗马农业之神萨托恩（Saturn）的名字。

2. 对话教学中的文化差异指导

中国学生在与英语的人展开对话时，往往难以摆脱汉语的干扰，用汉语的思维来回答。即使他们对有些固定的表达方式或习惯用语了如指掌，但在真正使用时，仍然会出现一些错误。教师应当在教学中利用对话涉及的主题和功能，先予以背景及常用表达的说明和指导，并通过多频率、多范围的操练，帮助学生了解差异，形成正确的话语表达。

例如，某位学生穿了一双时尚的运动鞋，教师适时地对他说："Your sneakers are very cool." 并告诉学生对于别人衷心的赞美和欣赏，我们可以回应 Thank you so much. 大方地接受。

（四）从活动出发，鼓励学生乐于探究文化差异

1. 课内活动

课堂内教师可以结合教学主题和教学内容，通过创设接近实际生活的各种语境，设计和采用循序渐进的语言实践活动，培养学生主动对中西方文化差异探究的积极性，从而帮助学生在形成跨文化交际能力上迈开重要的新一步。

例如，《英语（三年级起点）》六年级上册（外语教学与研究出版社）Module 3 Unit 1 Collecting stamps is my hobby 主要是关于各个国家邮票的介绍，教师可以在教学前组织学生把家中收藏的各个国家的邮票选择部分，在了解相关背景（包括国家、票面内容、面值等）的前提下，在课堂内进行一个小型的"小邮票，大世界"的 Stamp Show，在展示和分享的过程中，锻炼了学生的语言表达，同时加深了学生对中西方文化的进一步了解。

2. 课外活动

《课程标准（2011 年版）》在第四部分“实施建议”的“一、教学建议”中指出：“英语课外活动是学生英语学习的重要组成部分，能为学生的语言实践和自主学习提供更大的平台。课外活动要有助于激发和提升学生学习英语的兴趣、丰富语感、开阔视野、增长知识、发展智力和塑造性格。”教师可以结合小学生的年龄特征和学习特点，着重引导和鼓励学生在生活中自主参与多样化的语言实践活动，不断积累和增长与英语国家的人交往的真实经历和能力储备，进一步激发其对世界各国的文化背景、社会习俗、人文风貌的追求热情。

例如，通过有关渠道，鼓励学生与同龄的英语国家学生建立书信或是电子邮件联系，增进了解，巩固友情。并在不断交往的过程中，更近距离地感受中西方文化差异。

《课程标准（2011 年版）》在第四部分“实施建议”的“教学建议”的第三小点中还提到了：“在义务教育阶段，学生逐步形成有效的学习策略对于提高学习效果是十分重要的。”而体现学生的主体地位，教师应充分发挥学生在学习过程中的主动性和积极性，激发学生的学习兴趣，营造宽松、和谐的学习气氛。对于“体验中西方文化，感受差异”这一问题，在学生的学这一方面，可以进行以下实践：

（五）增强主体意识，生成主动体验的动力

在课堂教学中，教师要帮助学生树立“以我为主”的积极心理因素，让他们逐渐意识到自己才是学习的主体；同时，让每位学生始终保持英语学习的主动状态，包括：主动观察、主动思维、主动做事，使教学全程成为学生主动发展和提高的过程。

例如，《英语（三年级起点）》四年级上册（外语教学与研究出版社）Module 9 Unit 1 Are you going to run on sports day？主要内容是引导学生利用核心句式：be going to do...来表示参与运动会的具体项目。在教学中，教师可以广泛征集学生的需求和爱好，创设一个 Mini Sports Day 的情境，模拟设置类似“立定跳远”“迎面接球”“桌面乒乓”等小型有趣的运动项目，在课堂上让学生表达个人爱好，了解运动知识，参与竞技活动。这样的安排来自学生的意愿，他们自然会产生学习的欲望。

（六）感受和谐关系，形成积极体验的意识

和谐的师生关系在很大程度上能调动学生学习的积极性和主动性。在教育教学过程中，教师既要在日常教学过程中，充分彰显宽松、民主的教学风气，还要针对每个学生不同的情况给予有针对性的帮助，使学生感受到教师的关怀，从而积极地参与到教师结合教学主题或内容所创设的相关语境中，了解中西方文化，感受差异。

例如，每一堂课的座位安排可以根据具体教学内容，进行适时的变化，便于师生在课堂内轻松地展开教与学的活动。具体可以尝试如图 17-1 所示的座位安排。

（七）激发持续兴趣，内化乐于体验的品质

兴趣是一种积极的认识倾向，是一种复杂的个性品质。要推动学生去探求新的知识、发展新的能力，就必须使其获得持久的兴趣，保持其学习的可发展性。情境的创

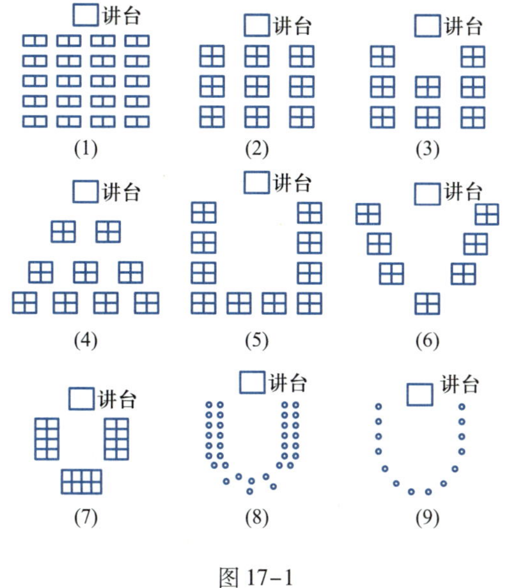

图 17-1

设，多媒体技术的辅助，竞赛、展示等形式的采用，能引发学生的兴趣，激发求知欲，促使学生全身心地投入到教学活动中。同时，要想使学生获得持久的兴趣，有效的评价机制也不可或缺。

例如，利用教材内的素材和教师及学生自行搜集整理的资源，每个星期学唱一首英语歌曲是非常受欢迎也是对语言及文化体验很有效的做法。例如，*London Bridge*，*My Bonnie*，*Country Road* 等就是可供不同年级学生选择的曲目，而教师对于歌曲主题、相关背景的介绍更能起到对“体验中西方文化”画龙点睛的作用。

范例导读

案例

The biggest festival in China

教　材：《牛津英语（全国版）》五年级下册（上海教育出版社）
Module 4 Things we enjoy Unit 11 Chinese festivals Period 1

设计者：武颖，上海市虹口区红旗小学

（一）案例说明

本节课选自《牛津英语（全国版）》五年级下册（上海教育出版社）Module 4。模块的教学主题是 Things we enjoy，包含三个教学单元，其中本案例所选取的是第二单元 Chinese festivals，内容包含各类中国传统的节日（the Spring Festival，the Mid-autumn Festival，the Double Ninth Festival）以及这些节日涉及的衣、食、住、行之主要习俗等，

处处渗透了中国的传统文化和悠久历史。教学侧重于中国节日文化的传达（教师的教）和对其的认知与体验（学生的学）。

本单元按照学习内容和板块设计，可以尝试通过三个课时完成，帮助学生不断积累语言知识，切实了解和体验祖国文化，并形成一定的语用能力。课时划分如表 17-1 所示。

表 17-1

课时话题	板块分布	主要学习目标
1. The biggest festival in China	Listen and say	通过听说和阅读文本，感受和了解中国最大节日"春节"的日期和习俗
2. My favourite Chinese festival	Look and learn Ask and answer Think and write	通过多媒体演示和图表对比，体验更多中国传统节日的风貌，初步形成能表达喜爱理由的能力
3. Spring Festival and Christmas	Read a story Culture corner	通过故事阅读和信息分享，认知和感受中西方两大重要节日"春节"和"圣诞节"的文化差异

（二）教学目标

本课时作为第二单元的第一教时，设定如下教学目标：

（1）通过情境带动，能了解并操练有关春节习俗活动的动词词组。例如：have a big dinner，eat fish and dumplings，visit their friends and relatives，get red packets，watch fireworks.

（2）通过情境带动，能把春节期间中国人常做的事情向他人介绍。例如：People visit their friends and relatives on the Spring Festival.

（3）通过教师引导，能主动了解春节前后自身与身边人的节庆活动。

（4）通过情境带动，能认知和体验"中国人最盛大节日"的欢乐与魅力。

（三）设计思路

这是一节阅读类型的新授课。针对"如何在教与学的过程中给学生提供体验中外语言文化的机会，感受差异"这一关键问题的思考，结合本课话题，教师调整了单元内各板块的学习顺序和搭配；结合预设教学目标，对教材提供的阅读材料做了一定的整合；结合学生生活实际，设计了让学生看一看、听一听、说一说、想一想、议一议、演一演的动态学习链，较为有效地引导和组织学生体验祖国节日文化。具体设计思路为：

（1）利用生活体验，激发学生回忆和参与，进行语言知识的传授。

（2）利用多媒体技术，帮助学生认知和了解，进行文化元素的输入。

（3）利用师生和生生互动，鼓励学生展示和分享，进行语用的体验。

（四）教学流程

本节课教学流程如图 17-2 所示。

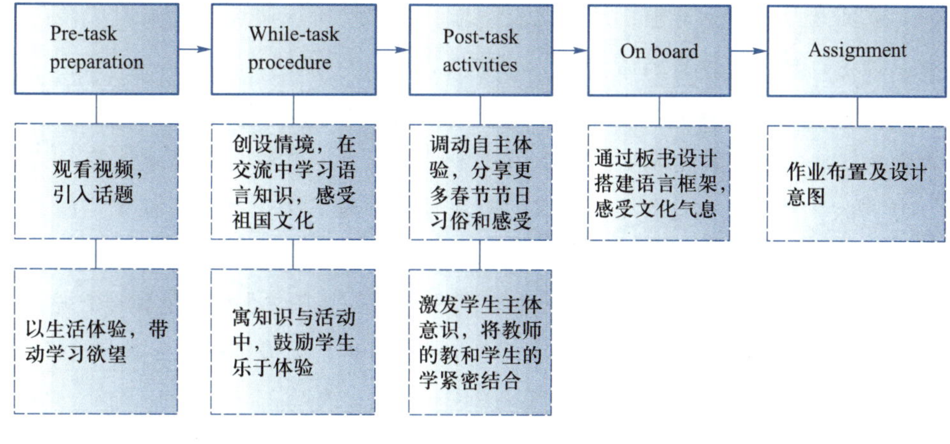

图 17-2

【教学评析】

《课程标准（2011 年版）》在第三部分“分级标准”中的“文化意识”中指出：“语言有丰富的文化内涵。在学习英语的过程中，接触和了解外国文化有益于对英语的理解和使用，有益于加深对中华民族优秀传统文化的认识与热爱，有益于接受属于全人类先进文化的熏陶，有益于培养国际意识。在教学中，教师应根据学生的年龄特点和认知能力，逐步扩展文化知识的内容和范围。”这些表述明确地告诉了广大英语教师在日常的教学中应充分认识到“语言学习与文化学习互动”的重要性。

以本节课为例，这是一节阅读类型的新授课，教师除了在设计和实施时考虑了“单元整体教学的特点”，以及“学生语用能力的培养”两个要素外，也将“引领学生体验本国文化”放在十分重要的位置。具体分析，主要有以下特点：

1. 基于教材，指向目标

教师根据单元主题，确定了单课话题，整个设计紧扣 Spring Festival 这一话题，围绕学生看到的、听到的、想到的一系列素材为语境推进；以输入、模仿、理解、操练、初步运用等链条化学习，引导学生逐步完成语言积累；通过阅读原文，讨论分享等学习体验，最终帮助学生完成对语言知识和信息的获取、提炼和加工。

2. 基于学生，指向教学

在教学过程中，教师通过知识学习、交际活动、文化体验来帮助学生一步步掌握当堂的语言知识和技能，提高其语言实际运用能力，并在同一过程中陶冶情操、丰富经历、开发思维和提升素养。表现为：

（1）以语段的整体引入和理解带动词、句等语言结构的学习。

（2）学生通过聆听，从学习过节的习俗，到分享自身的经历，在完整的语境中表达连贯的语义，逐渐增强了对中国节日文化的情感。

(3) 核心表达的输入与输出过程比较明晰，在“聆听，阅读”时强调“学”的意义；在“讨论，分享”时更强调“用”的效果。

3. 基于文化，指向体验

大量显性的文化元素使学生在本节课的学习过程中，能较为充分地体验到“语言知识”与“文化意识”彼此作用的意义。教师也就顺理成章地利用多媒体，阅读材料和语言知识本身，结合了学生的实际生活和学习兴趣，鼓励和指导学生沉浸到相应到的语境中，并在参与学习、交流的过程中完成了对本国节日文化的一次体验之旅。

（点评人：祁承辉，上海市虹口区教师进修学院）

微课程 17-1　The biggest festival in China（1）

微课程 17-2　The biggest festival in China（2）

教学关键问题18 如何抓住核心知识，帮助学生积累语言？

教学关键问题提出

教学内容包括教材上提供的语言、内容、图示、练习等资源，教学内容是教师实施语言教学的重要载体，是学生进行语言表达的例文。教师要关注、利用教学内容中承载的语言规则、思想情感等资源，抓住关键，帮助学生积累语言，建构知识，加强运用。

核心，是指事物最关要害的部分，对情况起决定作用的重要因素。核心知识，包括核心词汇、核心句型等，核心知识是教学内容的重点知识、提纲挈领或高度概括。

语言积累是语言运用的前提，即既是语用基础，又是学生转换知识、提升能力的重要环节。没有语言的积累和内化做铺垫，在实践中提升学生语言运用能力就是空中楼阁。英语学习具有明显的渐进性和持续性等特点。语言学习持续时间长，而且需要逐渐积累。

实际教学中，多数教师重视语言知识的传授，偏重于词汇、语法等的教学；忽视将知识转化为技能的过程；忽视学生的语言积累；教学就是上课论课，这些因素导致学生缺乏用合适的语言准确表述的能力，表达少了真情实感，即“表达不交流”；学生缺乏提取语言信息的能力；缺乏将新信息和已有旧知识整合的能力，这些因素不利于学生建构语言知识进而导致语用能力有限。

教学关键问题分析

语用能力在学生大脑内部产生，而不是外部。建构主义的核心思想是：学生通过积极建构学习新知识。他们不只是被动地接收或照搬从教师或课本获得的信息，相反，他们通过理解学习主题并与他们已经具备（或他们认为自己已经具备）的关于该主题的知识联系起来的方式积极思考。只有当学生重新建构和再现新知识，即用自己的语言意译、思索其意思和含义，把它变成自己的东西时，学习才不会成为相对来说毫无意义的、消极的机械背诵活动。

语言学习是一个循序渐进的过程，《课程标准（2011 年版）》课程基本理念提出“充分考虑语言学习的渐进性和持续性”，在“学习策略二级标准”中指出：对所学内容能主动复习和归纳，在词语与相应事物之间建立联想。对所学内容进行主动地、有条理地整理，形成有效的课堂学习策略……强调学习过程，重视语言学习的实践性和应用性。

课堂教学是语言积累的主渠道，因此教师应丰富学生语言积累，找准教师教学和学生学习的突破点，引导学生针对教学内容特点，将文本内容的理解和文本语言的运用有机结合，使语言学习和语言积累相得益彰。即教师教学过程的效用体现在引导学生关注教学内容，抓住核心，帮助学生理解、内化、建构、运用语言。

教学关键问题解决

解决“如何关注教学内容，抓住核心知识，帮助学生积累语言”这一教学关键问题，其切入点在于帮助学生以文本内容和文本语言为载体，寻找关键，认识和把握语言文字的规律，从逻辑、分析、判断等多纬度引导学生思考，关注学生理解、内化知识的学习过程。课程标准强调突出“核心价值、育人能力、学习经历”，其中，学生必要的“学习经历”，要求体现学生从“不会”到“会”，由“懂”到“能”，认识、理解、熟悉、运用的消化吸收过程，从而形成有效的语言训练的策略。

《课程标准（2011 年版）》指出：“学习策略指学生为了有效地学习和使用英语而采取的各种行动和步骤以及指导这些行动和步骤的信念。有效的学习策略可以帮助学生提高学习的质量和效率。”认知策略是指学生为了完成具体学习任务而采取的策略。策略指的是教学中让学生带着任务目标，关注文本语言形式，理解语言文字，积累语言材料。

在实际教学中，教师经常遇到的困难和疑惑如下：

- 如何读懂教材内容？
- 如何抓住核心知识？
- 如何激活学生内部语言？
- 如何确定语言积累的教学点？
- 如何帮助学生从理解语言到内化知识？
- 如何帮助学生将教学内容和语言运用进行转化？

鉴于此，教师可以运用以下策略：基于文本内容，关注语言形式；获取关键信息，提炼话语范式；梳理思维框架，积累内化语言，如图 18-1 所示。

建议教师在开展教学中关注以下策略的使用：

（一）基于文本内容，关注文本语言

文本，就一般意义而言，是按语言规则结合而成的语句组合体，是学生英语表达的拐棍。教材提供的文本材料具有基础性、典型性和文本特征性，包含文本内容和文本语言。这里的文本内容，指向 Content，是生动的、具有一定语境的富有意义的语言材料；文本语言指向的是一种音、形、义结合的符号系统，是概念化的，有规范的语

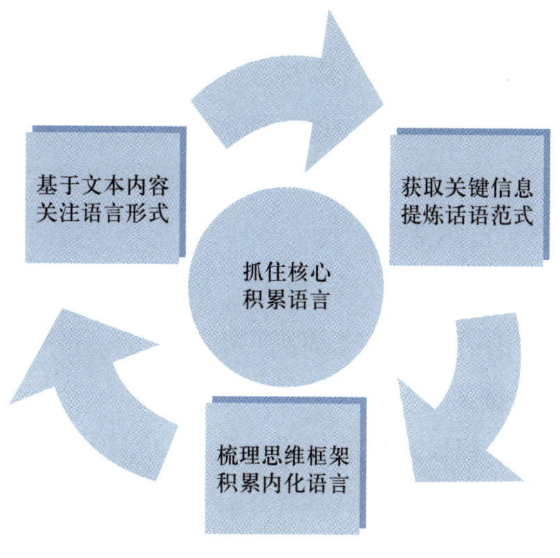

图 18-1 问题解决途径——策略推动

法和严谨的语言结构等，能帮助学生构建丰富的语用知识。

1. 关注基于语言形式的文本内容

教材文本提供的是规范的语言使用范例，又包含着语言材料和语言知识，涉及的主题涵盖了学生真实生活的一部分。教学中可将文本内容的“意”与文本形式的“言”有机结合，既关注语言内容，又聚焦语言形式，创设语境，帮助学生将注意力集中在特定的语言点上，在语言形式上给予学生更多的引导，深化学生对教学文本内容与文本语言的真正理解与体会。

例如，《牛津英语（全国版）》三年级上册（上海教育出版社）Module 2 My family, my friends and me Unit 6 Me Listen and say 中的教材内容是：Look, this is me. I'm thin. My hair is long. My ears are small.

教学中教师往往让学生指着自己的脸部器官进行类似表达：Look, this is me. I'm short. My hair is long. My mouth is big. 学生表达的内容是教材上的文本，但不同的是教材文本有图片语境支撑，而学生在表达时没有任何语境设置，这样的表达是缺乏意义的。《课程标准（2011 年版）》小学（一至五年级）语言能力目标一级中描述：能就个人、家庭、学校等简单话题说话。一方面，教材上有关介绍脸部器官的句型不是作为表达某一语法规则的范例来介绍，而是作为表达某种思想的方法。另一方面，三年级学生语言量小于思维量，因此提供必要的语境支撑，帮助学生真实地表达自己的想法，习得语言表达方式。教师需要既深化学生对文本内容的理解，又加深对语言形式的真正领会。

2. 关注基于语言形式的策略迁移

策略迁移即把学到的策略运用到新的任务中去。教师需要根据文本语言特点与语言形式，采取一定的策略引导学生展开语言剖析，习得语言能力。讲授一种语言的全部目的在于训练学生去说那些在真实的生活环境中通常使用的有意义的话。

引导学生在内化知识前感受所学主题与自己生活的相关性；捕捉运用迁移的练习点，指导学生有效积累语言，沉淀语言素材；寻找教材内容矛盾的冲突点，如抓住故事情节发展过程的矛盾之处，使之成为语言训练的支点等，对课文内容和语言进行有效转化；善于利用图画等非语言信息理解主题等，帮助学生有效使用学习策略。

（二）获取关键信息，提炼话语范式

文本关键信息包括字、词、句、段、语篇、图示等。话语范式指的是话语表达的规范样式，它能为学生提供语言表达的思维框架。

1. 挖掘语言发展的关键要点

学生的学习过程是一个积极建构的过程。而新旧知识的结合与学生有处理和应用新知识的机会都很重要。否则，知识只是处于休眠状态，即只有经过与练习题类似的问题或考试题的提示才能被回忆起来，但在日常生活中却用不上。因此，帮助学生提取语言核心信息，挖掘语言发展的关键要点，把最有价值的语言范式和思维结构整合成语言教学的新认知内容。教师要凸显知识之间的内在联系，揭示教学内容，概括且重点突出，帮助学生启发和记忆，从而建构完整的认知结构。

例如故事教学的目的在培养学生学习英语兴趣的同时，最终是让学生学习语言，即由“懂”——不仅仅是理解整个故事内容和学习相关的单词，到“能”——运用相关语言表达思想的方法的过程。可以引导学生关注教学内容中的核心词汇与句型，整合信息，启发学生有逻辑、有条理地表达。

2. 提炼语言表达的话语范式

课堂教学中，教师容易对语言内容显性的价值进行挖掘，对于语言内容隐含的其他因素缺乏洞察和分析，如语言除了是一种符号形式之外还具备规则与功能，导致语言教学的功能性得不到完全发挥。因此，教师不仅要关注指导学生从文本中寻找关键信息进行概括，更要从语言功能角度出发，帮助学生提炼语言表达的话语范式，如从主题设定的角度出发，关注语言功能、从情境对话中提炼某一话题的话语范式等，凸显教学的主要价值。

例如，《牛津英语（全国版）》四年级上册（上海教育出版社）Module 3 Places and activities Unit 1 Look and learn 中涉及的单词有 school，classroom，library，office，playground 等，教师教学中往往仅关注单词或核心句型 There are/is…只要求学生看到场所说出相关的英语单词和描述相关场所。其实聚焦主题 Places and activities，教材内容最有价值的是为学生提供了介绍场所的功能及活动的语言范式，即能运用词汇和句型描述学校的各个地点的功能以及学生所能做的活动，如 This is the… There are… We can…提炼语言表达的话语范式，对学生积累语言材料、习得语言规律、发展语言能力、加深对文本内容的理解等方面具有独特功能。英语教学是教师引导学生用英语做有意义事情的过程，而不是词汇与语法的巩固。

（三）梳理思维框架，积累内化语言

把理解的语言转化为自己的语言需要一个过程。在这个过程中教师要引导学生进行语言实践，给学生提供思路支架、最佳的体验学习环境、必要的学习经历，帮助学生在实践中加强理解，形成能力。

1. 梳理语言知识框架

提升积累实效，教学可以利用多种途径，指导学生对所积累的内容进行及时梳理、分类储存和记忆。教师可以整理教材范例所包含的思维框架，创建生动的表象，通过关键词、示意图等，按照一定的顺序，勾勒、展示事物之间的内在联系，将抽象的问题直观化，透过这些表象，引导学生思维。

例如，板书可以体现一节课的核心语言结构，帮助学生进行语段提炼，建立完整的认知结构。《牛津英语（全国版）》五年级上册（上海教育出版社）Module 4 The natural world Unit 11 Water Read a story 版块中的 The journey of Little Water Drop，教师为让学生理解水循环现象，借以板书，提取相关信息，用关键词、关键图示，清晰、连贯地呈现小水滴的变化过程，使学生更易接受和理解，增加了故事内容的知识性和科普性，如图 18-2 所示。

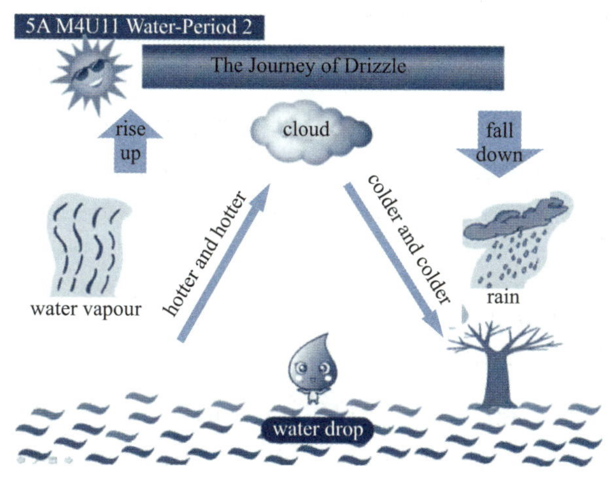

图 18-2　梳理语言知识的框架

2. 突破语言积累难点

语言学习不能仅仅停留在“理解”层面，还指向于语言的表现形式，实现语言由理解转向积累到内化的过程。

教学若没有进行有效地梳理和分类存储，或者要求学生仅背默字、词、句和篇章，对学生而言，达不到积累的最佳效果。在课堂教学的反馈阶段，经常可以看到这样的情境：学生到讲台前交流，由于站的位置的关系，会时不时回头看板书提示，一旦离开了黑板，学生就不会表达。依赖黑板提示凸显了学生的思维能力仅停留在表面信息上的现象，学生只是被动地接受信息，语言能力没有内化，“只理解不记忆”“只记忆

不理解”。教师需要突破语言积累的难点，如创设相似情境的新语境，利用表达方式的迁移性，以微观的无缝衔接，进行有效的语言积累训练。《课程标准（2011 年版）》指出：“使学生养成良好的学习习惯和形成有效的学习策略是英语课程的重要任务之一。教师要有意识地加强对学生学习策略的指导，为他们终身学习奠定基础。”

范例导读

案例

My favourite place

教　材：《牛津英语（全国版）》四年级上册（上海教育出版社）

Module 4 Unit 10 Around my home Period 3

设计者：宋娅，上海市松江区方塔小学

（一）案例分析

本节课选自《牛津英语（全国版）》四年级上册（上海教育出版社）Module 4。本模块的教学主题是：The world around us，分为三个教学单元：Around my home，Shapes 和 Weather，分别从场所、形状和天气描述 The world around us。作为本教材最后一个模块，其目的主要在于巩固加强本册所学主要内容，通过新旧知识的结合，在帮助学生理解主题的同时，激活学生已具备的关于该主题的相关知识，引导学生多方位、多角度观察身边的世界。

本单元主题 Unit 10 Around my home，教学旨在通过描述身边的居住环境，以直观的形式、鲜活的语言呈现 What's in the world around us。教材内容呈现出知识螺旋上升的结构，在前期学习中，学生对描述场所有了一定的语言积累。例如：学生会用 How/What 询问并提取关键知识点；会用 like，can 等句型描述活动；对于 there be 句型也有一定了解。已有语言知识的储备为本节课的学习奠定了良好的基础。此外，在语言学习过程中，学生能够在教师的引导下关注语言内容，将文本内容的理解和文本语言的运用有机结合，捕捉关键信息。因此，本节课通过多种活动方式，进一步引导学生关注语言内容，抓住核心知识点，帮助学生积累语言。

1. 板块内容

本单元的主题为 Around my home，围绕 Jill，Alice 和 Miss Fang 三位人物展开。内容由六部分组成：Listen and say，Look and learn，Do a survey，Draw and say，Look and read，Learn the sounds。其中核心语言学习内容集中在 Listen and say，Look and learn 两个板块，核心板块聚焦了本单元的重点词汇和句型。教学中两个板块的内容始终贯穿于每个单课时的教学，目的就在于以单元整体教学的模式，让学生能够对单元的核心语言点做到从认识、理解到运用。而 Do a survey, Draw and say, Look and read 则属于非核心板块，教学中可以将非核心板块内容融入核心板块内容的学习中，凸显知识间的内在联系，帮助学生建构完整的认知体系。本单元 Learn the sounds 板块主要是介绍字母 u 的发音规则。音标的学习对于帮助学生建立对词汇方面的认知有着至关重要的作用，而教材中喜闻乐见的儿歌形式能更好地阐释相同字母的发音规则，易于记忆，便于区分，符合这个年龄阶段学生的学习特点。

基于对教材内容（语言、图示、练习等文本资源）和学情的分析，本单元的内容整合为三课时，以新同学 Jill 为主线，话题分别为：My new home, My nice neighborhood, My favorite place，如表 18-1 所示。

表 18-1

课时	Period 1	Period 2	Period 3
分话题	My new home	My nice neighborhood	My favourite place
内容重组	Listen and say Look and learn Learn the sounds	Look and learn Do a survey Look and read Learn the sounds	Listen and say Look and learn Look and read Draw and say Learn the sounds

第三课时文本：

文本中涉及的场所名称、方位以及功能均在前两个课时中有所呈现。作为第三课时，教师在巩固核心语言点的同时引导学生关注文本情感，使文本的“意”能通过文本的“言”更清晰地表达，深化学生对于学习主题的理解。

Alice has a new classmate. She is Jill. They are talking about their favourite places.

Jill: I live on Garden Street. Near my home, there is a garden, a post office and many shops. I like Nice Garden very much. It is near my home. There are beautiful flowers, tall trees and a swing. I can smell the flowers. I can play on the swing. Yippee! What a nice place! It is my favorite!

Alice: I live on a busy road. It is Rainbow Road. There is a supermarket, a bakery and a restaurant around my home. My favourite place is Yummy Restaurant. It is behind my home. I can eat nice food at the table. I can taste some snacks. Umm! So yummy! What a great place!

2. 知识点分析

本单元涉及的核心词汇有 home, street, park, supermarket, restaurant, live, old, eat, nice, food, near, behind；核心句型是 Is there a park near your home?

教学设计不能停留在单词或者句型的教学上，而要聚焦在如何运用所学语言知识表述话题 My favourite place 背后所体现的语义。教师在指导学生从文本中寻找关键信息进行概括的同时，更要注重帮助学生提炼语言表达的话语范式，有效地帮助学生积累语言材料，发展语言能力，从而加深对文本内容的理解。

语言的学习是一个循序渐进的过程。本单元通过三课时的设计，帮助学生由浅入深地认识和了解核心语言点，逐步积累语言材料，从而达到熟练运用语言的目的。

第一课时在 Jill's new home 的语境中初步感知核心词汇的音和义，初步理解核心句型 Is there a... near your home? 能借助图片描述居住环境：I live on... Around my home, there is /are...

第二课时在 Jill's new neighbourhood 的语境中进一步熟悉核心词汇的音、形和义，理解词汇 busy 的含义。尝试运用核心句型 Is there a... near your home? 互相询问，提取信息，完成问卷调查，为描述自己或他人的居住环境做铺垫：I live on... Around (my) home, there is /are... It is near/behind...my home. I can... I can...there.

第三课时在 Jill's and Alice's favourite places 的语境中巩固核心词汇的音、形和义，理解词汇 favourite 的含义。熟练运用核心句型 Is there...? 获取场所的详细信息，描述自己最喜欢的场所，体验居住环境给生活增添的乐趣，感受身边的美好：I live on... Around my home, there is /are... My favourite place is... It is near/ behind... There is/are... I can...What a/ an...place!

语言积累是语言运用的前提。通过三课时循序渐进的学习体验，学生的语言积累逐渐变得丰富，学生的表达有了真情实感，在感受了解自己居住环境的过程中，内化语言，从而有逻辑、有条理地描述自己身边的世界和真实的想法。

（二）教学目标

作为本单元的第三教时，设定的教学目标如下：

（1）能在语境中熟练运用本单元的核心词汇 home, street, park, supermarket, restaurant, live, old, eat, nice, food, near, behind。

（2）在语境中熟练运用已学的句型描述场所及其活动和感受：I live on... Around my home, there is/are... My favourite place is... It is near/ behind... There is/are... I can... What a/ an...place!

（3）有感情地朗读文本内容。

（4）在适切的语境中，通过视听、合作学习等形式多样的教学策略，利用提供的学习资源共同完成学习任务。

（5）感受家的美好，表达自己快乐的生活。

（三）设计思路

课堂教学中，教师指导学生从文本中寻找关键信息进行概括，帮助学生提炼语言表达的话语范式。本课的话题是 My favourite place，在教学中，帮助学生理解关键词 place 的“意”，理解的途径包含四个方面，即名称（name）、方位（location）、活动

（activities）以及情感（feelings）。创设语境 Jill and Alice are talking about their favourite places，在语篇学习的过程中为学生提供介绍居住环境的话语结构：I live on… Around my home，there is /are… My favourite place is… It is near/ behind… There is/are… I can… What a/ an…place！学生在学习过程中关注语言，学会积累，逐步建立语言框架。

基于此，教学环节设计如下：

Setp 1. 利用游戏猜一猜地方，回忆复现旧知（name，location），引入话题。

Setp 2. 通过唱一唱、听一听、读一读等多项活动，学习文本内容，关注语言表达，捕捉关键知识点，积累语言素材。

Setp 3. 教师示范，梳理语言框架，内化语言。

Setp 4. 围绕话题，运用所学语言尝试写一写自己的体会和感受。

（四）教学流程

本节课教学流程如图 18-3 所示。

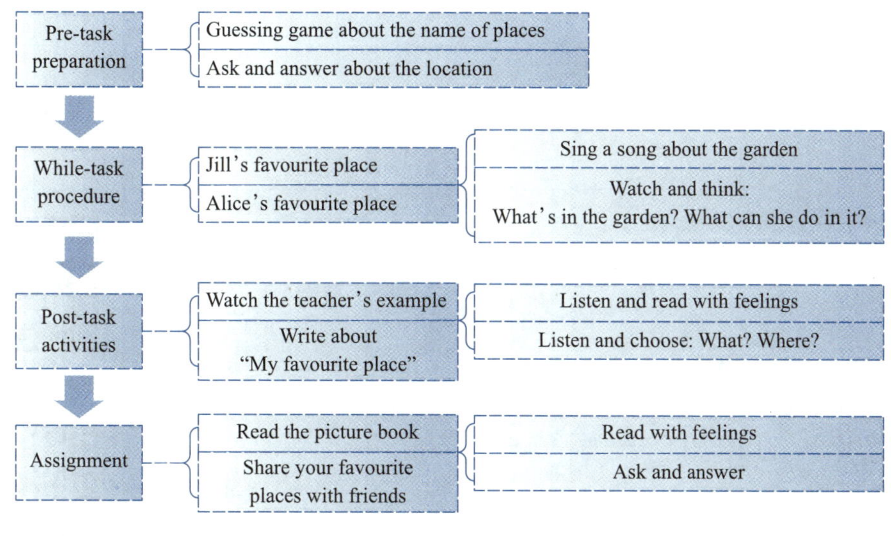

图 18-3

【教学评析】

本课时是《牛津英语（全国版）》四年级上册（上海教育出版社）中 Module 4 Unit 10 Around my home 的第三教时，即 My favourite place，描述家周围最喜欢的地方，感受生活的美好。基于教材，要求学生运用已学知识，逐步积累语言，在新的语境中进一步提升语用能力，促进语言技能“Skill”和能力“Ability”的形成。

1. 关注整体，感悟文本语言

围绕主题 Around my home，教师根据教学内容和要求，进行单元整合，融为一体，将本单元分为三课时。话题分别设定为 My new home，My nice neighborhood，My favourite place，三个话题组相互关联，层层递进。

教师执教的这一单元的第三教时没有新生知识，但本课的教学内容随着课时的逐步推进而使学生语言逐步内化、语言能力逐步提升。单元文本内容、语言、情境融于整体系统中，单课实施较好地体现了文本内容带动语言、文本内容带动学生情感体验的过程。

2. 基于教材，挖掘关键要点

本节课介绍的是“我最喜欢的场所”，描述场所的方位介词认知容易，理解和运用相对较难。教师在教学中注重引导学生从观察图片到立体感知真实具体的生活空间方位，使学生学习和生活紧密结合起来。

教学中关注单元核心词汇如nice、地点和方位介词等的复现和运用，教师将教材原有语言知识点重整之后在新的语境中尝试让学生语用、积累语言。除此，本课的板书设计为学生提供了思维缓冲的平台，帮助学生提取语言关键信息，揭示教学内容，凸显知识之间的内在联系，从而帮助学生建构完整的认知结构。学生能根据板书提供的关键信息，表达自己快乐的生活。

（点评人：朱浦，上海市教委教研室）

微课程 18-1　My favourite place（1）

微课程 18-2　My favourite place（2）

教学关键问题19 如何引导学生对重要知识点进行梳理、提炼和归纳，促进记忆和理解？

教学关键问题提出

在日常的英语课堂教学中，教师教学的关注点都围绕着本课时教学的核心内容展开，通过不同的教学和操练方式强化新授内容，缺乏在课堂教学过程中帮助学生将重要的语言知识点进行适时梳理、提炼和归纳的意识，造成学生所学的知识内容较为凌乱分散，不利于学生对语言知识的理解和记忆，不能有效形成自己的语言知识体系，影响语用输出。

教学关键问题分析

在现有学习环境下，英语课堂是学生习得英语知识的主阵地，教师应在教学全过程中注重对英语知识进行有效整合、复习、梳理和归纳，促进学生对所学新知的理解并帮助学生深度牢记。但在实际教学中，教师更侧重于对单课时新授内容的教学，学生则存在“学得快、忘得快”“会做练习、说不出”等现象。这些问题的根源就在于教师只注重对单一知识点的讲解，缺失了对语言知识的复习、梳理、整合与归纳，导致学生无法将已有知识融会贯通，不能长效记忆，从而降低了学生对英语语言的综合运用能力。

英语的学习过程是听说读写不断提高的过程，提高听说读写的能力在于不断地积累与运用，如何积累相关知识，并在基于对重要知识点的梳理、提炼与归纳的基础上进行运用，是英语教师必须要重视的一个问题。《课程标准（2011 年版）》指出：让学生掌握“有效记忆和使用英语词汇的方法；理解英语句型的结构和语用功能”，能围绕所选择的目标加强英语积累，在积累的过程中注重梳理，通过对英语知识、能力、学习方法和情感、态度、价值观等方面的要素的融汇整合，切实提高英语素养。其中“学习策略二级标准”提出：学生对所学内容能主动复习和归纳，积极运用所学英语进行表达和交流。因此教师在日常教学中帮助学生对所学重要语言知识进行回顾与整理显得尤为重要，教会学生通过复习、提炼与归纳，梳理原来分散的知识，把知识由点串成线、由线构成网，进而加深学生对知识的理解，并使之条理化、系统化，增进持久记忆，培养学生语用能力。

教学关键问题解决

《课程标准（2011 年版）》提出的总目标之一是通过英语学习使学生形成初步的综合语言运用能力。学生综合语言运用能力的形成建立在语言技能、语言知识、情感态度、学习策略和文化意识等方面整体发展的基础之上。基于此，教师要结合小学生的记忆特点，帮助学生通过多途径理解学习内容；搭好新旧知识的桥梁，帮助学生理解重点新知识；并通过指导学生把所学知识进行系统的整理归纳、对比、梳理，使零落分散的知识系统化，使容易模糊的知识清晰化；帮助学生理解并掌握各部分知识的内在联系，完善认知结构，训练和培养他们的语言综合运用能力。

那么，教师该如何引导学生对重要知识点进行梳理、提炼和归纳，促进记忆和理解呢？落实到日常教学中，教师可以关注以下两个方面：

（一）精巧设计，有效整合、梳理语言知识，促进理解与记忆

1. 多角度创设语境，串联语言知识，全面理解与记忆

（1）利用教材内容激活语境，学习语言知识，加强理解与记忆。

小学英语教材紧密结合儿童好新奇、爱活动、善模仿、爱说、爱唱、爱表演等特点进行设计与编排，全部采用彩色图画，蕴含着丰富的语境内容。教材中安排了大量儿童喜闻乐见的歌曲、游戏以及一些浅显易懂的趣味故事。教师可以充分挖掘教材内容，激发学生学习兴趣，实施直观教具，创设教学语境。

例如，在展示新语言点时，展示教材中的实物（不同的学习用具、食品、衣物、颜色等），或画出相应的简笔画，促进学生对语言材料的感知作用，使之形成深刻的印象。如在黑板上画一个太阳，问："What's this?" 学生回答："It's the sun." 在下面再画一棵树，又问："What's the weather like today ?" 学生回答："It's sunny"。又如在教方位介词 on，under 等词时，让学生到黑板上画出简笔画，如教师说："Draw a tree." 学生快速画出一棵树，教师又说："Draw a desk under the tree." "Draw a box on the desk." 学生按老师的要求在黑板上画出物体。这种方法是在听懂教师的指令的基础上进行的练习，在潜移默化中将新授知识与已学单词、句型结合，帮助学生在竞赛的同时提高对方位介词的理解能力，并能深度记忆。

（2）运用多媒体手段拓展语境，整合语言知识，加深理解与记忆。

多媒体实现了课堂教学的大容量、多信息、直观性、多趣味和高效率，恰当地运用多媒体教学手段，引入形象直观、图文、声像并茂的现代教学媒体，能够有效地弥补传统教学手段的不足，有利于拓展语境，将相关语言知识有效整合，提供英语交际环境，启发学生的创造性思维，并能在有限的教学时间内最大限度地提高学生的语言运用能力。

例如，在教学 holiday 时，通过多媒体，将教材中零落分散的 Halloween、Christmas

等 holiday 节日向学生集中一一展示，配以 Jingle bell 等音乐和相应的节日画面，让学生在节日的氛围中学习，有助于学生对语言的理解，进而提高学习的效率。

（3）利用教材文本创设表演语境，运用语言知识，促进理解与记忆。

创设语境、表演对话为学生提供了互动的机会，开发和挖掘了学生运用语言的潜力，激发了他们创造性运用语言的能力。表演可分为师生之间的表演和生生之间的表演，两者都可由两部分构成。

首先是表演课文上的内容，让学生进入角色，加强理解。

例如，在教介绍和问候句子时，大部分学生在读书甚至演示对话时都是面无表情，语调中没有感情。教师可以引导学生想象：当你和你的朋友或熟人微笑挥动右手、语调兴奋地和一些学生打招呼；让学生和同桌模仿教师打招呼，然后让学生离开座位去和各自的朋友打招呼。如在教 Let's chant 时，教师边教边做动作，学生边说边做，可帮助学生理解所学内容，提高学习效率，如《英语 PEP（三年级起点）》三年级下册（人民教育出版社）Unit 2 My Family 中的 Let's chant：

Grandma，grandpa，
Sister，brother：
All my family
Help each other.

教学可以设计如下动作：双拳紧握（左大拇指代表 grandma，右大拇指代表 grandpa，左小指代表 sister，右小指代表 brother），吟唱 grandma 和 grandpa 时，依次伸出左右拇指；吟唱 sister and brother 时，依次伸出左右小指；吟唱 All my family 时，做出两拇指合并状；吟唱 Help each other 时，两小指相互弯曲互动做帮助状。学生边听，边念，边做动作，兴趣盎然。

其次是根据所学课文内容灵活自由地表演，强化所学知识。

例如，在教邀请、感谢和道歉的句子时，告诉学生可以改变邀请的对象，或在邀请前加上见面打招呼的情节。用适当的提示开拓了学生的思维，加深学生对语言的理解与记忆，提高学生的语言应用能力和交际能力。

2. 精心设计教学环节，整合、提炼语言知识，促进理解与记忆

（1）以旧引新导入，学习积累语言，帮助理解与记忆。

学习是一个循序渐进的过程，建构主义认为，学习者只有结合自己原有的经验体系来学习、探索新知识，将所学知识的不同部分联系起来，将新知识与原有的知识经验联系起来，才能形成良好、统一的知识结构。学习新知要以掌握较低层次的知识为前提，才能保证与此相联系的较高层次知识的理解和掌握。若是同类知识，要提升到新的认知水平，则需原有的知识作铺垫。英语教学尤其重视语言的复现率，教师要注意引导学生温故而知新。在 Pre-task 环节中，以复习、提问、表演上节课学过的对话等开始，向学生提供新、旧知识联系的要点。这样导入，便于将新知识纳入原有的认知结构之中，大大降低了学习新知识的难度，以便顺利地完成教学目标。

例如，教师在教学生 What's this? It's a...这一新知时，可以利用图片先用已学句型 This is a...复习以前学过的单词，如 book，cat，car 等。通过出示图片、玩具和实物，请几组学生依次用 This is a...句型进行复习，然后自问自答引出 What's this? It's a...句型。在学生基本掌握这一句型结构后再引出单词 panda 和 tiger。在导入环节通过以旧引新，既提高了语言的复现率，降低了学习难度，也能培养学生的学习能力。

（2）巧设课堂结尾，复习巩固语言，加深理解与记忆。

心理学研究表明，人的记忆由瞬时记忆到短时记忆再到长时记忆有一个渐进转化的过程，而实现这个转化最基本的手段就是及时总结，因此课堂教学的结尾和导入同样重要。有效的课堂结尾不仅可以对整节课的内容进行概括和总结，还可以帮助学生理清脉络、抓住重点、巩固知识、活跃思维，培养学生归纳和概括的能力。在课堂教学接近尾声时，只有对所学的知识、技能及时进行系统化地复习巩固和运用，才能使新知识技能有效地纳入到学生原有的认知结构和能力结构中，从而使学生更好地巩固掌握新知，获得发展。

（3）充分利用板书，突显语义功能，强化理解与记忆。

板书是教师在教学过程中运用文字符号、绘图、列表等手段，有效提高教学质量的一种教学行为。作为课堂教学的重要组成部分，板书有利于学生对知识的理解，可以帮助学生把握重点、理清思路，使学生能够做到“过目不忘”，以后遇到相关学习内容时还能够“触景生情”。

例如，教师在教学 season 时，在课的推进过程中，将板书逐渐补充完成如下：

seasons			
spring	warm	fly kites	go boating
summer	hot	eat ice cream	go swimming
autumn	cool	have a picnic	go climbing
winter	cold	make snowmen	go skating

通过板书帮助学生更好地理解本课时教学内容，加深印象，在最后的巩固环节可以让学生通过板书提示，获取语言信息，并与自己已有的知识融会贯通，能用英语较为完整地对季节进行描述，达到综合运用的目的。

（二）有效复习，及时提炼归纳整理语言知识，促进理解记忆，培养语用能力

温故而知新，知识是在不断的积累和运用中逐渐增长的，能力的发展也是如此。《课程标准（2011 年版）》强调英语学习具有明显的渐进性和持续性等特点，需要逐渐积累。小学生的生理和心理特点也决定了英语学习需在教师的帮助下对所学语言知识进行适时的梳理、归纳，并通过对知识的不断复现牢固掌握，进而达到综合运用的目的。及时复习已越来越为广大一线教师所重视。

学生平时所学的知识是分散和零碎的，复习的主要任务是帮助学生梳理知识，使知识系统化、结构化，以加深学生对知识的理解与记忆。在复习的过程中教师要建立知识与知识间的联系，形成整体，注意知识纵横联系，对知识进行归纳梳理，对相关知识进行整合，使之系统化、结构化。

1. 整合提炼归纳单元内知识，内化理解与记忆，培养语用能力

每个单元的知识内容，分布在教材内容之中，有显性的，有隐性的。通过教师系统化的整理归纳和分类，清晰地显现出整个单元的知识体系，尊重教材但不仅仅教教材，要合理地统筹单元知识，创造性地使用和设计，使知识的层次和脉络更清晰，加深学生对知识的理解和掌握。

例如，《英语 PEP（三年级起点）》六年级上册（人民教育出版社）Unit 3 的单元复习话题为谈论某个时间打算干什么，即 be going to 句型。复习目标为三会短语 take a trip，read a magazine，go to the cinema，dictionary 以及时间的表达tonight，tomorrow；四会短语 this morning，afternoon，evening，weekend，next week 和单词 post card，comic book，newspaper。根据内容与目标，教师设置了 Harry Potter 所在的魔法学校举行魔法节这一情境作为复习的主线，学生通过游戏，逐次通过了三会、四会单词、句型、语篇的相关复习与检测。

通过复习，帮助学生将单元内相关语言知识点进行梳理、归纳，能加深学生对知识的理解与掌握，有助于训练与培养学生的语言综合运用能力。

2. 整合提炼归纳单元间知识，深化理解与记忆，培养语用能力

小学英语前后单元知识内容的安排是一个循序渐进的过程，也是将前后知识融会贯通的过程。复习时教师根据各单元复习的重点话题，紧密结合各单元重点知识内容，对单元知识进行整合，让学生在整体中感知语言，建立线性思维，并且通过学生亲身的活动，语言的思维，语言的整体输出，达到语用的目的。

例如，在复习《英语 PEP（三年级起点）》三年级上册（人民教育出版社）Units 4－5 的单词时，可以为本课时设定一个主题：今天是 Sarah 的生日，唱《生日歌》，然后让学生猜猜有什么动物会来（播放课件，学生听声猜），monkey 来了，panda 也到了……会有多少只 rabbit 来呢？引导学生围绕着主题参与课堂活动。在一系列的竞猜、表演中，学生不但复习了关于动物、数量的单词，还拓展了一部分新的单词、句型。

对单元间知识的梳理、整合与归纳的复习，能促进学生对语言知识的系统理解与记忆，提高学生综合运用语言的能力。

3. 整合提炼归纳年段知识，综合理解与记忆，培养语用能力

随着学生年级的逐渐增高，知识容量在不断增多，许多中高年级小学生头脑中的知识点比较零乱，教师可以利用复习课对已学知识点进行系统梳理，帮助学生建构知识、形成系统完整的知识链。

例如，在复习单词时，要有目的地引导学生自己去发现规律，自己去总结：如把

单词分类：食物、动物、衣服等；音近、形近对比：ten 与 pen；找相同结构：father，mother 与 brother 等。

通过系统地归纳单词，并把单词运用在句子中，既复习了单词，也丰富了英语句子，提高了学生的综合运用能力。在复习句型时，把一些句型聚零为整，将表示相近意义句型结构放在一起进行识别，通过情景设计，有目的得让学生记住，最后能灵活运用。

例如，在复习《英语 PEP（三年级起点）》五年级下册（人民教育出版社）A Talk 部分时，教师可以通过情景会话，让学生学习运用 How many...can you see? 询问别人能看见多少样东西以及如何赞美别人的东西，如：Oh，it's beautiful！并且在实际情景中自然运用。在三年级上册的 Unit 6 中已经学过用 How many... ? 来询问有关多少样东西及相应的回答，因此可以结合本课内容复习有关动物、食物的单词，形成知识的迁移。

通过对年级间纵向语言知识的梳理、提炼与整合，教师帮助学生唤醒对所学语言知识的记忆，有助于学生将所学知识融会贯通地使用，促进学生英语综合能力的提高。

范例导读

案例

Colours in my eyes

教　材：《牛津英语（全国版）》三年级下册（上海教育出版社）Module 1 Unit 1 Colours Period 2

设计者：徐梅，上海市松江区泗泾小学

（一）案例说明

《课程标准（2011 年版）》要求通过英语课堂教学让学生掌握“有效记忆和使用英语词汇的方法；理解英语句型的结构和语用功能”，教师要帮助学生在积累的过程中注重梳理，让学生对所学内容能主动复习和归纳，积极运用所学英语进行表达和交流。

本节课选用的是《牛津英语（全国版）》三年级下册（上海教育出版社）Module 1，本模块的教学主题是 Using my five sences。分为三个教学单元，其中本案例设计针对 Unit 1 Colours 进行。根据本单元的话题 Colours，围绕 Colours in my eyes 引导学生学习相关语言知识：拼读单元核心词汇 red，blue，yellow 等；巩固核心句型 Look...It's...等。本单元在整个教材体系中的位置，通过纵向比较可以发现在三年级上册中出现过相同的话题，这个话题的再次出现是在内容上的进一步加深。从横向来看本模块的核心单词、句型学生都已接触过。在教学设计时，教师将相关知识点进行梳理、整合，通过以两只小蚯蚓 Coco 和 Jojo 对公园中所看见的事物为教学主线开展教学，以旧带新，让学生在语境中学习新知。

本课时的话题为 Colours in my eyes。确定这一话题是因为本单元的主题为 Colours，颜色是学生熟悉的话题，学生眼中的世界也是色彩斑斓的。学生接触过且较熟悉本单元的核心单词 red 等以及句型 What colour is it? It's...根据学生已有知识的分析，预设了本单元学生的知识掌握情况，进一步学习核心单词和句型。作为教学的第二课时，在教学设计上，通过倾听、模仿、表演等方式将本课时核心词汇 red 等和核心句型 What colour is it? It's...与学生已有的语言知识结合起来，让学生在图片的帮助下，问答和介绍公园的相关景色，语音正确，表达较流利。同时能借助核心词汇和句型询问同伴公园里的所见事物及其颜色，并能根据图片做出适当的应答，在此过程中感受到公园的色彩斑斓。

（二）教学目标

（1）在语境中拼读单元核心词汇 red，yellow，blue，green 等表示颜色的单词，能正确理解。

（2）在语境中巩固核心词汇与句型 What colour is it? It's ...复述第一课时的故事。

（3）初步尝试以 Poem 的形式运用核心句型描述公园内事物的颜色。

（4）通过 Poem 带动学生对话题的理解，增进对公园的了解，感受公园的多彩，感受身边小朋友的心灵美。

（三）设计思路

语言的学习是一个不断积累、内化的过程。学生在学习的过程中，通过老师的引导，对重要知识点进行复习、梳理、整合，学会将知识融会贯通，进一步深化对知识的理解与记忆，培养语言综合运用能力。基于此，本课时教学设计思路如下：

（1）通过检查第一课时的回家作业，复习旧知，为本课时的学习做好铺垫。

（2）通过看一看、听一听、说一说等活动在语境中学习新知，积累、整合语言，构建自己的知识体系，为语用输出做好准备。

（3）通过讨论，借助板书，提炼语言信息，复习巩固所学，促进理解与记忆，培养语言运用能力。

（4）通过作业分层设计，学习提炼、归纳自己的语言知识，深化对知识的理解与掌握，培养语用能力。

本节课教学设计思路是通过创设生动的语境，运用多种教学方式，在课堂推进过程中将核心词汇、句型与学生已有知识有效整合，通过及时的复习与梳理，帮助学生更好地理解、掌握新知识，促进记忆。

（四）教学流程图

本节课教学流程如图 19-1 所示。

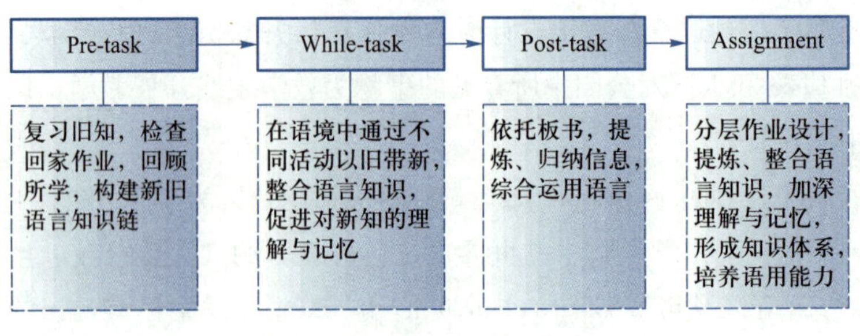

图 19-1

【教学评析】

培养学生的综合语言运用能力是《课程标准（2011年版）》的总体目标，学生对语言知识的掌握程度决定了其语言能力的高低。根据教材的特点和学生的认知规律，学生对语言知识的掌握需通过创设具体语境并采用循序渐进的语言实践活动来实现，通过对知识不断的复现、梳理、提炼、归纳、整合，构建自己的语言体系，从而实现“用英语做事情”。

本节课的教学设计，教师对相关语言知识点进行了梳理与整合。在教学过程中，通过语境的创设，在温故而知新中促进学生对语言知识的理解与记忆，培养学生的语用能力。具体从以下两方面进行评析。

1. 通过精巧设计，梳理、整合语言知识，促进理解与记忆

（1）创设语境，贯穿语言知识，全面理解与记忆

本节课，教师根据教材内容，创设了以两只小蚯蚓 Coco 和 Jojo 对公园中所看见的事物进行对话为故事背景展开，学生所见语境与所学新知都在第一课时基础上展开，通过以旧带新的学习，降低学生学习难度，促进学生对知识的深度理解与记忆，有助于培养学生的语言运用能力。

（2）巧设导入与结尾，复习巩固语言知识，强化理解与记忆

本节课的导入，教师通过复现第一课时的语境，让学生在熟悉的语境中回顾记忆中的旧知，开启新知的学习。在本课时的结尾，教师通过板书，让学生借助板书的提示和小组讨论，提炼语言信息，并内化为自己的语言知识，最后以 Colours in my eyes 为主题进行语用输出。

2. 有效复习，及时提炼归纳整理语言知识，培养综合语言运用能力

教师在教学的各个环节中通过复习旧知引出新知，学生在教师的引导下，通过听、想、忆、说等不同形式的活动及时将新旧知识进行归纳整合，在循序渐进中提高自己的语言运用能力。

本节课的教学在语境中推进文本学习，单元核心语言不断地复现，旧知的整合服

务于单元核心语言，促进学生对知识的理解与记忆，帮助学生构建新的语言知识体系，让学生由学到用，由教材到生活，语言技能步步提升，情感体验层层升华，体现了“用英语做事情”这一理念。

（点评人：王慧，上海市松江区泗泾第二小学）

微课程 19–1 Colours

微课程 19–2 When's Easter

教学关键问题20　如何通过学习活动引导学生注意倾听，提高获取信息和表达信息的能力?

教学关键问题提出

在新课程理念的引领下，小学英语教师采用多种教学策略，努力营造和谐的课堂教学气氛，组织多种形式的课堂互动，鼓励学生通过观察、体验、探究、合作、交流等方式学习和运用英语，尽可能多地为学生创造语言实践机会，英语课堂呈现了轻松热闹的氛围。但在日常的课堂中，不难发现有相当一部分学生听课习惯不好，例如，一个学生的发言还没完，旁边的学生却举起手，大声嚷嚷："Let me try! Let me try!"又如，当教师指名一位学生回答时，其余举手的同学都叹起气来，或垂头丧气，或充耳不闻，根本顾不了听讲。课堂上，学生缺少倾听老师和同伴发言的意识，缺乏倾听别人发言的兴趣，缺乏良好地倾听他人发言的习惯，也因此缺乏良好的倾听能力。

教学关键问题分析

新课程下的课堂教学，无论是在教学环节的设计上，还是在课堂实践上，教师都比较关注课堂学生的语言表达，往往忽视对学生倾听能力和应对能力的培养。一方面，教师为了体现以学生为主体的教学理念，设计教学活动时总着眼于调动学生的积极性、主动性，课上更多地关注有多少学生发言了，却往往忽视学生注意倾听，忽视培养学生认真倾听的习惯。另一方面，教师设计的倾听活动缺少趣味性和针对性，不能吸引学生倾听。

倾听是一种重要的英语语言学习方法和学习技能，是重要的交际策略。《课程标准(2011年版)》强调："教师应避免单纯传授语言知识的教学方法，尽量采用'任务型'的教学途径，同时强调对学生学习策略的指导，为他们终身学习奠定基础。"交际策略是语言学习的重要策略，是学生为了争取更多的交际机会、维持交际以及提高交际效果而采取的学习策略。

在小学阶段，学生的语言学习活动大多以听说活动为主，学生需要在使用交际策略进行听与说的活动过程中，养成良好的倾听习惯，积极思考，并能主动运用所学英语进行表达和交流。课堂上听教师的讲授以及听同学的见解，是获取知识的重要途径，在英语教学中，学生学会专注而耐心地倾听别人讲话，把别人的话听清楚、听明白，并能够把握重点，进行简要转述，这不但是能力，也是培养良好的口语交际能力所必备的习惯。由此可见，“听”对小学英语学习是至关重要的，小学英语教学必须从“听”做起，重视对学生“倾听”习惯和能力的培养。

教学关键问题解决

倾听是学生重要的学习素养，是帮助学生获取知识的有效保证。倾听能力的高低直接影响学生知识技能的接受和掌握。小学阶段正是学生养成良好学习习惯、培养能力的最好时期。因此课堂教学中教师如何引导学生注意倾听、获取信息是语言教学的关键问题，我们可以通过任务型课堂教学的任务前、任务中和任务后的学习活动，培养学生倾听的意识和习惯，从而提升学生获取信息和表达信息的能力。教学流程如图 20-1 所示。

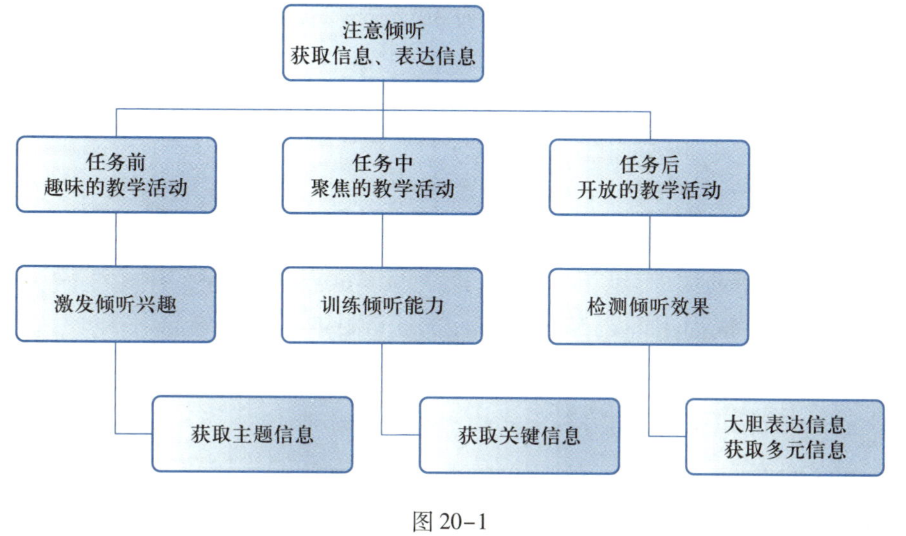

图 20-1

（一）设计趣味的任务前学习活动，吸引学生倾听，获取主题信息

《课程标准（2011 年版）》建议：学习活动应能激励学生用英语做事情，特别是用英语获取、处理和传递信息的事情。以交际为目的的任务型语言教学，对解决目前英语教学中学生倾听能力弱和交际能力差的现状具有很强的针对性和可操作性。任务前的教学活动是任务型课堂教学的重要环节，主要目的就是为学生做一些语言上的准备，对词汇、语法、句型、话题等做知识准备，输入与任务相关的语言，帮助学生获取整体信息。通过歌曲、谜语、问题等趣味的任务前学习活动，吸引学生倾听的兴趣和热情，减轻学生的认知和语言压力，为他们顺利完成学习任务创造条件，并促进学生的语言习得。

1. 设计趣味导入，激发倾听兴趣，了解主题信息

在课堂教学中通过精心设计的趣味导入来激发学生学习的兴趣，唤起学生倾听的热情。用多种多样的趣味学习活动如“猜谜语”“设悬念”“讲故事”“做游戏”“唱儿歌”等把学生的注意力吸引到课堂上来，为整个教学过程中提高学生的听课效

率做好铺垫。

例如：《英语PEP（三年级起点）》四年级下册（人民教育出版社）Unit 1 My school，本课教学目标为：

（1）学生能在语境中感知和体验学校中不同的场所及活动，能听懂并理解关于场所的语篇意义。

（2）学生能学习表示学校场所的词汇：school，library，playground，classroom，computer room并在语境中运用所学词汇。

（3）学生能学习并在语境中运用结构或句型① Is this/that...? Yes,it is. / No. It's... ② Where's the classroom? It's on the ________ floor. (It's next to ________.)

（4）学生能运用所学知识对学校的场所进行介绍，并表达自己对学校的喜爱之情。

新课导入环节可以采用原汁原味的歌曲*My happy school is lots of fun*。

My happy school is lots of fun

My happy school is lots of fun. My happy school is fun.
My happy school is lots of fun. I learn with everyone.
My happy school is lots of fun. My happy school is fun.
My happy school is lots of fun. I can play with everyone.
I learn about the alphabet. I'm learning how to read.
I'm learning two plus two is four. It's not so hard you see.
I'm learning all about my eyes and all about my nose.
I count all of my fingers now. I count all of my toes.
I listen to my teacher. She is very nice to me.
And when I do the things she says, she smiles so happily.
I'm learning to sing nicely now. I share the playroom toys.
So now I can have lots of fun with all the girls and boys.
Now school is over I'm going home. It was a lot of fun.
It's time for me to say goodbye. I wave to everyone.
Tomorrow we'll come back to school. I'll see them all again.
I like to go to school together with all of my friends.

这首歌曲的歌词与主题My school密切相关，旋律轻松愉快。通过对配有flash的歌曲欣赏，帮助学生减轻压力，吸引学生倾听，把注意力集中在单元主题上，了解单元主题信息，为单元核心内容的学习做好情绪准备和语言知识的准备。

2. 设计趣味情景，调动倾听意愿，获取主题信息

创设生动有趣的教学情境，让学生在真实、具体、富有情趣的情境里乐于倾听。

例如，在教学《牛津英语（全国版）》六年级下册（上海教育出版社）Unit 11

Western Holidays 中 Halloween 时，创设了访谈外教了解他们最喜欢的节日的情景，既吸引了学生的注意力，更调动起学生倾听的欲望，使学生积极地投入到学习活动中。本课的教学目标是了解万圣节的节日文化，同时提炼文本内容和语言结构，掌握描述节日的三大要素。

这样原汁原味的外教情境以及 Which holiday is most fun in your eyes? 和 What's fun about Halloween? 两个关于"fun"的问题，将学生的注意力聚焦到了任务前的学习主题上，学生的倾听热情和意愿大增，都想听听外教最喜欢的节日以及喜欢的原因，这样的情境牢牢地吸引学生，使学生在教师创设的情境中产生身临其境的感觉，很自然地进入最佳的倾听状态和学习状态。

（二）设计聚焦的任务中学习活动，引导学生倾听，获取关键信息

倾听是接受语言信息，进而通过思维活动达到认知、理解的全过程。学生养成良好的倾听习惯，不是一朝一夕的事情，要循序渐进，反复训练。因此，在教给学生倾听的方法后，要结合教材内容的特点，设计专门的倾听训练，根据不同的训练目标、要求，采用不同的训练方法，有意识地进行强化训练，使学生的倾听能力得到不断的提高和完善。任务中的学习活动要让学生的倾听"聚焦"在关键信息的捕捉和理解上，提高倾听质量。

1. 聚焦整体内容，愉悦倾听体验，捕捉关键信息

小学生的特点是活泼好动，注意的持久性较差，思维中具体形象的成分占优势。因此，小学英语学习方法多采用直观形象的学习活动，如看图回答问题、录像视听、观看童话故事等，调动学生课堂倾听的兴趣，保持愉悦的学习体验，帮助学生捕捉关键信息。

例如，《牛津英语（全国版）》三年级上册（上海教育出版社）Module 2 Unit 6 Me，本单元教学目标为用所学的 body parts 等核心词汇与句型介绍自己的外貌与能力。通过对教学内容的整合，教师将核心内容整合在采用图片和音频同步的卡通故事里，通过媒体呈现故事，让学生体验、接触教学内容。故事展开如图 20-2 所示。

这样的教学媒体画面靓丽，卡通人物富有趣味，声音拟人，从视觉上抓住了学生的注意力，吸引学生倾听，体验故事中人物的角色，捕捉故事的关键信息。整个教学过程生动、有趣，学生们始终处在积极的听课状态，效果极佳。

2. 聚焦核心内容，提升倾听能力，理解关键信息

如果能在课堂上呈现精彩的提问、巧妙的设计、引人的任务，为学生提供倾听的机会和任务，那就可以紧紧地抓住学生的眼睛、耳朵、心灵，深深地吸引学生的注意力，在任务中训练倾听，在倾听中完成任务。下面列举几个倾听训练的例子。

（1）听音连线训练（Listen and match）

听音连线训练是培养倾听注意力的常用方式之一，是小学生比较喜欢的倾听活动，有图片和音频，能有效吸引学生的眼睛和耳朵。这种活动通常是用来检测学生对关键信息的获取情况的，帮助学生整体理解关键内容。

(a) The badminton flies to the tree.

(b) The football runs into the river.

(c) Tim is so sad.

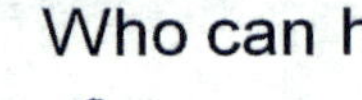

(d) Who can help?

(e) Bird can help!

(f) Elephant can help!

图 20-2

例如，Task 1：本课的主题是 Home life，情境创设 It's Daddy's birthday。第一步出示听音连线的任务要求（图 20-3）：通过图片和问题 Where is/are…？的提示，将家庭成员与所在的位置连线配对。第二步学生根据图片听录音完成连线任务。第三步学生反馈听音连线情况，教师出示任务结果，呈现核心词汇（图 20-4）。

图 20-3

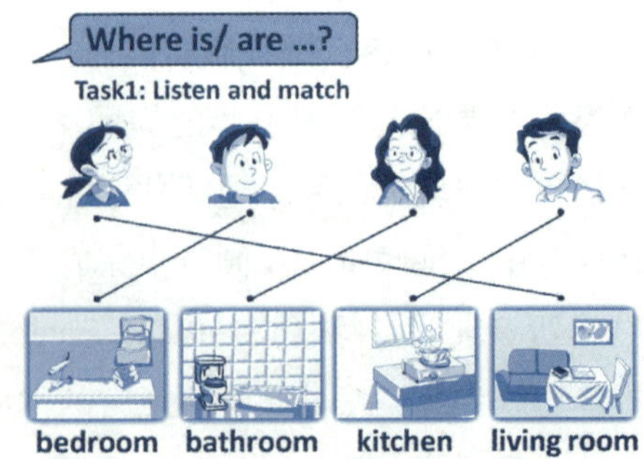

图 20-4

通过聚焦核心内容的听力活动，帮助学生在倾听的过程中理解核心词汇的意义。

（2）听读、听说训练（Listen，read and say）

听是吸收，说是表达。听和说是密不可分的有机结合体，在英语课堂教学中，要注重学生的听说训练，根据教学内容的关键信息巧设问题，引导学生获取信息并能用正确的语言进行问答，加深对核心语言内容的理解。

例如，Task 2 & Task 3：通过图 20–5 的听读训练，提高学生的注意力，帮助学生倾听并获取关键信息、理解核心内容。通过图 20–6 听说结合的训练，引导学生关注地点与活动之间的关系，培养学生语言表达的条理性和思维的逻辑性。

图 20–5

图 20–6

（3）听仿训练（Listen and imitate）

模仿是强化语音语调的最好训练，也是培养学生倾听习惯的好方法。学生通过长期模仿标准的录音，其发音和语音语调会出现飞跃性的进步。从教学实践中看出，掌握了正确的语音语调，学生听力会提高得很快，同时还能培养语感、增强记忆。在小学英语教材中有大量的儿歌、对话以及故事等内容都可以作为模仿朗读的好材料，运用好这些听力模仿材料，训练学生的语音语调，也能培养良好的倾听习惯。

（4）听写训练（Listen and write）

听写训练要求做到耳、脑、手三者并用，着重培养学生的边听边想边记录的能力。口语表达具有转瞬即逝的特点，因此在倾听活动中学生要克服各种分散注意的干扰，集中注意力，带着问题认真地听，细心地记录。

例如，在教学 Buying clothes 这一内容时，在学生掌握了本课教学内容的基本词汇后，教师设计了一个听写训练，要求学生边听边写，完成空格处的关键信息，语段中的画线部分是学生需要听写的内容，覆盖了本课的核心词汇，这样能较好地提高学生倾听的聚焦和理解程度。

Listen and fill in

It is Sunday. It'a fine day Kitty and her mum want to go to the cinema.

Kitty __puts__ __on__ her favourite dress.

It's __white__ and __nice__.

It has a __zip__.

But it's too small. Kitty is __sad__.

She needs a new __one__.

Kitty: Mum, my dress is too small!

Mum: Yes. You need a new dress, I think.

聚焦的课堂倾听训练帮助学生在听配、听说、听读、听写等的倾听训练中，逐步形成倾听的策略，提升获取关键信息的能力，加深对英语语言学习的理解。

（三）设计开放的任务后学习活动，鼓励学生表达，获取多元信息

倾听与表达共同组成了合作交流的基础。良好的课堂倾听氛围可以让师生达到充分的沟通。如何在任务后的学习活动中让学生获得新的发现和感受新的成功？通过任务前和任务中的学习活动，学生加深了对主题信息的了解和对核心语言的理解，任务后的学习活动应着重培养学生主动表达和倾听的意识，活动设计要尽量体现真实性和开放性，鼓励学生大胆表达、认真倾听同伴不同的思维与语言，获取多元的语言信息和学习资源。

1. 开放思维空间，鼓励大胆表达，获取多元信息

学习的最终目的不是获取一定的知识，而是在获取知识的过程中，发展自己的思维，形成学习能力，发展个性。小学英语任务后的学习活动是学生运用所学语言进行分享与表达的过程，是学生放飞思维、发挥创造性的舞台，因此，教师应尽量设计与学生实际生活相仿的活动。

例如，在教学 Making tea 这一内容时，教师设计了学生展示交流的活动，学生可以借助提供的语言输出框架，围绕 My favourite tea 这个话题进行开放的表达和交流（图 20-7），这个活动要求学生在框架的提示下完成三个步骤：

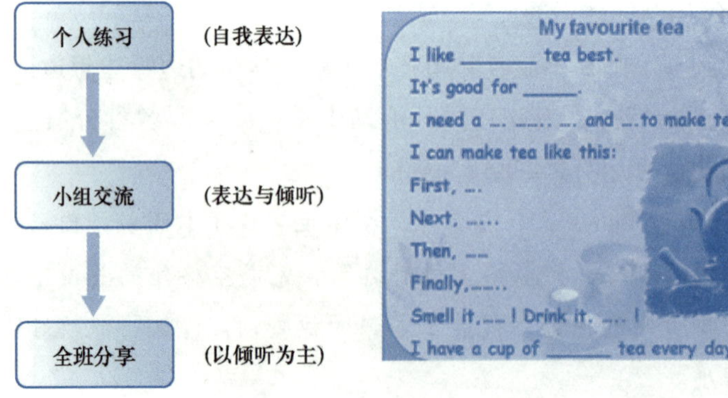

图 20-7

基于小学生的语言积累还比较有限，语言表达的内容还比较单薄，任务中 First …, Next …, Then …, Finally … 的结构基本相同，教师通过适度的开放，鼓励学生大胆说说自己或者父母亲最喜欢的茶、喜欢的理由以及泡茶的过程。由于活动贴近学生生活，泡茶、喝茶是中国人日常生活的一部分，而且茶的种类也多，有 green tea，black tea，flower tea，milk tea 等，为学生提供了丰富的交流素材。三个步骤的实施可以帮助学生表达信息。在个人自说环节，学生开放思维，运用新知，整合旧知，有逻辑地组织语言，能基本完整地介绍自己喜欢的一种茶。在小组交流环节，组员认真倾听，然后推出本组的发言人到全班交流。在全班交流的环节，教师需要布置倾听任务，如在学生介绍之前，提出问题 What is his/her favorite tea? Why? 引导学生认真倾听，获取多元信息，并能转述获取的信息，从而有效提升倾听的质量和学习效果。

2. 运用激励评价，激发持续兴趣，强化倾听习惯

表扬激励是培养良好倾听习惯的好方法，也是学生最喜欢的评价方法。表扬激励能帮助学生排除情绪障碍，积极投入到“倾听”的任务中，在愉快、轻松的状态下达到最佳的学习效果。教师的评价应注重学生思维方式、方法的运用，创设多样的问题情境，从新颖、创新的思维角度去评价学生的倾听和表达。

（1）激情的言语表扬，激发更持久的倾听兴趣。

教师首先要真诚地倾听每一朵花开的声音，每一滴水落的声响，当学生说得精彩时，教师要及时地给予表扬、赞赏，如 You listened very carefully! You have very sharp ears. You found the difference. 教师通过课堂上充满智慧和激情的语言评价，激励学生参与到倾听中来，让学生能够品尝到成功的喜悦，获得成功的满足感，持续保持倾听的兴趣。

（2）丰富的动作激励，激发更强大的倾听动力。

教师可以通过眼神的赞许、脸上的微笑、拇指的竖起、友好的鼓掌等 facial expression 或 body language 表示出对学生的倾听、应答的关注。学生也可以从这些动作传递的信息中，得到赞赏和肯定的暗示，激发更大的倾听动力。教师可以用亲切的眼神、细微的动作、和蔼的态度缩短师生心灵间的差距，让学生感受到教师的真诚，使学生更加善说乐听。另外，教师面带微笑的倾听，也是对学生的一种鼓励，能让学生享受到学习的喜悦，从而激发发言的兴趣。在长期的耳濡目染中，学生养成了认真倾听的习惯，强化了倾听的意识。

倾听意识的培养需要在日常的教学活动中强化，俗话说：“万丈高楼平地起。”要想培养学生良好的倾听习惯，必须从平时的点滴中开始。教师需要创设温馨而宽松的倾听氛围，让学生在这种宽松的氛围中学会倾听，化有限的空间为倾听的乐园，达到“润物细无声”的效果。

范例导读

案例

Be a super weather reporter

教　材：《英语 PEP（三年级起点）》四年级下册（人民教育出版社）

Unit 3 Weather Period 3

设计者：王敏静，上海市古美学校

（一）案例说明

学生综合语言运用能力的培养应着眼于语言知识、语言技能、学习策略、情感态度和文化意识这五方面。语言知识和语言技能是相辅相成，共同发展的。教师应创设条件让学生在观察、体验和运用语言的过程中既学习语言知识又培养语言技能，注重优化学习过程，引导形成有效的学习策略和一定的文化意识。依据《课程标准（2011年版）》在“语言技能”部分的二级标准中要求，学生能分别在获取信息（读、听）和表达信息（说、写）两方面达成要求。在“学习策略”方面要求学生养成“在课堂交流中，注意倾听，积极思考”这一习惯。依据《课程标准（2011 年版）》的二级标准，本课时的核心内容与要求设定为：

1. 语言知识

（1）表示天气的词汇，如 rainy，snowy，cloudy，sunny，windy，temperature，degree 等。

（2）关于播报天气的句型，如：What's the weather like in …? It's … and …. The … temperature …degrees. The air …等。

2. 语言技能

（1）通过视听训练，理解文本，获取有关天气的信息。

（2）通过说、写训练，运用本课语言知识播报昨日、今日和明日的天气情况。

3. 学习策略

（1）课堂交流中，注意倾听，积极思考。

（2）积极与他人合作，共同完成学习任务。

4. 情感态度

（1）能体会到英语学习“天气”话题的乐趣。

（2）感悟天气与生活的关系。

5. 文化意识

（1）简单了解英语国家中天气在人们生活中的交流作用。

(2) 了解英语国家中表示天气的图标。

本课选自《英语 PEP（三年级起点）》四年级下册（人民教育出版社）第三单元，本单元主题为 Weather（天气），核心学习词汇包括天气情况的词 rainy，snowy，cloudy，sunny，windy，temperature，degree 等，功能句 What's the weather like in …? It's … and …本教材遵循小学生语言学习的认知规律，即语言在滚动循环过程中逐步递进，在滚动中积累语言，在循环中提高语言。学生们在过去的一年半的时间里已经积累了一定的语言基础，如 Canada，Australia 等表示国家的单词；I can … It is …等描述性的句型，这为本单元的学习提供了很好的基础。本节课是本单元的第三课时，在通过第一、二课时的学习后，学生已经掌握了相关天气的基础知识，如：sunny，rainy 等单词和 What's the weather like? It's …等句型。通过日常的语言学习，学生已经具备一定的倾听、表达和探究能力。本课的教学设计主要引导学生在文本的倾听和阅读中提取信息，学习关于天气的知识，使用正确的语言播报昨日、今日和明日的天气情况，在任务的探究中处理气候、温度、活动等关键信息，培养专注倾听的学习习惯，从而激发学生关注天气、交流天气情况的兴趣。

（二）教学目标

(1) 在听、读文本的过程中，能获取 rainy，snowy，cloudy，sunny，windy 等天气信息，并理解 temperature，degree 等单词的意义。

(2) 通过倾听和模仿，学生能运用：The … temperature … degrees. The air …等有关句型表达天气情况。

(3) 通过听读文本、问答交流等活动，能养成倾听习惯，获取文本信息，把握文本结构并合理运用语言。

(4) 通过语篇的听读、模仿和学习，能总结播报天气的语言结构，学会用英语播报不同地方的天气情况。

（三）设计思路

本课时的教学内容是在教材中 Let's learn 和 Let's talk 栏目内容的基础上调整和补充而成的，保留了播报天气的主要语言结构，增加了对昨日和明日天气情况的描述。本课时重新调整后的话题设定为 Be a super weather reporter（做一个超级天气播报员）。此话题即学生将要达成的终极任务：能运用本单元所学的词汇和句型来播报不同地区昨日、今日和明日的天气情况。同时在达成语用目标的过程中，培养学生的倾听能力和获取信息的能力。

为达成此目标，在本课的教学实施中，设计了三个聚焦的任务中学习活动，引导学生倾听，获取关键信息。任务 1：阅读昨日的天气播报内容；任务 2：根据所给的信息说一说今日的天气情况；任务 3：预报明日的天气情况。在分级任务 1 中，学生通过倾听一段关于昨日天气情况的文本来选择重要信息。学生在倾听的过程中，尝试获取关键信息，初步感知文本结构，熟悉文本语言。任务 2 的难度略微提高，要求学生在倾听关于今日天气情况的文本的同时记录下重要信息。随后分小组讨论此文本中的关键问题。最后根据关键语言的提示尝试播报今日的天气情况。引导学生在倾听的过程中理解文本，通过写和说的训练提升语言表达技能。在任务 3 中，学生能结合前期所学独立播报明日的天气情况。这是对任务 1 和 2 中语言知识的巩固，也是在尝试运用逐渐形成的语言技能和学习策略来自主学习。在完成这三个分级任务后，学生以小组的形式播报三日的天气情况，从而完成本课的终极任务：播报不同地区昨日、今日和明日的天气情况。

（四）教学流程

本节课教学流程如图 20-8 所示。

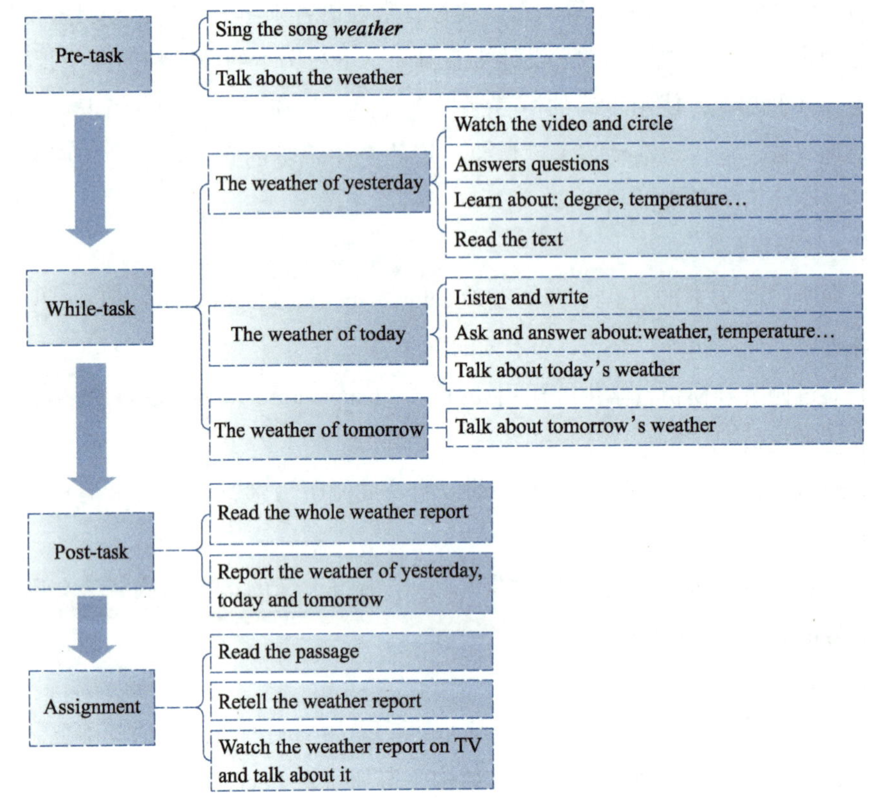

图 20-8

【教学评析】

这节课设计巧妙、层次清晰。教师以新的课程理念为指导，充分考虑了小学生的年龄特点，运用多种教学策略调动学生倾听的兴趣，提高了学生获取信息和表达信息的能力。

1. 创设学习情境，激发倾听兴趣，接触体验语言

小学英语教学要为学生营造良好的英语学习氛围，创设与主题一致的、真实的英语教学情景，让学生充分感知语言材料。在本节课的教学中，教师利用媒体和天气预报等为学生创设真实的语言情景，在情境中实施教学，通过倾听来接触和体验语言，从而激发学生倾听的兴趣。

2. 设计学习任务，训练倾听能力，学习理解语言

活动的设计和开展应该有利于学生学习英语知识，发展语言技能，从而提高综合运用语言的能力。本节课教师设计了三个不同的任务来学习 yesterday's weather，today's weather 和 tomorrow's weather 的教学内容，很好地贯彻了在用中学、学中用、学用结合、学以致用的原则。在这个学习过程中，教师通过 Listen and circle 活动帮助学生理解关于 yesterday's weather 的信息，又通过 Listen and write 的活动引导学生聚焦核心内容；最后的仿说任务让学生说说 tomorrow's weather 的信息。在层次清晰的三个任务中，学生学习并理解了核心语言，建构了语言结构；同时在各种听的活动中，倾听的能力得到了提升。

3. 开放语用思维，检测倾听效果，实践运用语言

教师有效地利用多种途径和方法来启发学生的思维，激发了学生对 weather 一课内容的深层次兴趣。通过 choose one city and talk about the weather，学生之间围绕 be a weather reporter 进行信息交流，在自主活动中巩固所学，实现语用，进一步锻炼了语用与思维能力，实现了将所学语言运用于实际交际中的目的。

（点评人：王梅宝，上海市闵行区教育学院）

微课程 20-1　Weather

微课程 20-2　Shapes

教学关键问题21 如何引导学生主动体验，互动交流，提升表达能力？

教学关键问题提出

在日常教学中，教师经常遇到这样的困难和疑惑，“如何在英语课堂中培养学生积极的情感”“如何引导学生主动体验”“如何创设多样化的语言实践机会”“如何组织学生有效互动”“如何帮助学生在体验、实践、合作交流的基础上，形成语用能力”等。学习是从阅读、听讲、研究、实践中获得知识或技能的过程，这一过程只有通过亲身体验、互动交流，才能最终有效地完成知识内化的过程，即有效的表达。所以，教学不是给予，而应是在教师的引导下使学生获取。引导学生积极参与、主动体验、互动交流、提升表达，对培养学生的综合语言运用能力有着积极的作用。

教学关键问题分析

英语学习注重体验，但在实际教学中，教师更注重语言知识的书面传授，忽略了语言的实践性和应用性原则，学生缺乏必要的学习经历就很难体验语言的意义和交际功能，理解和掌握该语言也只是机械的、浅层次的。课堂上的互动行为也常常流于形式，缺乏针对性、有序化和多样性，因为真实语言运用应当发生在特定情境之中，特定情境中的人际关系必然建立在多样化的互动行为基础上。没有真实的体验、有效的互动，语言表达能力的提升更是无从说起。

《课程标准（2011 年版）》在“课程基本理念”中提出：“英语课程提倡采用既强调语言学习过程又有利于提高学生学习成效的语言教学途径和方法，尽可能多地为学生创造在真实语境中运用语言的机会。鼓励学生在教师的指导下，通过体验、实践、参与、探究和合作等方式，发现语言规律，逐步掌握语言知识和技能，形成有效的学习策略，发展自主学习能力。”语言教学中的体验是指教师以课堂或将课堂延伸到课外的方式，以任何可以调动学生参与和实践的活动为纽带，以学生参与为主体，通过创设体验式学习的环境，让学生有所感受，有所进步，并进而留下难忘的印象的经验。课堂互动交流是指师生、生生相互交流、相互沟通、相互启发、相互补充，在智慧课堂中分享彼此的思考、经验和知识，交流彼此的情感、体验与观念，丰富教学内容，求得新的发现，从而达成共识，实现共享、共进，实现教学相长和共同发展的过程。互动交流式的学习模式体现了英语交际性功能和学生主观能动性作用。语言表达能力是指在口头语言及书面语言的表达过程中运用字、词、句、段的能力。《课程标准（2011 年版）》强调通过让学生“用语言做事”来培养学生的语言运用能力，提倡教师创设接近实际生活的语境，结合具体的教学环境、教学目标、教学内容、学生的实际水平和需要，设计循序渐进的语言实践活动，提高学生的综合语言运用能力。

教学关键问题解决

解决“如何引导学生主动体验，互动交流，提升表达能力”这一关键问题的切入点，应以教学过程优化为策略，注重学生的主动性和积极性，通过互动交流的方式来活化教学资源和过程，引导学生在轻松快乐的学习语境中，参与体验、主动交际。学生在彼此互动交流中发现问题、探究问题和解决问题，拓宽知识视野，培养思维，主动表达交流，从而提高语言表达能力。教师可以运用策略：精心设计，主动体验；多元互动、快乐交流；培养思维，有效表达。如图 21-1 所示。

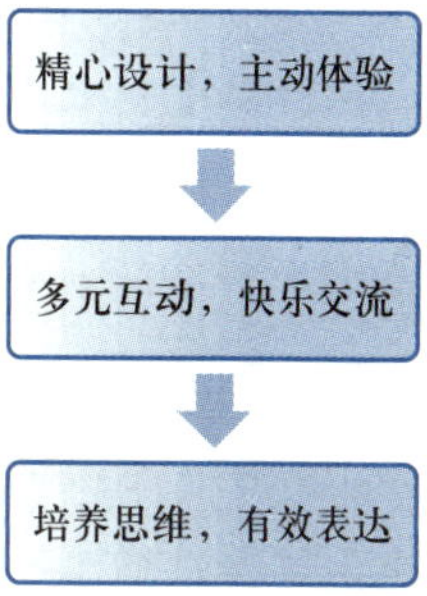

精心设计，主动体验
↓
多元互动，快乐交流
↓
培养思维，有效表达

图 21-1

建议教师在开展教学中关注以下策略的使用。

（一）精心设计，主动体验

结合学生的生活经验和已有的语言知识精心设计富有趣味性、科学性的英语活动，让学生在真实的交际场景中进行语用体验，用英语解决生活中的实际问题，在运用语言的经历中体验语言的意义和交际功能，从而培养学生英语学习的主动性。

1. 精心设计实践活动，让学生敢于主动体验

《课程标准（2011 年版）》在“课程实施建议”中指出：“教师应合理安排教学内容和步骤，组织多种形式的课堂互动，鼓励学生通过观察、模仿、体验、探究、展示等方式学习和运用英语，尽可能多地为他们创造语言实践机会，引导他们学会自主学习和合作学习。”语言是要用的，如果语言脱离开真实的环境以及亲身的体验，将失去学习语言的意义。鉴于学生的知识能力基础有差异，语言实践活动的形式也应该是开放的、多样的、贴近生活的。

例如，可以开展多种形式的体验活动。课前体验：每天在课前鼓励学生上台讲一个有趣的英语故事，锻炼学生的听说能力；角色体验：把表演带入课堂，给予学生更多的心灵自由，满足他们“游戏互动”“角色幻想”的需要，给予学生体验的空间；竞争体验：通过紧张激烈的比赛活动，丰富学生的情感体验，激发学生体验生活的热情。

英语是实践性很强的一门课程，学生只有在大量的英语实践中才能掌握运用语言

的规律。通过教师精心设计的有趣的、适合学生年龄特征的英语实践活动，让学生敢于主动体验，在活动中体验语言，在体验中提升语用。

2. 精心设计评价活动，让学生乐于主动体验

结合学生的年龄特点和认知水平，对学生进行有目的的、系统的激励性评价，是提高学生学习积极性的重要途径。鼓励孩子们在课堂上积极参与教学活动，给予及时评价和奖励，既是对学生们课堂良好表现的肯定和鼓励，也可以很好地激发学生们学习的主动性和积极性。

例如，在“开小火车读单词”的活动中，每个学生的朗读老师都应给予 good，nice，super，excellent 等肯定的评价。在学生每完成一个学习任务时的口头评价，发现学生思维的火花时给予的鼓励，教师赞许的眼神、微笑、肢体等非语言激励形式，这些即时评价，虽然不打分，但它对学生的导向作用、激励作用是十分巨大的。

在活动中，教师可以精心设计一些评价单（如表 21-1），设计不同层次的教学目标，使教学目标指向每一个学生的“最近发展区”，强化有效的学习动机。例如，在观察学生对学习活动全过程的评价时，为每个 task 都设计相对应的评价单（如表 21-2），Soso☆，Good☆☆，Excellent☆☆☆，及时地评价每个语言活动的达成度，有自评、互评和小组评，这样的评价方式，可以提高学生的学习效率，使每个学生都能获得成功的快乐体验，学生也乐于参与。

表 21-1　课堂评价表

活动主题（Theme）My friend	My feeling 我的感受	☺	😐	☹
	My attitude 我的态度	☆☆☆☆☆		
	Presents from teacher 礼物盒			

表 21-2　课堂分层练习评价单

Worksheet for 3A M3 U1 Period 1

Task 1　Let's sing：Ten little paper rabbits

Self－assessment（自我评价）	So so ☆	Good ☆☆	Excellent ☆☆☆

Task 2　Learn the sound：

Group－assessment（小组评价）	So so ☆	Good ☆☆	Excellent ☆☆☆

（二）多元互动，快乐交流

通过模拟学习情境、互动交流和角色扮演等形式优化课程教学过程，为学生提供快乐交流的环境氛围，引导学生积极表达。给学生语言表达的机会和平台，使学生在实践体验的过程中获取丰富的体验感知，增强表达的主动性和积极性。

1. 模拟交流情境，增强认知感悟

模拟交流情境，让学生在接近真实的语言学习环境中主动交流和积极表达，不仅能够帮助学生培养认知思维，更能够让学生在情境化的交流中及时调整交际策略。教师可通过活化学习内容的方式，鼓励学生将文本学习过程转化为语言表达交际过程，深化认知感悟；调动学生的英语学习主动性，引导学生不断思考、想象学习内容，更好地表达交际；鼓励学生自主设计相应的语言表达交流情节，让学生在自由快乐的过程中更好地进行认知感悟。模拟这样的交流情境，学生的学习思维就会更为活跃和丰富。

创设生活化的语言交际情境，引导学生在快乐交流中积极表达，有利于促进学生英语知识技能的不断内化生成。例如，在进行 Shopping 这一主题的教学中，可将课堂布置相应的简单场景，鼓励学生围绕 May I have ...? How many ... 和 How much ...? 等问题进行相互表达交流，以增强认知感悟。学生在这样的情境中，更能积极地表达，加深对学习内容的感知。

2. 引导互动交流，鼓励畅所欲言

语言表达交流是在彼此合作探究基础上的深化。多给学生表达交流的机会，让他们在彼此的互动交流中发现问题、探究问题，更增强他们对语言表达的认知体验。这样的互动交流能使学生在畅所欲言的过程中享受到学习的自由和快乐。

引导互动交流，就是在帮助学生加深认知感悟的基础上，多给学生自由表达和大胆尝试的机会。制订语言表达学习任务，要求学生根据语言表达要求进行自由主动的交流；建议学生发挥好同桌、小组、师生等学习力量的作用，让学生在团队学习的过程中相互表达，形成轻松自由的语言学习氛围；尊重学生的语言表达差异，允许学生在表达中出错，不断增强他们语言表达的自信心。通过引导互动交流，让学生的学习交流变为内在自觉主动的行为。

3. 借助角色扮演，提升语用技能

借助角色扮演来深化语言实践，不仅能吸引学生的学习注意力，更能让学生在实际运用中不断深入体会语言表达交际的内涵意义。在角色扮演中，建议教师根据学生的语言表达能力选择性地予以运用，不断调整其表达运用思维。例如在 Holidays 这一主题的教学中，让学生扮演不同的角色介绍自己喜欢的节日，让学生在深入领会节日特点的基础上，有更为充分的自由想象的空间。

运用角色扮演的方法鼓励学生进行表达，不仅能够活化学习内容，更能够让学生在实践交际中增强感知体验。角色扮演也是学生语言知识技能不断内化生成的必然发展需要。

（三）激发思维，有效表达

《课程标准（2011 年版）》指出：基础教育阶段英语课程的总体目标是培养学生综

合语言运用能力。语用能力的形成是建立在语言知识、语言技能、情感态度、文化意识等语言学科素养整体发展的基础上的。在课堂教学的时间里，在学习知识、训练技能的同时，提高学生英语语用能力、训练和发展学生思维正受到越来越多教师的关注。

1. 坚持练习，做好语用铺垫

任何一门语言的学习都是一个漫长的过程，厚积方能薄发。充分利用好课堂开始的几分钟时间，坚持对话练习，就是一个行之有效的“厚积”过程。在正式展开一堂课的教学活动之前，设计好有针对性的问题，以 free talk 的形式让学生“说”语言，既能帮助学生复习已学知识、扫除语言障碍，又有利于为之后学习语言、使用语言做好铺垫。

以 Subjects 这一话题为例，该课时要求学生完成语言任务：能对一天的课程进行相应的描述，并能结合实情，用句型表达自己喜欢的学科。学生最终的输出文本框架为：We learn many subjects at school. They are ... I like ... best. We have ... lessons in ... We can ... 针对这一教学目标，教师可在课前设计了一系列问题与学生进行 free talk 互动，问题包括：Do you have a library/computer room/... in your school? What can you do in your classroom/reading room/...? Can you skip the rope/jump far/run fast/...? 通过思考、回答这一系列的问题，学生回忆、复习了已经学习过的与本课时话题相关的词汇和句型，为完成语用任务“介绍自己喜欢的一门学科”做好了铺垫。

现行的英语教材普遍都采用螺旋上升的编写理念，即同一话题或相关话题内容会在教材的不同年段出现，但对学生的语言要求逐步提升。长远来看，若教师能有意识地根据教材编写体系，有效利用这课前几分钟的时间、围绕某一特定话题从不同角度进行对话训练，便能帮助学生做好长期的语言积累。

2. 留出空间，激发学生思维

在教学中，教师要把凡是学生能够自己独立做的事情都给学生留出空间，让学生有时间、有机会去选择、决定，去思考，去体验、感悟，去创造、实践、应用。但由于长期受到偏重语言知识结构的教学方式的影响，许多教师即使有了“培养学生语用能力”的想法，仍往往过于严格地控制课堂，忽略了学生已有的知识和能力，无法给予学生足够的时间和空间去思考、去使用语言，“语用”环节因此总是流于形式。

例如，在教授 Time 主题中，为达成“学生能初步了解如何梳理、归纳语篇信息，能准确进行时间表达，对时区概念有所了解”这一教学目标，教师首先引导学生集体学习关于中国孩子 Kitty 在早上不同的时间做的不同的事情，并通过问答，初步了解如何梳理语篇所包含的主要信息（图 21–2）。

在第二个教学环节中，通过前面教学环节的铺垫和引导，教师指导学生如何思考、如何使用语言的任务已经完成。教师再给出结构相似、内容不同的语篇让学生小组交流，自主阅读、梳理、归纳，是完全符合学生能力的。

In China, it's … (time)
Kitty is … (doing)
But in …, it's …(time)
… is … (doing)
Oh, time is fun

图 21-2

其实，在日常的课堂教学中，我们并不缺乏“语用”环节，比如课堂伊始的 Free talk，教学过程中的 Pair-work，以及教学尾声阶段的 Group discussion/work 等。问题的关键是留出足够的时间和空间，让学生整合已有知识和能力，去思考、去实践，去完成“用英语做事情”的任务。

3. 敢于变通，培养语用能力

对尚处在英语学习初级阶段的小学生来说，所拥有的生活体验是有限的，所掌握的语言知识量更是有限。即使教师所创设的语言情境符合学生的实际生活体验，难免会有学生卡在某个词汇上，无法使用英语准确表达出自己的思想，进而影响了整体语用输出。此时，教师应避免让学生因小失大，可鼓励学生在整体输出时穿插个别中文词汇。

例如，在进行 Food 主题教学时，教师以 A very hungry caterpillar 为情境主线，用拟人的形式介绍了她一日三餐的饮食情况，最后要求学生能用 I'm hungry. I want …. It's … (Are you full now?) No, I'm still hungry. I want … It's … 这种对话接龙的形式准确表达自己想吃的食物。在预设学生的语用输出时，大家肯定会想到一个显而易见的问题，即学生的生活体验与其所掌握的词汇量产生了强烈的反差，很多他们在实际生活中品尝过的食物如小笼包、蛋饼、鸡翅膀等在英语学习中尚未接触。此时，教师需明确，我们需要学生完成的任务重点是“整体输出”而非“词、句输出”。学生的表达可以是：I want a Han Bao Bao（汉堡包）for my dinner. 教师只要做简单引导：Oh, you want a hamburger for dinner. That's great. 就可以巧妙地进行新授语言输入。这样可打消学生的表达顾虑，在接下去的练习中，使学生能兴致勃勃地根据语言提示、结合自己的实际情况进行整个语段的输出练习，达成本课时的教学目标。

案例

The journey of little water drop

教　材:《牛津英语（全国版）》五年级上册（上海教育出版社）

Module 4 Unit 11 Water Period 2

设计者: 黄春霞，上海师范大学附属外国语小学

（一）案例说明

《课程标准（2011 年版）》指出：现代外语教育注重语言学习的过程，强调语言学习的实践性，主张学生在语境中接触、体验和理解真实语言，并在此基础上学习和运用语言。所以运用“精心设计，主动体验；多元互动，快乐交流；培养思维，有效表达”这些策略是解决“如何引导学生主动体验，互动交流，提升表达能力”这一关键问题的最佳途径。

本节课实际上讲述的是一个自然界水循环的过程，涉及了语言和科学这两大领域，综合性比较强。教材上的故事内容叙述较简单，在第二课时中，教师在原有教材内容上进行了适度改编，主要呈现了主人公小水滴的三次旅行。通过视听结合、问题引领，让学生在有趣的故事情节中体验、感知水的物理变化和水循环的概念，在语言互动活动中尝试描述小水滴的变化过程。本节课较好地体现了在语境中感知体验、互动交流，提升语言技能这一学习过程。

本节课作为单元的第二课时，主要教学文本是 Unit 11 Water 中的 Read a story 版块，属于阅读课，要求学生在第一课时的基础上进一步巩固和学习理解核心词汇和核心句型，通过小水滴三次旅行中不同场景的呈现与转换，帮助学生理解水在自然界中的变化过程。同时，不同栏目的学习也为学生提供了运用所学语言的语境，通过模拟交流情境，增强认知情感，让学生了解更多水的知识。在本课 Read a story 版块有关小水滴的故事学习中，学生在感受水滴的变化过程的同时，也获取了一定的科普知识，在互动交流中提升了学生的英语表达能力。

（二）教学目标

作为本单元的第二课时，教学目标设定如下：

(1) 能在故事语境中正确理解、感知单词和词组 journey，up，shine，tree，ground，fly over，rise up，fall down。

(2) 能理解故事内容，了解水的变化原理，并提取相关信息。

(3) 能运用所给语言框架，描述小水滴的变化过程。

（4）能理解大自然中的水循环现象，感受大自然的神奇魅力。

（三）设计思路

英语学习强调体验，本案例注重引导学习者在整个学习过程中的自主学习，在真实语境中的语言体验，和在互动交流中的语用表达。在设计教学时，主要以小水滴的三次旅行为主要线索，进行语言内容的推进与学习，即：小水滴第一次旅行，分段推进故事、学习体验语言；第二次旅行，描述、表达，尝试语用输出；第三次旅行，关注思维，拓展延伸，有效表达。通过“精心设计，主动体验；多元互动，快乐交流；激发思维，有效表达”等教学策略帮助学生在体验、实践、合作交流的基础上，形成语用能力。

（四）教学流程

本节课教学流程如图 21-3 所示。

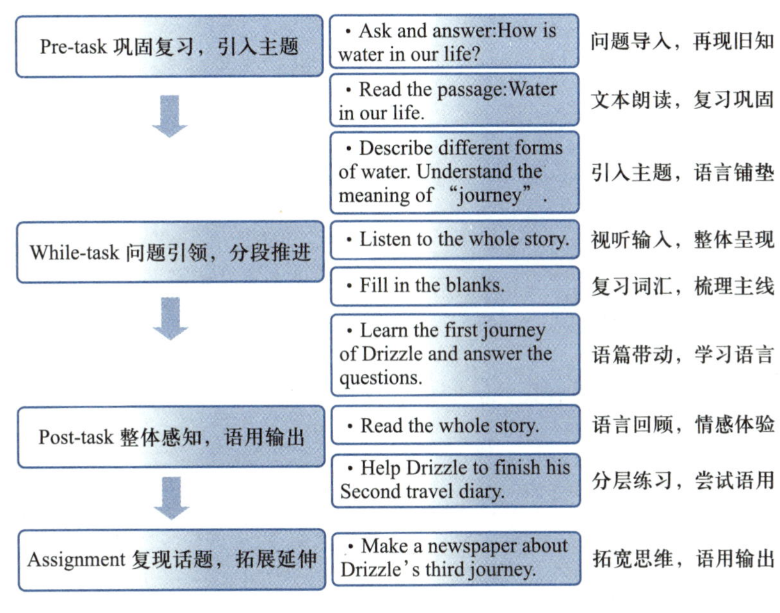

图 21-3

【教学评析】

本节课通过一滴水在自然界中的变化过程，引导学生感受大自然的神奇魅力。本课基于学生的学习实际、教材提供的学习内容和学习要求，在教学过程中创设交流语境，营造听说氛围，强化学生的感知、体验，鼓励实践语用，在循序渐进的学用过程中，培养学生观察生活的能力，积累一定的生活经验，学会使用相关语言进行合理表达。教师主要关注了以下方面：

1. 创设交流语境，营造听说氛围

创设充分的语言情境可以使学生产生学习语言的动机，也可激发学生学习的动力，从而促进学生语言运用能力的发展。在整个教学过程中，教师善于利用各种方式营造说英语的氛围，创设有利于学生说的情境，激发学生说的欲望。在掌握语言知识的同时为思维延伸环节做铺垫；在交流表达环节中，要求学生为小水滴创设出不同情境下的旅程，这就有意识地让学生根据既定的语言情境合理使用相应的语言材料，从而达到语用的目的。

2. 鼓励主动体验，强化实践语用

本课教学过程的推进中，教师设计了小水滴 Drizzle 这一人物形象，并以他的几次旅行作为学习主线，贯穿始终。改编后的故事充满了童趣，又有科学知识的渗透，枯燥的科学原理变得生动、有趣，使学生乐于学习，语言的学习体验在故事教学中无痕地完成了。整节课的设计突出了语用能力的培养，注重情境性、实践性、应用性，语言层次清晰。通过有效的语言拓展，鼓励学生主动体验、互动交流，最终使学生在轻松、愉快的学习氛围中提升了语言运用能力。

（点评人：鲁勤，上海市松江区教师进修学院）

微课程 21-1　The journey of little water drop

微课程 21-2　My favourite festival

教学关键问题22　如何通过听、说、读、写活动方式，引导学生在语言交流活动中，积累必要的学习经历？

教学关键问题提出

“教学”是指教师的教和学生的学，而在传统的课堂上，教师往往注重自己的“教”，忽视了学生的“学”，所以才会存在着注重知识灌输的填鸭式教学。《课程标准（2011年版）》提出：英语课程总目标由语言知识、语言技能、情感态度、文化意识和学习策略五大部分组成。学生综合语言运用能力的发展不能只重视其中之一，这就要求教师改变自己的教学理念，教学中不能仅仅关注自己如何教，更要重视学生如何学，教师的教是为了促进学生的学。教学中，教师不是让学生“学会”，而是“会学”。

教学关键问题分析

1. 关键问题简述

学习策略是英语课程的重要目标之一，教师在教学中要加强对学生学习策略的指导，培养学生的自主学习能力。小学段的英语学习多为一些较为简单和具体的策略，在《课程标准（2011年版）》的学习策略二级标准中也没有认知策略、调控策略、交际策略和资源策略的具体分类，如表22-1所示。

表22-1　学习策略分级标准

级　别	标准简述
二级	基本策略 1. 积极与他人合作。 2. 遇到问题主动向老师或同学请教。 3. 会制定简单的英语学习计划。 4. 对所学内容能主动复习和归纳。 5. 在词语与相应事物之间建立联想。 6. 在学习中集中注意力。 7. 在课堂交流中，注意倾听，积极思考。 8. 尝试阅读英语故事及其他英语课外读物。 9. 积极运用所学英语进行表达和交流。 10. 注意观察生活或媒体中使用的简单英语。 11. 能初步借助简单的工具书学习英语。

语言不是一种个人行为，而是一种社会行为，是发生在人与人之间的具体交流，因此，在语言学习过程中有效使用交际策略是十分必要的。本文的关键问题是“如何通过听、说、读、写活动方式，引导学生在语言交流活动中，积累必要的学习经历?”它指向的是交际策略。《课程标准（2011 年版）》对小学生学习策略的掌握要求较低，主要要求是意识的形成，因此，本文将二级基本学习策略中的其中三条界定为本文关键问题的“必要的学习经历”。① 积极与他人合作。② 在课堂交流中，注意倾听，积极思考。③ 积极运用所学英语进行表达和交流。

2. 关键词概念界定

学生只有亲身参与到语言实践活动中，才能感知怎样的学习是能让自己成功的，这就是学习者在学习行动中所获得的体验，即学了什么？如何学的？认为自己应当学什么？而学习者在体验的过程中所获得的成功学习经验就是学生的必要学习经历，这些学习经历经过内化可逐渐转化为学生的学习策略。它们彼此间互为关联，相互影响，如图 22–1 所示。

图 22–1　语言活动、学习经历和学习策略三者关系图

教学关键问题解决

教师的教学策略对学生的学习策略的形成起着潜移默化的作用。教学中，教师应该综合使用听、说、读、写活动方式，引导学生在语言交流过程中，获取不同的感知和体验，帮助学生逐渐形成有效的学习策略。本文关键问题中的“听、说、读、写”是语言活动的方式，课堂中，教师要调动学生的多元感官，综合运用听、说、读、写活动方式，满足不同学习者的学习风格。“语言交流活动”是学生获得学习经历的途径和通道，通道是否顺畅，将直接影响学生能否积累必要的学习经历，“必要的学习经历”即为学生的学习结果。本文将以“积极与他人合作；在课堂交流中，注意倾听，积极思考；积极运用所学英语进行表达和交流”为关键问题解决的目标，阐述教学中教师如何运用适切的教学活动方式，设计有效的语言交流活动，帮助学生积累必要的学习经历。

（一）设计基于语境的听说和写话活动，帮助学生用所学英语表达和交流

语言交流过程中，语境总是处于不断变化的状态，这就导致语义的转变也时刻处于动态之中。没有语境的变化，语义的变化就没有了依托。语境变化了，而语义不变，又会导致交流的失败。因此，引导学生用所学英语表达和交流的关键是语境的创设。

1. 设计真实语境，鼓励学生在听说活动中用英语“积极交流”

人的主要交流方式靠听和说完成，听说活动也是小学英语课堂中主要的活动方式。教师会经常将听说活动引入课堂，开展语言知识的学习和听说技能的训练，鼓励学生在听说交流的过程中感知如何用英语进行交流。但在课堂中，我们往往会发现，有的教师所设计的听说交流活动，其实只是句法或词汇的机械操练，学生在听说交流活动中所获得的学习结果仅为几个词汇和几句句型，通过交流，并没有获取丰富的信息，也没有体验到丰富的思想和情感。究其原因，就是因为缺失了语言交流的语境。也有的教师虽然为听说交流活动创设了语境，但因为语境不符合学生的心理年龄和认知水平，它们或是成人的生活，或是学生的陌生领域，导致“语境”成为一种摆设，“交流”也就随之消失了，虚假的、没有意义的交流不会使学生产生交流的欲望。

例如，《牛津英语（上海版）》四年级上册（上海教育出版社）有一个单元是关于购物，教师设计了 Peter 去澳大利亚旅游，为爷爷奶奶买礼物的语境，结果整堂课死气沉沉，教师垂头丧气，埋怨学生的状态糟糕。后来发现，这个班级的学生大多来自农村，他们从没有这样的生活经历，这样的语境对他们来说是完全陌生的。

《课程标准（2011 年版）》提出：强调学习过程，重视语言学习的实践性和应用性，学生要在语境中接触、体验和理解真实语言。只有在符合学生认知水平、符合学生心理年龄、基于学生生活的真实语境中，才有真正的交流，语境能帮助学生积累用英语“积极交流”的必要学习经历。

2. 设计基于话题的语境，引导学生在写话活动中用“所学英语表达”

用写的方式表达个人的意愿也是生活中常见的。《课程标准（2011 年版）》要求语言学习的过程是“做事情”的过程，表达就是在“做事情”。教学中，写话的内容是否有意义，也反映出教师设计的写话活动，是不是真正让学生“做事情”。在实际教学中，有些教师误认为，只要将每单元的目标语言写进去就可以了，让学生所写的小语段成为考试要考的语言项目的堆积。但是，有意义的写话同样需要语境的支持。除此以外，教师还要关注学生是不是能用“所学英语”表达，所学英语除了新知，也可以有适量、适切的旧知的融合，写话的内容要基于本单元的话题，涵盖本单元的核心语言项目。比较如下三个案例。

《英语 PEP（三年级起点）》五年级上册（人民教育出版社）Unit 4 What can you do? 要求学生写一写自己能干什么、不能干什么。目标语言为：dance，swim，cook，play the pipa，do kungfu，sing English songs，draw cartoons，play basketball，play ping－pong，I can… 和 I can't…

【案例 A】

> I can speak English and Chinese. I can sing English songs. I can dance. I can swim. I can cook. I can play ping-pong. I can't do any kungfu. I can't play the *pipa*.

【案例 B】

> Children's Day is coming. We'll have a class party. I can sing English songs. I can dance, too. We need some pictures for the party. But I can't draw. Bingo! Zhang Peng can draw cartoons. That's cool!

【案例 C】

> Children's Day is coming. How happy! Look, this is my present. It's a robot. His name is Robin. He is short but strong. He can speak English and Chinese. He makes me finish my homework.

【案例 A】中所有的语言项目是本单元的目标语言，虽然涵盖了本单元的目标语言，但是因为没有语境，学生记住的是关于活动的几个单词、词组，以及用来表达能做什么和不能做什么的句型 I can... 和 I can't...他们不是在表达对一件事的想法，而是机械地造句。

【案例 B】除了本单元的目标语言，开头两句的 Children's Day is coming. We are going to have a class party. 为写话创设了真实的、符合学生生活的语境。学生在写话的活动中会思考我能为即将到来的班级儿童节联欢会做些什么，然后通过写话记录下来。

【案例 C】虽然有语境，但是离开了本单元的话题 What can you do ? 变成了 A present for Children's day。学生在写话前必定会有和本单元话题有关的语篇学习，学生通过语篇阅读，学习了语言、获取了信息，为写话做准备，这就是一份学习的经历。话题另辟新径使学生少了一份围绕单元话题学习的经历，如何用“所学英语”积极表达成为空谈。

如何使写话的内容有意义，帮助学生积累用所学英语积极表达的经历，需要考虑几点：① 语境基于单元话题；② 语境真实；③ 新旧知的整合。

（二）设计基于任务的听说活动，帮助学生在课堂交流中注意倾听并积极思考

1. 以任务推进帮助学生在听说交流活动中学会“注意倾听”

语言交流活动是从听开始的，没有听就没有语言的交流。有效“倾听”的前提是“注意”。小学生的年龄特点决定了他们的注意力较难集中，且持续的时间不长。如何使学生在语言交流的过程中始终“注意倾听”？教师可以设计基于学生生活的真实任务，以任务为主线推进听说交流活动。活动前，就明确交代活动内容和活动要求，唤起学生的兴趣，而不是放在新授环节结束以后。活动过程中，通过小任务的介入检测学生倾听的效果。活动后，让学生分享、交流自己的任务成果，帮助学生体验因为“注意倾听”所获得的学习成就感。

例如，《牛津英语（上海版）》五年级上册（上海教育出版社）Module 1 Unit 4 单元的 Say and act 板块的内容是关于长江如何汇入大海的。教师可以在课的开始就

告诉学生，今天要学习的语篇是关于什么内容的，本节课要完成的语言任务是 Give a report about the Yangtze River，同时还可以增设分任务，要求学生在活动过程，在地图上画出长江汇入大海的路径。

在课的开始就告诉学生本节课结束要完成的任务，必要时还可以增加听说交流过程中的分任务，任务就是语境，以任务为驱动，可以有效引导学生在听说交流的活动中“注意倾听”。

2. 以真实任务结果交流促进学生在听说交流活动中“积极思考”

教师在课堂中设计了很多听的活动，但最终因为没有任务结果，使得课堂中的很多“听”是“假听”。学生在交流时，不会去思考听到了什么，哪些信息是任务结果需要的，哪些信息是通过交流依然没有获取的。课堂中，也有的听说交流活动看似有任务结果，但缺乏真实性，学生无需通过“交流”也能知道这些信息，与“假听”相伴的便是“假交流”。这样的教学现象与《课程标准（2011 年版）》是相违背的。只有“真听”才有“真交流”。要让学生体验到“真”，教学中，教师就要设计真实的任务结果，并通过各种活动方式让学生分享、交流任务结果，不断帮助学生积累如何在交流过程中“积极思考”的经历。

例如，《英语 PEP（三年级起点）》六年级上册（上海教育出版社）Unit 3 My weekend plan 单元，教师通常会请学生制订一个周末计划，看似真实的结果，其实真实性的程度很低，现在学生的周末除了做作业就是在社会学校参加各种学习班，学生无论是过程中交流的，还是结束呈现的周末计划，其实都是在想象，或者就是造句。基于 My weekend plan 话题，教师可以把任务改为 My summer vacation plan，学生语言没变，但是学生真实的生活经历能够促使学生在语言交流过程中“积极思考”。

因此，教师在设计任务结果时，可以基于教材，也可以高于教材，要基于学生，更要基于学生所处的生活环境以及当前社会的特点，不要让“真实”成为“伪真实”。

（三）拓宽听、说、读、写活动互动空间，帮助学生学会如何与他人合作，完成任务

1. 设计多样分组方式，帮助学生学会和“他人”合作

课堂中，教师要鼓励或要求学生通过与他人合作，共同完成学习任务。每一堂英语课堂课我们都能看到有小组合作或对子活动，但是小组或对子中的成员都是相对固定的。合作是为了共同完成任务，但与谁合作才能共同完成任务，“他人”的选择需要学生在与很多不同人、多次的合作过程中逐步体验。如果学生总是在相对固定的合作组中，就较难积累如何与他人合作的经历。因此，教学中，教师可根据不同的学习内容和学习要求，尽可能地采用多次分组的方式，拓宽互动空间。

例如，《英语 PEP（三年级起点）》六年级上册（上海教育出版社）Unit 1 通过多次分组（全班一共分 8 组，4 ~ 6 人一组）活动，引导学生运用听、说、读、写多种活动方式，完成语言任务。根据单元话题 How can I get there? 教师设计了杭州一日游路

线的语言任务，具体如表 22-2 所示。

表 22-2　小组多次分组合作设计

序	合作方式	合作内容	活动方式
1	四人一组	小组共同设计杭州一日游路线图	听、说
2—5	每组派 A 同学到另一组	介绍自己小组的路线图，听他人介绍路线图，记录异同之处	听、说、写
	第 2 项活动内容重复四次 因时间有限，也可以一次派 2 人分别到两个小组		
6	回到自己的四人小组	分享四人分别从其他小组获得的信息，修整自己的路线图，定稿最终路线图	听、说、写
7	各组轮换路线图	共同阅读，给出评价	听、说、读

多次分组实现了经验分享，随着合作人的不断变化，学生虽然还无法在短时间内清晰总结他的合作人的特点，但能逐步体验到他要选的合作人，这就是课堂带给学生的必要学习经历。

2. 设计信息差任务，帮助学生学会“主动”合作

如何“主动”与他人合作，小学生还不具有主动的意识，需要成人的引导和要求。培养学生学会主动合作，就要在教学中设计有信息差任务的学习单，激发学生合作的需求，体验真实的合作，教师要避免形式上的合作。

例如，《牛津英语（上海版）》五年级下册（上海教育出版社）Module 4 Unit 1 Museums 单元，就可以设计信息差任务，促使学生主动与人合作。教师可以编写若干篇 60 字左右的阅读材料，每篇阅读材料涉及不同的博物馆场所，要求学生通过多次交流，获取博物馆的数量及具体名称的完整信息，

范例导读

案例

A survey about different dream jobs

教　材：《牛津英语（上海版）》五年级上册（上海教育出版社）

Module 1 Unit 3 My future Period 3

设计者：吴旻烨，上海市宝山区第二中心小学

（一）案例说明

《课程标准（2011 年版）》提出：注重语言学习的过程，强调语言学习的实践性，主张学生在语境中接触、体验和理解真实语言，并在此基础上学习和运用语言。即学

生只有亲身参与到语言实践活动中，通过听、说、读、写的活动方式，在语言交流活动中，不断积累必要的学习经历才能逐渐内化为自己的学习策略。

在《课程标准（2011 年版）》学习策略二级标准中提出“积极与他人合作”，本案例就将探讨如何通过调查任务，帮助学生学会与人合作，共同完成任务。

本案例选自《牛津英语（上海版）》五年级上册（上海教育出版社）Module 1 Unit 1 My future 单元，本单元共四课时，本案例为第三课时。学生通过第一、二课时的学习，① 能够听、说、读、写本单元表示工作的目标单词 worker，pilot，farmer，cook 和 shop assistant；② 能够运用本单元的目标句型 What do you want to be? I want to be ...与同伴进行口头问答；③ 能够就本单元话题 My future 讲述自己的梦想职业及其简单理由。本课时的教学内容为教材第 14 页 Say and act 板块，Different dream jobs，内容是关于梦想职业的街头调查。

以教材第 14 页图片和 Say and act 板块的语篇为依据，本课时创设了街头调查的语境，设计了完成关于梦想职业调查的语言交际活动。在整个教学过程中以 Different dream jobs 语篇为载体，帮助学生学习如何开展调查。以完成同伴间关于梦想职业的调查为手段，要求学生在调查中及时记录被调查对象的信息，在调查结束后要求学生以说的方式汇报调查结果。因此，本课时的教学特别强调如何运用所学语言进行表达和交流，如何通过与他人的合作，完成语言学习任务；如何在调查的过程中注意倾听、积极交流、做好记录。

（二）教学目标

（1）能够在调查班级同学梦想职业的活动中，灵活运用目标句型 What do you want to be in the future? I want to be...与同伴合作，开展调查。

（2）能够在调查班级同学的梦想职业的活动中，用目标单词 worker，pilot，farmer，cook 和 shop assistant 做好书面调查记录，掌握做调查的方法。

（3）能正确运用目标句型的第三人称单数形式... wants to be...口头汇报调查结果。

（4）了解不同年龄、不同职业的人的梦想职业，感受拥有梦想的乐趣。

（三）设计思路

本节课的教学活动围绕调查任务展开，教学目标是学习如何开展调查，并在调查的过程中学会如何记录调查信息，如何汇报调查结果，因此“调查”是本节课的语言任务，整节课的设计关注：① 语境不脱离“调查”，体现真实性；② 小任务介入调查过程，引导学生注意倾听；③ 在调查的过程中有多元互动，帮助学生感受如何与不同的“他人”合作；④ 调查结束呈现真实结果，引导学生在调查过程中积极思考。本节课的设计分为两大环节，第一个环节是语篇的学习，为调查做好语言和内容的准备，设计思路如图 22-2 所示。

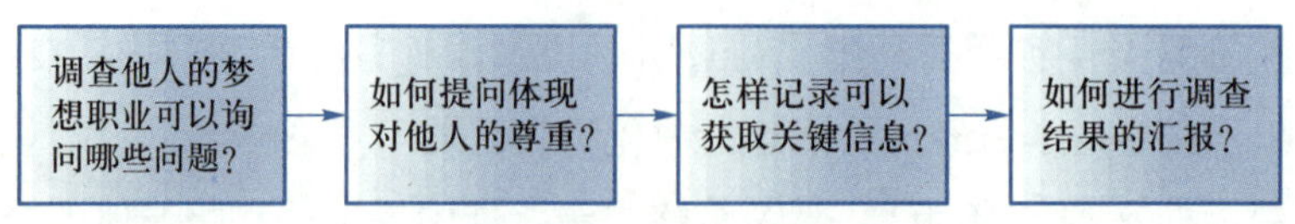

图 22-2

第二大环节是学生自己尝试在班级中与同伴开展真实的关于梦想职业的调查，学生运用所学英语与同学积极交流、认真倾听、大胆表达，感知语言任务完成过程中获得的成功体验。

(四) 教学流程

本流程从四个方面呈现整节课的推进过程，如表 22-3 所示。

表 22-3

目标语言	语境和任务	学习要求	教学方法
I want to be a doctor.（shop assistant，pilot，worker，farmer，cook）I want to...	根据 dream job card 说说同伴的 dream job 以及自己的 dream job	能较为熟练地运用核心词汇和句型，谈论 dream job	Look and say Let's talk
They meet three people in the street，a school girl，a young man and an old man.	在 Kitty，Peter，Danny 去做街头调查的语境中，根据听到的内容说说他们遇见了几个人？分别是谁？	初步感知文本内容	
Excuse me，I'm from...Can I ask you some questions? What do you want to be in the future? What's your job now and what's your dream job? Do you have a dream?	说说在做调查时，我们应该如何有礼貌地提问，可以问哪些问题来了解他人的 dream job 在 Kitty，Peter，Danny 去做街头调查的语境中，根据听到的内容说说他们问了哪些问题，是如何提问的	初步尝试运用核心语言。在调查的语境中思考核心语言的用途 能在对话中听出做调查时的用语和所提出的问题。能正确朗读	Group discussion Listen and answer Listen and follow
teacher，writer，traveler work at home travel around the world	根据调查内容，通过同桌问答的形式，说说被调查者的 dream job 及简单理由	能正确朗读对话内容，提取相关信息。了解被调查者的 dream job	Read in pairs Ask and answer
Excuse me，can I ask you some questions? What's your dream job? ... wants to be... ... wants to...	在班级调查的语境中调查老师的 dream job，并填写 card。尝试做汇报	能尝试运用调查用语选择合适的问题来提问。能尝试运用核心语言的三单的形式来进行汇报	Try to do a survey Try to give a report
Excuse me，can I ask you some questions? What's your dream job? ... wants to be... ... wants to...	在班级调查的语境中调查班级同学的 dream job 并根据记录的 dream job card 做汇报	能比较正确地运用核心语言来做调查 能运用第三人称单数汇报调查结果	Do a class survey Give a report

【教学评析】

本节课教学目标设计合理，较好地涵盖了《课程标准（2011 年版）》的要求。教师设置了调查任务，为学生创造了参与语言实践活动的大量机会，通过听、说、读、写的活动方式，全面调动学生的多元感官，积累必要的学习经历。整个教学过程中，老师关注的不仅仅是语言知识，更嵌入了学习策略。虽然学习策略在小学五年级段没有很多、很高的要求，但是教师已经认识到学习策略对一个英语学习者的重要性。本节课中，学生通过调查任务，学会了要了解他人的梦想职业，可以问哪些问题，而要获取这些信息，又应该如何礼貌地提问。比起所学的语言知识，这节课学生学到的完成任务的方法，或许是对学生更加终身受用的。而本节课中的学习策略，并不是孤立的，而是巧妙地融入语言学习之中的。教师利用语言学习任务，嵌入了学习策略的教学。学生在参与语言实践活动的过程中，积累了必要的学习经历，最终逐渐形成了有效的学习策略。

（点评人：王珏，上海师资培训中心）

微课程 22-1　Different dream jobs（1）

微课程 22-2　Different dream jobs（2）

教学关键问题23 如何通过适切的学习活动，帮助学生了解在日常生活中，文化差异引起的表达习惯的差异？

教学关键问题提出

英语作为全世界被使用最广泛的语言之一，它和汉语在表达上有着诸多差异，除了语言本身，如：语法、句子结构、词语搭配、语言顺序等上存在着差异外，表达习惯更是存在着许多差异。

然而，在我们的英语课堂上，我们看到的是，教师会想尽各种办法讲解语法，讲解搭配，也会在学习过程中投入大量时间和精力去检测学生的学习效果。但是，令教师头痛的是，学生依然会说出如：I very like it 这样的中式英语；依然会对 You are so pretty today 这样的交流无法应答；常会出现以中式的思维进行的表达：

A：You look sick. What's the matter with you?

B：I have got a bad cold for several days.

按中国人的习惯，学生很自然地给出如下建议：

A：You'd better go to the clinic. Drink more water.

因为在我们平时的交流中，这样的表达被认为是给予对方一种极大的关心。

但其实英语国家的人对此却不理解，他们会认为难道我病得那么严重吗？所以在这样的场合下，比较合适的回答可以是：Take care. Get well soon. 等。

教学关键问题分析

这些表达习惯上的差异反映出的其实是语言赖以生存的社会习俗、生活方式、行为方式、价值观念、思维方式等因素的制约和影响。换言之，中、英表达方式上的差异其实是文化差异的一种表现。导致学生现在跨文化理解能力不足的原因大概有如下几点：

（1）在英语教学中，教师对跨文化理解的重要性认识不够，认为对听、说、读、写能力的培养，对词汇、句型、语法的训练就是语言学习。殊不知，因为文化差异导致的错误理解往往会导致交际的失败。

（2）英语教师自身对文化差异的认识能力不足。教师本身对英语国家的文化了解不多，更缺少对表达习惯、思维方式等的差异的认识，也就缺失了有目的地对学生进行这一方面的培养。

（3）英语教学中缺少帮助学生理解表达差异的真实语言环境。学生无法在真实的环境中感知、体会语言的表达差异，也就很难得到对这种语言的真正感悟，因此在思维方式、表达方式、行为方式上就表现出了诸多问题。

究其原因，其实是对英语教学总目标认识得不全面而导致的对教学内容把握的不合理、对课堂教学时间分配的不恰当及教学活动开展的不切合。而在英语教学中要做到适切，就应该要基于《课程标准（2011 年版）》、基于对英语教学的整体认识、基于对教材的全面解读、基于对学生实际的了解，就教材中涉及的有关日常生活中的表达习惯进行适切的内容整合，就整合后的内容通过各种适切的途径进行教学，以此来帮助学生从初步感受语言表达习惯上的差异，到了解具有习惯差异的不同的表达方式，逐步提升，最终使学生不仅能正确理解和得体地使用语言，从而达到实现“跨文化交际”的目的。

教学关键问题解决

渗透文化的英语教学，其目的是发展学生英语的综合能力，最终提高学生对语言的实际运用能力，满足其今后工作、学习等的需要。

《课程标准（2011 年版）》在第三章的第五部分文化意识中指出：在教学中，教师应根据学生的年龄特点和认知能力，逐步扩展文化知识的内容和范围。在起始阶段应该使学生对中外文化的异同有粗略了解，教学中涉及的外国文化知识应与学生的生活密切相关，并能激发学生学习英语的兴趣。

基于此，为帮助起始年段学生了解英语国家人们在日常生活中的表达习惯与我们的差异，可以尝试以下方法：

（一）输入适切内容，帮助学生感知真实的表达内容

课本中有些内容是为以学习英语为目的而设计编写的，但在真实性上却有所欠缺。

例如，课本里总会有介绍新朋友这样的教学内容：

students: Good morning, Miss Fang.

teacher: Good morning, children. This is Tom. He is a new boy.
He is clever and handsome ...

Tom: Er ...

中国人介绍新朋友，总喜欢用一些赞美表扬之词。但是在英语的文化观念中，初次结识，相互介绍，不必品头论足。主观性的评论，尽管是美言，也会给人唐突的感觉，特别是 clever 和 handsome 两词。在该种场合，介绍应该围绕被介绍人的身份等展开，而不应该是对外貌的描述和抽象的评论。所以在输入的内容上，教师可以做以下表达：

teacher: This boy is a new student. His name is Tom. He is from England.

非原汁原味的英语，虽然它们是正确的，但是却缺少语用性，也缺少多元的文化内涵，如：地理文化、风土人情、交际习俗等。这样一来，在一节缺乏文化支撑、学生感知的并非真实语言的课堂中，学生充其量学到的是正确的语言，却无法进行地道的语言输出。进而导致学了好几年英语的学生一旦处于真实的交际环境中，就会手足无措，不知如何说，不知如何确切地清晰表达，最终导致交际的失败。

以《英语 PEP（三年级起点）》三年级上册（人民教育出版社）Unit Three Look at me 为例，翻阅整单元教材，我们知道，本单元的主要教学内容之一是句型 How are you? 及其应答 I am fine, thank you. / Very well , thank you.

How are you? 在英语国家的交流中，往往没有什么特定的要求，它主要是作为寒暄或引出将要进行的话题语句。但是，中国学生通过学习，往往只会回答 I am fine, thank you. /Fine, thanks. /Very well, thank you. 若学生只会如此回答，在交际中是不合理的。教师应通过对输入内容的调整，让学生感受更多真实的表达，如：感觉很一般用 All right. /Not bad. 感觉不太好用 Terrible 等。同时，出于礼貌还会回问 And you? 接着通过教学活动的设计和情景表演，将语言内容和表达真正内化成学生以后在真实交际中可以使用的内容。

还原真实的表达内容，将有助于学生直观地了解英语中的表达方式，从而有利于学生的语言输出。

（二）创设各种语境，帮助学生了解真实的表达方法

根据美国语言学家汉威的理论，我们可以把如何逐步帮助学生了解语言表达上的差异分为几个层次：感知表面明显的表达差异—了解细微而有意义的差异—通过一定体验，达到能听（读）懂或初步应答的水平。

但是在这一过程中，由于学生的年龄段及心理成熟能力乃至理解能力的局限，学生往往会出现“依赖性”。那么如何通过有效的方法激发学生自主地去了解这种表达差异呢？

创设真实的语境就为学生提供了可直观感知的可能，不仅可以为学生提供可进行交际活动的平台，还能培养学生在轻松、愉快的氛围中用英语思维的习惯和在特定的语境中进行得体交际的能力。

语境在语言交流中的作用是怎样的呢？举个例子：The eagle flies today. 如果只从字面上解释，就是老鹰今天飞走了。可是如果某人在美国且今天是个发薪日，在这样一个特定的语境下，整个句子的意思就完全不一样了，它可以解释为：今天发工资了，因为，在美元的纸币上印有老鹰的图案。

语言依托语境才能显现出它的真正意义。

而所谓语境，既包括语言因素又包括非语言因素。时间、空间、对话、话语前提等与语词使用有关的因素都是语境因素。朱浦老师曾经在他的学科报告中多次指出，

文本、语境和语用是学习英语不可或缺的要素。

1. 创设文本语境，帮助学生理解表达内容

文本本身就是一个大的语境，教师可以通过课文或是整合的内容，教会学生通过对上下文的理解，帮助他们更顺利地掌握语言内容。

以《看、听、学》第二册（上海外语教育出版社）Lesson 61 Mrs. Boffin's Birthday 一课为例，故事是说粗心的 Boffin 教授把太太的生日记错了，当他带着一束花准备为 Mrs. Boffin 庆祝生日时，觉得十分尴尬，但是 Boffin 太太还是很开心地说："Better late than never." 对于这一表达，学生在理解上是会有困难的，于是教师将对话形式的课文稍作改变如下：

(When Mrs. Boffin sees the flowers) She says: Oh, dear, that's all right. You never remembered my birthday before. But this year, at least, you didn't forget it. I love these flowers. You know, better late than never.

教师指导学生根据前文的 never remember, didn't forget 理解出 Mrs. Boffin didn't get any presents before. But this year, she has a bunch of nice flowers. 从而学生很快地了解到"迟到总比没有好"的意思。

2. 创设情景语境，帮助学生理解表达内容

在英语的教学过程中，良好情境的创设能逐步减少学生利用母语进行心译的过程，加快其与客观事物建立直接的连接，并为学生提供良好的学习环境，从而提高课堂教学的有效性。还原教材内容中所带有的情境，或是创设、整合内容中所带有的情境，都能有效帮助学生理解、习得语言，有利于其语言内化。

以《牛津英语（上海版）》二年级上册（上海教育出版社）Module 3 Unit 3 In the kitchen 为例，单元中的 Say and act 部分要求学生在学习了餐具的单词后，学会在 Cook dinner 的情境中结合 No, thanks. Yes, please. Here you are. 等进行日常表达。在中、英表达习惯上，表示接受和拒绝的方式本来就有所差异，所以为了让学生可以真正了解从而习得这种有差异的表达方式，教师在课堂上就利用课文内的情境，将本节课的情境设置为 dinner time。前半部分为准备晚餐的时间，通过教师本人在准备晚餐的过程中需要的各种餐具，引入新知并初步感知。然后再创设用餐的教学情境，学生们以围圈的方式分成若干组围坐在桌边，在模拟进餐的过程中，通过交际得到自己的餐具甚至是食物，或为伙伴送去餐具、分享自己的食物等。整个情境既自然又有效，通过该情境的创设，学生得以最终达成语用目标和跨文化交际的目的。

总之，通过创设情境的方式，可以让学生更有效地感知和了解语言表达上的差异，通过各种活动的设计，帮助学生有效地达到能听（读）懂或初步应答的目的。这样，学生在以后的语言表达时就不太会出现因"中式思维 + 英语表达"而造成的尴尬了。

（三）创设交际活动，帮助学生做出正确的应答行为

《课程标准（2011 年版）》指出：英语课程的重点是对学生实际语言运用能力的培

养，倡导体验、实践、参与、合作与交流的学习方式和任务型的教学途径，发展学生的综合语言运用能力，使语言学习的过程成为学生形成积极的情感态度、主动思维和大胆实践、提高跨文化意识和形成自主学习能力的过程。

这也进一步表明英语学习具有交际性和实践性的特点。这种交际和实践的过程是无法仅靠教师的传授和讲解就可以完成的，但通过教师为学生创设的各种可体验、实践、参与的学习活动，学生则可以在学中用、在用中学，从而内化该语言知识。

以《英语 PEP（三年级起点）》三年级下册（人民教育出版社）Unit Two My family为例：Topic 是 My family，本单元的主要教学内容之一是有关家庭成员的词汇及运用简单的句型，如 Who is he/she? Is he/she your brother/sister? This is my father 等进行简单的家庭情况的介绍和问讯。

从文化差异上来看，英语的亲属以家庭为中心，只区别男性、女性，却忽视配偶双方家人的称谓差异，如：英文中只有 grandfather，grandmother 两种对老人的正式称呼，而中文却有爷爷、奶奶、外公、外婆四种正式称呼，中文称呼中的哥哥姐姐可以指来自大家庭中不同小家庭的大朋友，但英语中 brother，sister 主要表示来自同一家庭的孩子之间的关系。

在起始年级的教学中帮助学生正确认识这些表达上的差异有利于学生掌握正确的表达方式，从而形成认识文化差异的意识。

第一课时，教师设计的教学目标为掌握家庭成员 father，mother，brother，sister 的表达方式以及能初步使用 This is my … . Is he/she your …? 的句型，在第二课时拓展有关家庭成员的词汇，如：grandfather，grandmother，uncle，aunt，cousin，其中 uncle，aunt，cousin 为课外整合内容，并且通过对问句 Who is …? 的学习让学生可以就身边熟悉的人进行简单的交流。

在第二课时的教学过程中，在 Pre-task 环节，首先以翻阅家庭相册的形式复习已学内容。然后自然地通过相册中其他人的照片学习新授词汇。为了方便学生真正理解这些家庭成员之间的关系以及与中文表达的差异，教师设计 Family tree 的活动将相关的照片贴在 tree 的正确位置上，如图 23-1 所示。

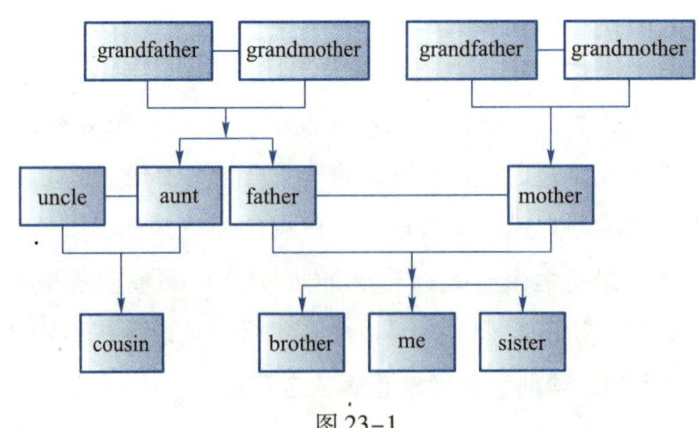

图 23-1

在Family tree的活动之后，教师设计了猜谜的游戏活动，帮助学生进一步熟悉词汇和理解表达上的差异，将之前的词汇放入语境中，同时引出问句：Who is he/that man?

T：Who is that man? He is my father's father.

S：Is he your grandfather?

T：Who is she? She is my father's sister.

S：Is she your aunt?

T：Who is that girl? She is bigger than me，but she is not my sister.

S：Is she your cousin?

最后，通过互相介绍家庭成员或询问家庭成员，完成教学内容。

丹麦语言学家叶斯帕森曾经这样讲过：外语教学的首要条件是要尽可能地让学生接触外语、使用外语。学习外语必须在真实的语境中就像学游泳必须浸在水中一样。

范例导读

案例

What would you like?

教　材：《英语PEP（三年级起点）》五年级上册（人民教育出版社）

Unit 3 What would you like? Period 3

设计者：奚敏，上海外国语大学附属外国语小学

（一）案例说明

《课程标准（2011年版）》在第一章“前言”中指出：学习英语的目的之一是帮助学生形成开放、包容的性格，发展跨文化交际的意识和能力。在第二部分“课程目标”中也指出：英语学习应该培养学生形成初步的综合语言运用能力，而文化意识又有利于正确地理解语言和得体地使用语言。参考《课程标准（2011年版）》中对于文化意识的分级标准描述中所提出的部分要求，我们了解到，在英语学习的起始年段，学生应该对最简单的称谓语、问候语和告别语有所了解；能对一般的赞扬、请求、道歉等作出反应；能在学习和日常交际中，初步注意到中外文化的异同。

本案例所选择的教学内容是《英语PEP（三年级起点）》五年级上册（人民教育出版社）第三单元的内容。从教材中我们可以看到本单元的教学内容主要为：食物和饮料名称的学习；对这些食物的口味、健康与否进行了解，从而引出话题：The favourite food；在此基础上，进行交际性的语言运用What would you like? 并能正确表达自己喜欢的食物I'd like some noodles. I'd like some water.

此外，从学习内容的编排上来看，要求学生在单元学习结束时要掌握如下内容：首先，在特定场景下，学生能使用句型：What would you like to eat? What would you like to drink? I' like some …进行询问和选择所需要的食物；其次，掌握食物和饮料类词汇，如：salad，noodles，sandwich，beef，tea，water，milk 等；再次，对这些食物进行进一步的了解，包括口味 sweet，hot、口感 fresh，delicious 以及它们的品质 health，并在此基础上引出话题 The favourite food：My favourie food. /My friend' s favourite food.

就以上教材中所呈现的内容来看，其中所涉及的词汇、句型、话题等都是围绕人们生活中的饮食习惯、个人喜好等展开的。而在中国和英语国家中，人们饮食习惯的差异还是很大的，且教材中所呈现的食物以快餐食物居多。因此教师需要通过对教材内容的适切增减，让学生了解更多的中国和英语国家人们在饮食习惯上的差异，通过创设 In the restaurant 这样的情境，提供学生可以交际的平台，帮助学生感知差异，从而正确合理地使用语言。

在综合分析了各方面的因素之后，如：内容的涵盖度、语言交际的需要、学生对事物的认识规律等，教材的编写顺序可以做出如下调整：先掌握食物和饮料的词汇，因为这些词汇是对后续话题和语言交际的基本支撑，接着顺其自然讨论这些食物的口感、特点等；其次进行话题的学习：My favourite food. /My friend' s favourite food. 在这一学习的过程中，学生对之前的学习内容进行复习和运用，同时 The favourite food 的话题可以为后续的学习任务提供逻辑上的保证，并在内容上使交际过程中的语言更丰富，让情景对话更生活化，同时对于学生交际意识的养成起到一定的作用。

在对教学内容调整后，本节课是本单元学习的第三课时，要求学生掌握的是句型 What would you like to eat? /What would you like to drink? I'd like some …

从这个学习内容看来，无论是语言本身的表达方式，还是在交际时的表达习惯，中、英文都是有差异的。在该教材四年级的内容中，对于买东西的语言内容已经有所涉及，学生们已经了解到，在买东西或点餐的时候，服务员往往会先行询问：Can I help you?

从学生的学习规律上来看，无论是语言内容的学习，语言技能的掌握，还是文化意识的形成，都需要通过反复的练习。若可以在真实的情境下反复操练，学习的效果会事半功倍。因此本案例中教学过程的推进都发生在创设的 restaurant 的情境中，由认识菜单开始，让学生初步感知饮食文化上的差异，依然在 restaurant 的情境中学会如何点单，从而了解和感知真正的生活化的语言，最后在 restaurant 的情境中，学生就文本中提供的语言，尝试自行点单。

（二）教学目标

（1）能通过询问他人 What would you like to eat /drink ？获得有关他人在饮食中喜好的信息。

（2）能对他人的询问 What would you like? 做出正确应答 I' d like some …，表达自

己的喜好。

（3）能运用所学知识进行问询和点餐的话题交际。

（4）能够参与情境表演。

（三）设计思路

本节课为本单元的第三课时，通过之前的学习，学生已经掌握了有关食物、饮料等词汇，能初步就话题 The favourite food 进行表达。因为有了这些语言内容的支撑，本节课的设计如下：

通过教具、实物的使用、媒体的配合，对教室环境进行布置，让学生可以有置身于饭店的真实感受，目的是使教学展开、交际操练更为真实、有效。

在文本内容上，主要使用教材中提供的语言内容，并整合了四年级的句型 Can I help you？使点餐话题下的语言表达更丰富，更符合英语国家人们的表达习惯。

在教学推进的过程中，从了解饭店餐单上的食物开始入手，营造真实的氛围并对已学过的知识进行复习，如：Let's have a look at the menu. What food can you see on that menu？Which one do you like？Why？What's your favourite food？等，为接下来的情境对话提供铺垫。

接着在真实的情境下，教师和学生互相扮演不同的角色，同时根据文本内容，进行主要句型的学习和操练。在这一过程中，教师还有意识地将 Pre-task 中的话题合理融入，既为学生做最后的情境表演提供语言支撑，又给予学生一个如何做的框架。

最后，学生在对文本进一步熟悉之后，以小组合作的形式讨论、编排，表演餐厅点餐的情境对话，使学生学得的语言知识得到有效的练习，同时帮助其感知英语国家人们在日常生活中在餐厅对话时的真实语言习惯，学会初步使用该情境中的表达语句。

（四）教学流程

本节课教学流程如图 23-2 所示。

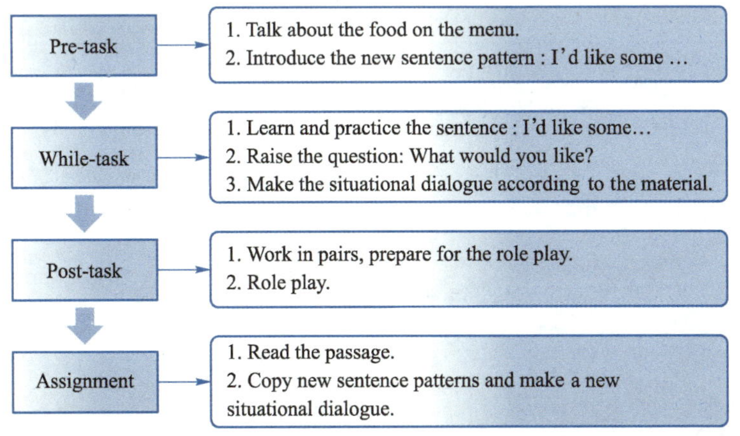

图 23-2

【教学评析】

《课程标准（2011年版）》在第三部分“分级标准”的“文化意识”中指出：“语言有丰富的文化内涵。在外语教学中，文化是指所学语言国家的历史地理、风土人情、传统习俗、生活方式、行为规范、文学艺术、价值观念等。在学习英语的过程中，接触和了解外国文化有益于对英语的理解和使用，有益于加深对中华民族优秀传统文化的认识与热爱，有益于接受属于全人类先进文化的熏陶，有益于培养国际意识。在教学中，教师应根据学生的年龄特点和认知能力，逐步扩展文化知识的内容和范围。在起始阶段应使学生对中外文化的异同有粗略的了解，教学中涉及的外国文化知识应与学生的学习和生活密切相关，并能激发学生学习英语的兴趣。在英语学习的较高阶段，要通过扩大学生接触外国文化的范围，帮助学生拓展视野，使他们提高对中外文化异同的敏感性和鉴别能力，进而提高跨文化交际能力”。这些表述明确地告诉了广大英语教师在日常的教学中应充分认识到“语言学习与文化学习互动”的重要性，同时在学习语言的起始年段，创造贴近学生生活的学习经历同样非常重要。

本节课上教师创设的完整的教学情境，让学生可以全身心地投入“接受输入—积极学得—理解差异—习得输出”的各个环节中，这是本节课的特点之一。各个环节之间的衔接、递进自然，设计的学习内容和学习难度在情境中逐步提升，让学生可以一步一步习得语言。相信在这样真实的情境中学习，学生即使在离开课堂以后也能够自如地使用语言。

但略显不足的是，在整个过程中，教师的角色在客人和服务员之间切换，稍显凌乱，对学生的学习理解稍有负面影响。建议可以借助媒体设置一个服务员的角色，让内容推动得更流畅。

（点评人：邢洁，上海市外国语大学附属外国语小学）

微课程23-1　What would you like（1）

微课程23-2　What would you like（2）

教学关键问题24　如何通过帮助学生关注英语日常用语，逐步培养其跨文化交际的能力？

教学关键问题提出

小学英语教材中的英语日常用语有着极强的交际性和实用性。作为交际工具，语言表达反映人们的价值观、礼貌修养，也体现所属国家或地区的文化习俗等。在日常生活中使用频率高、交际性强、简短的几句话，就能开启与他人的一段对话。然而，目前小学英语课堂教学中还存在着以下一些现象：部分教师较为关注学生对词汇的学习、句型的操练，在教学中往往忽视语言表达所涵盖的文化功能和中西方语言表达的文化差异。

例如，在教学 Would you like to join the basketball club? 这一日常交际语时，部分教师较为关注语法知识教学：Would you like to do ...? 而忽视语言背后的语义功能和交际功能。在教学过程中应该要让学生关注语言的交际功能：西方人一般不直接拒绝别人提出的请求，而是很婉转地说："Yes，I'd love to，but not now."

因此，课堂教学设计的出发点和落脚点将直接影响着中国学生在与他人交流时对说话方式、内容、读音、语法结构和词语的选择，同时也影响着中国学生对对方话语的解释，课堂内外的教学在很大程度上影响着他们跨文化交际能力的发展。

教学关键问题分析

英语教学最主要的目的是帮助学习者正确并恰当地使用英语。但是在现实的课堂教学中，许多时间被用来教授词汇和语法规则，要求学生机械地记忆词汇，机械地操练语法结构。教师向学生传授语言知识是必要的，但是更重要的是要鼓励学生在实践中运用所学的语言知识。学生的语言学习是一个持续性的过程，为了提升学生的跨文化交际能力，最有效的方法是要鼓励学生在有意义的情境中进行运用。

《课程标准（2011年版）》在总目标中指出：通过英语学习使学生形成初步的综合语言运用能力，促进心智发展，提高综合人文素养。综合语言运用能力的形成建立在语言技能、语言知识、情感态度、学习策略和文化意识等方面的整体发展上。为了解决这一问题，就需要教师在英语课堂教学中，鼓励学生对所学目标语多观察，并在具体情境中进行交流。关注日常用语在课堂内外的学得与习得，对培养学生的跨文化交流的能力有积极的作用。因此，小学英语教学不仅要在课堂上讲解语言知识、培养学生的语言技能，更要根据低龄学生注意的特征，通过各种有效的教学方法尝试让学生关注日常用语；通过教学环境的布置，创设氛围，鼓励学生在各种课内外活动中对日常用语进行运用，“双管齐下”引导学生主动地把新知识内化为自己的知识结构，在实际情境中运用日常用语进行简单交流，逐步培养他们的跨文化交际能力。

教学关键问题解决

小学英语课程不仅是一门语言基础知识课程，也是拓宽知识、了解世界文化的素质教育课程，在课堂教学和课外活动中应充分考虑语言和语用的文化知识，关注学生的文化素质的培养和文化知识的传授，关注对学生跨文化交际能力的培养。为了在教学中更好地把握好这一点，解决“如何通过帮助学生关注日常用语，逐步培养其跨文化交际的能力”这一教学关键问题，在平时的教学中教师可以从课堂教学、课外活动和氛围创设这三个方面入手，进行实践和探索：

（一）从课堂教学出发，创设语用情境，关注形式与功能的统一

课堂是教学的主阵地，是学生获取英语信息的主要途径之一。由于英语学科的特点，课堂教学活动要让学生尽可能多地接触目标语言素材，观察与参与目标语交际活动，学习有关目标语及其文化知识。因此，课堂教学活动的设计应该把语言材料和跨文化体验、文化知识汲取有机地结合起来，应该充分考虑到语言形式与意义的统一以及日常用语所包含的文化背景知识。尽可能为学生创设交际性场景，目的是培养学生良好的语言意识。语言意识强调使用过程对语言形式及功能的感悟和觉察，关注外显知识的传授和学习，从而提高跨文化交际能力。

1. 创设生活化的教学活动

英语日常用语较为生活化，教师可以根据语言特点和教材特点，整合文本，为学生创设生活化的教学活动。生活化的教学活动一方面能激发学生的学习兴趣，另一方面也能培养学生对目标语的准确运用。

以《牛津英语（上海版）》四年级下册（上海教育出版社）Module 2 Unit 1 Sports 为例，通过课堂教学让学生了解各种体育运动项目，接着向学生介绍我校快乐活动日的体育运动项目，鼓励学生运用所学日常用语邀请好友一起参加，在具体的生活化活动中会碰到现实问题，有些好友会同意，有些好友也许不会同意。同时，西方人并不是在任何事上都表现婉转的，如在学习 Here's your present. Open it and see. 这些句子时，教师让学生收到礼物后立即打开，体验收到礼物时的惊喜，并表达谢意，尽管中国人不习惯当着送礼人的面打开礼物。

生活化的活动缩短了课堂与生活的距离，学生在学习语言的同时感受与人交往的真实性。学生在生活化的语言活动中提高了学习积极性，增强了语言运用能力，也感

受了英美文化的气息，在具体的环境中考虑自己语用的适切性。

2. 创设交互式的活动方式

学生学习了语言知识后就要加以运用，教师要告诉他们运用语言要尊重一些文化习俗，否则会产生一些误会和不愉快。交互式的活动方式就有利于学生对所学语言的运用。《课程标准（2011 年版）》提出“采用活动途径，倡导体验参与”的理念，要求学生在课堂内进行大量的目的明确、操作性强的活动。学生通过思考、调查、讨论、交流和合作等操练方式学习和使用英语，完成学习任务，以保证最优化的课堂教学效果。交互式的教学活动有利于学生在语言形式与功能、形式与意义、语言的准确性和流利性之间达成一致。学生在交互式活动中关注文化习俗，培养跨文化交际能力。

Thank you！作为最常用的英语交际语，在家庭成员之间也经常使用，而在中国家庭成员之间一般很少用“谢谢”，如果用了，听起来会有些距离感。在英语国家 Thank you 几乎用于一切场合，所有人之间，即使父母与子女，兄弟姐妹之间也不例外。送上一瓶饮料，递上一把叉子，对方都会说一声 Thank you，这是最起码的礼节。又如，在应答“You speak English well”时，中国人往往表现为含蓄内敛，面对赞美会说：“No, my English is very poor.”但西方人则勇于表现自我，面对赞美会说：“Thank you！I'm very glad to hear that.”

由于中西方日常交际语中语用差异较大，如果多了解对方文化习语的用法，多为学生创设交互式的活动，相信在交往中会少一些误会，多一些理解。也只有不断丰富和积累这方面的学习经历体验，才可能提高自身的跨文化交际能力。

3. 创设主题式的活动方式

只有文化意识与语言运用有机统一，学生的跨文化交际能力才会有所提高。作为教师要善于挖掘教材，使教学内容和学生活动具有文化性，教师也可以通过具有文化性的活动来训练和文化没有关系的语言知识，使文化教学和语言训练有机统一。

以《牛津英语（上海版）》三年级上册（上海教育出版社）Module 3 Unit 2 Shopping 为例，在中国购物商场，营业员一般用：What do you want to buy? A pair of shoes. 进行交际，但是英国和美国的营业员主动问顾客要买什么东西时则用：“What can I do for you? /Can I help you? /Is there anything I can do for you?”针对此类中西方文化差异的交际用语教学时，教师可根据教材内容，创设主题式活动，如“小鬼当家”的任务型活动。通过小组竞争的方式，完成规定金额内的采购活动。在采购活动中，积极鼓励营业员扮演者运用 Can I help you? What can I do for you? 为他人提供帮助。也鼓励购买者利用交际语 May I have some..., please? 进行物品的购买。

在平时的课堂教学中，教师要善于挖掘教材内容，基于课本内容开展主题式活动，让学生在学习语言的同时感受西方文化，例如：开展生日晚会、庆祝母亲节和儿童节等活动，让学生在真实的主题活动中感受节日文化，并运用节日中人们经常用的日常用语进行交流。

（二）从氛围创设出发，加深感受，强化语用体验

《课程标准（2011年版）》明确指出："英语教学的特点之一是使学生尽可能多地从不同的渠道、以不同的形式接触和学习英语。亲身感受和直接体验语言及语言运用。"有研究发现，如果创造一个良好的语言环境，人类对语言的感知能力就会变强。可见，学习语言的氛围很重要。良好的班级、校园英语文化氛围，在培养学生的英语学习兴趣和英语能力等方面发挥着巨大的作用。

1. 班级文化角

语言和环境氛围是紧密联系、不可分割的，因为人们的交际活动只是在一定的环境氛围中进行的。要让学生处于英语语言学习的气氛之中，就必须给学生创造更多的语境，增加他们的外语输入输出量，进行"每周一个主题"的氛围创设就是一个很好的方法。各班可根据实际情况在班级的任何一角，建立并及时张贴围绕每周教材主题的教学内容与文化知识的图片，在介绍相关文化背景知识的同时，搭配相应的英语日常交际用语，使学生在学习文本知识之余，通过阅读拓展文本知识与文化。

以《英语（三年级起点）》（人民教育出版社）为例，该教材三年级上册 Unit One Hello！介绍了运用 I'm … 向别人简单介绍自己的交际用语，其中涉及对老师的称呼。学生知道 teacher 的意思是"教师"，因此就认为"李老师"就是"Teacher Li"。但是，英语中 teacher 只是一种职业；而汉语有尊师的传统，"教师"已不仅仅是一种职业，而成为一种对人的尊称。在英语中一般用 Mr. ，Miss，Mrs. 等来对教师进行尊称。各班可以以此为例，创设每周英语班级文化角，在这里展示的可以是教师、医生、护士等各种职业，运用的交际语都是：I'm Miss/Mr. /Mrs … 学生们可以在课余时间进行角色扮演，相互介绍问候。

根据克拉申的外语学习理论，学会外语主要靠自然习得，其途径是在最小或没有心理障碍的情况下，给学生提供充足的语言输入量。只要输入量大于学生的语言能力，情感过滤低，学生自然会习得语言。相信班级文化角的设立能促进学生对语言的体验和运用。

2. 英语文化小板报

这是个在黑板的某个角落形成的"角落文化"。尽管它是个小小的角落，却是输入文化的有效途径。它因"及时、直面、有趣"而受学生喜欢。"及时"是指教师和学生能根据需要随时更新内容，学生面对的文化知识可以做到每天更新。"直面"指的是它能时刻面向学生，随时都能引起学生的关注。每天一句英语谚语、励志语言、英语绕口令或是中英文语言中的文化差异等。这些迎面而来的文化气息，自然而然就被学生感受到，一种文化的氛围也就在课堂中渐渐营造出来。

以《英语（三年级起点）》（人民教育出版社）为例，该教材四年级上册 Unit Five Dinner's ready！介绍了当别人问是否想要吃或喝点什么时，（Would you like some bread/milk to eat/drink?）我们中国人通常习惯于客气一番，回答"不用了""别麻烦了"等，

但按照英美国家人的习惯，更倾向于直接表达内心的真实想法，你若想要，就不必推辞，说声 Yes，please. /Thank you. 若不想要，只要说 No，thanks. 这充分体现了中国人含蓄和英美国家人们直率的不同文化（如表 24-1 所示）。若要让学生进一步巩固他们所学的日常用语，并了解中西方文化的差异，班级板报的创设同样有利于学生对语言的掌握。

表 24-1　中西方人们对他人问题的不同回答举例

	中　国　人	西　方　人
情景 1	来客人，主人直接送上茶对客人说“请喝茶”。	主人先问：Would you like tea or coffee?
情景 2	主人问：“喝点儿什么？” 客人答：“随便。”	主人问：Would you like a cup of coffee? 客人：Yes，please. /No，thank you.

3. 校园英语氛围

《课程标准（2011 年版）》在课程资源的开发与利用中明确指出：积极开发和合理利用课程资源是英语课程实施的重要组成部分。英语课程资源包括英语教材以及有利于发展学生综合语言运用能力的其他所有学习材料和辅助设施，使学生亲身感受和直接体验语言与语言运用。这既符合语言学习的规律，又体现素质教育的理念。校园文化氛围的创设，无疑可以增添浓浓的英语学习氛围。进入一所英语文化氛围浓郁的学校，随处见到鲜明的中、英双语标语；走廊里一块块异域文化展板，呈现异国风土人情及名人名家的英文介绍；随处可见文化小知识介绍及英语警示语言等。

（1）英语彩虹视屏

彩虹视屏是一种方便又非常实用的媒体中介，学校可以利用这一媒介设计每周的英语文化宣传栏目，根据不同年级滚动播出相关内容，丰富学生的知识，拓宽学生的眼界，努力培养学生每日听英语、每日说英语的好习惯。

（2）英语文化窗口

学校设立英语文化窗，让每个年级每个班级轮流负责英语文化窗的布置。各班可以根据每周的教学主题，设立自己班级的文化窗主题，分栏目进行版面布置。文化窗口的布置，一方面为学生创设更多接触英语的机会，另一方面加强了学生对日常用语的输出，其中包括口语能力和书面表达能力。各班级负责的文化窗栏目、内容和形式可自由选取。

Good wishes and responses

Good wishes（祝愿）

1. I wish you good luck!　　祝你好运！
2. Good journey!　　旅途愉快！
3. Have a good trip.　　旅途愉快！
4. Have a nice time.　　祝你玩得高兴！

5. I'd like to congratulate you on your success.	祝贺你的成功!
Responses（应答）	
1. Thank you.	谢谢!
The same to you.	也祝贺你!
2. Happy New Year!	新年快乐!
Merry Christmas!	圣诞快乐!
Happy birthday to you.	祝你生日快乐!
Congratulations!	祝贺你!

English expression

★ I give Mum a gift on her birthday, and she says, "You are so sweet."

★ I win the race, and my PE teacher says, "Well done!"

★ My friend tells me a joke, I say, "You are so much fun!"

★ I tell Mum that I want to be a doctor, she says, "You can do it!"

★ My sister wants to learn swimming, I say, "You'll make it!"

★ My sister finds it hard to swim, I say, "You're getting better!"

★ My sister can swim now, I say, "You have got it!"

（三）从课外活动出发，丰富真实体验，培养交际能力

语言教学是一个解决问题的过程。在真实的交流语境中，语用失误经常发生。例如，外教说："Can you open the window?"中国学生都能听懂，却不一定能理解外教的意思。Scollon将其归为说话者意图（speaker's meaning），对它的理解正确与否取决于语境。此处的语境知识广义地包括了外语文化用语。Thomas指出这一现象属于语用语言失误。外教说的看似一般疑问句，实则是发出委婉的命令，这句话相当于"Please open the window"。学生如不考虑语境，单纯从字面理解，很可能回答："Yes, I can."中国学生发生这样的语用失误，一方面源于母语汉语的影响，另一方面是由于缺乏外语语用的表达习惯和文化知识。

语言学习要积极地参与语言实践活动，在用中学，在学中用。为了培养学生跨文化交际能力，课外活动作为课堂教学的延伸，是重要的教学辅助手段。作为教师应尽可能多地为学生创造更多了解英语文化、培养交际能力的机会。教师可以引导学生开展丰富多彩的课外活动，帮助学生更好地了解文化，培养文化意识，提高跨文化交际能力。

1. 小小英语广播台

学校可根据实际情况，安排每周一次时长约为15分钟的小小英语广播台，由学生自己选择内容、主持节目，内容可以选自日常生活中，中英文化差异的交际性口语。

以《英语（三年级起点）》（人民教育出版社）为例，该教材四年级上册 Unit Six Happy birthday！学习的主要日常用语是“How old are you?”。小小英语广播台可以利用这个话题，谈谈中西方人们在日常交际中的差异。中国人初次见面问及年龄、婚姻、收入表示关心，而英语国家人却对此比较反感，认为这些都涉及个人隐私，他们常常会婉转地回答：“Sorry，it's a secret.”

了解差异，为的是能在具体的情境中更有效地进行交际，尽可能减少语用失误。

2. 小小英语交流角

英语角作为课堂学习的延伸，可以围绕每周的不同话题开展。主题活动可以定时、定点在学校进行，英语爱好者都可以参加，学生在教师的指导下随意交谈。教师要鼓励学生大胆地用英语交谈，尽量创造比较自然的语言环境。例如，针对课堂上学生语言交际的失误，开展中西方对问题的反应差异的话题交流，并适时开展各种富有趣味性的活动。

（1）情景表演：情景表演是指将学生融入一定的情境中，赋予他们一定的角色，它集创新思维与口语表达为一体，让他们在角色的扮演和体验中，学会运用所学的语言。学生在角色表演中，能够更好更充分地表现自我，从而提高他们学习英语的积极性。

例如，问路中对 Excuse me，can you tell me the way to the …？的运用，在小小英语交流角中，让学生自行编排一个问路场景，让学生们在体验中感知，在感知中掌握，在掌握中运用，在实际的运用中提升交际能力。

（2）主题演讲：主题演讲是一种有准备的自我表达思想的形式。学生只有对所学语言的文化背景、对英语学习有积极的情感，才能保持英语学习的动力。

例如，《牛津英语（上海版）》五年级下册（上海教育出版社）Module 4 Unit 2 Western Festivals，教师可以结合教材内容，鼓励学生对中国新年和西方圣诞节做一个中西文化差异的主题演讲，鼓励学生运用所学内容进行表述，形式多样化，目的是培养学生的语用能力。

要培养学生的跨文化交际能力，教师就要充分利用一切可用的教学手段，从课内到课外为学生创造一个文化语言环境，使学生自觉或不自觉地体验异国的文化氛围，在从一个侧面激发他们英语学习的动机的同时，提高学生语言运用的准确性和有效性。

3. 小小英语表演社

课外活动的开展，目的是为学生创造一种用英语进行交流的真实环境。通过开设英语社团，例如：歌曲演唱社团、话剧社团、小品表演社团、儿歌朗诵社团、探究社团等，让学生在课内、外尽可能多地接触英语，参加各种主题活动和娱乐休闲活动。在这些活动中，学生学习和运用文化知识，提高跨文化交际能力。

以《英语（三年级起点）》（人民教育出版社）为例，该教材三年级上册 Unit Five Let's eat！学习主要日常用语：Can I have some …？/I'd like some … . Here you are. Thank you. You're welcome. 小小表演社团，可以选取教材中的这个内容，编写小故事《贪吃的小蜜蜂》。请几位学生表演，也可以为故事续写情节。每位学生可以充分发挥自己的想象并依据自己的生活经验，用所学的日常用语来续写。学生一般需要根据上一位学生写的情节往下发展，这对学生的逻辑思维是很好的锻炼。同时还可以对所学语言进行运用交流。在欣赏完学生们编的故事之后，再向学生展示这篇小故事的原文，引导学生观察西方的小学生是怎样看待问题的，分析他们的生活和我们有什么不同。

教师应在课外活动中有意识地把语言知识与文化意识的培养结合起来，选择学生感兴趣的英美传统、文化习俗作为社团活动内容。课外活动是整个英语教学过程的一个有机组成部分，与英语课堂教学密切相关，是实现英语教学目的的重要途径之一，也是教师改进教学方法、增加课堂外语言实践的广度与密度的有效途径。课外活动能提高学生的学习兴趣，培养学生多方面的能力，是培养学生跨文化交际能力重要途径之一。

范例导读

案例

Troubles around us

教　材：《英语 PEP（三年级起点）》五年级上册（人民教育出版社）

Module 4 Unit 2 What's the matter with Daming? Period 1

设计者：汤慧之，上海市虹口区第三中心小学

（一）案例说明

《课程标准（2011 年版）》的分级目标中对二级指标有以下描述：能用简单的英语互致问候，交换有关个人、家庭和朋友的简单信息，并能根据日常生活话题做简短描述。在语言技能的目标中也明确指出：能根据表演猜测意思，说出问句。教师在课堂教学的设计中应当关注学生对目标语：What's the matter with ...? 语句意义的理解和恰当情景的使用，关注课堂内外活动对学生语用能力的培养。通过场景的复现、语句的操练，让学生关注目标语，习得目标语的表述形式和语意功能，最终提升学生跨文化交际能力。

本单元的核心句型为 What's the matter with ...? He/She lost ...基于教材特点、单元主题、语言材料和图片情境，设计了以下三个话题：

（1） Troubles around us

（2） Daming's troubles in school

(3) Solutions to troubles

本单元由 Look，listen and say，Listen and read，Ask and answer，Listen and repeat，Listen and say，Make funny sentences，Act it out 七个板块组成。本课时聚焦核心板块 Look，listen and say；Listen and say；Ask and answer 的内容，并结合 Listen and read，Make funny sentences，Act it out，Listen and repeat 四个板块的内容，再构了单课文本，以本年度热门影片 Big Hero Six 为本节课的故事主线，引出日常用语 What's the matter with ...? 的教学。旨在使学生能运用目标语向对方表达关心，并能根据对方的反应进一步交流。通过此篇对话的学习，渗透情感教育：在自己或别人遇到困难或麻烦时，要坚强，要有克服苦难的信心，同时也要给予他人关心和帮助。

日常交际用语 What's the matter with ...? 是交际性功能非常强的语句，然而中国学生学习英语存在着在真实语境下操练不足的现实情况。针对这个问题，需要教师在课堂教学中为学生创设生活化的语境，同时在语言的运用中让学生体会感悟，尊重文化习俗，避免产生一些误会和不愉快。交互式的活动方式有利于学生对所学语言的运用。本节课中，教师通过 Hero 所遇到的困难创编多样化的任务型活动，让学生通过 Listen comprehension，Read comprehension 等形式关注目标语在情境中的运用，形成对目标语语言形式与语言意义的统一，了解日常用语所包含的文化背景知识。通过交互式的活动，掌握对日常用语的理解和使用，同时关注课堂内的教学和课外活动的布置，"双管齐下"达到培养学生跨文化交际能力的目的。

(二) 教学目标

(1) 能运用 What's the matter with ...? 日常用语向对方或第三方发问，表示关心和问候。

(2) 能对日常用语问句进行简单应答，描述状况，如：He lost his ....

(3) 能根据别人所遇困难和窘境表达自己的感受：I'm sorry to hear that.

(4) 能根据提供的场景进行简单对话交流。

(三) 设计思路

结合以上对背景和概念的分析，本课时设计了如下的教学思路：首先，一首儿歌 *What's the matter with Hero* 为教学埋下伏笔，并通过每日英语角 Little Teacher 的活动，引入主题。在教学过程中贯穿趣味儿歌的朗读，帮助学生关注目标语的形式及功能。其次，在教学过程中以主人公 Hero 心情的变化为主线，创设一个个场景，层层深入，通过活动体验，巩固对目标语的理解和运用。最后，根据英语日常用语的表达习惯，创设语用场景，丰富学生的体验，提升他们的跨文化交际能力。通过以上环节，切实落实和解决教学重点和难点，实现预定的教学目标，即在相应的情景下运用 What's the matter with ...? 表达对别人的关心，开启和他人的简单交流，语用得体，提升日常交际能力。

（四）教学流程

本节课教学流程如图 24-1 所示。

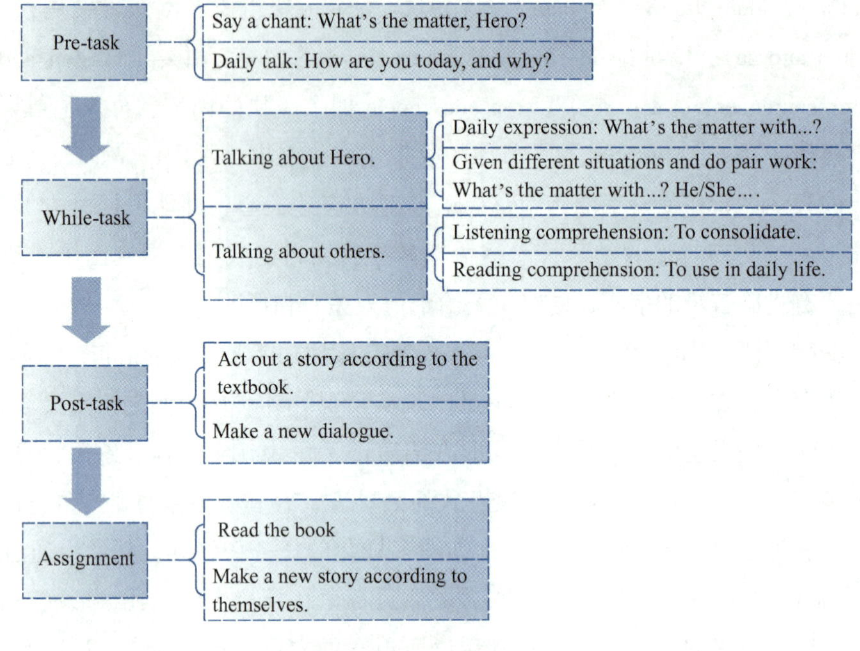

图 24-1

【教学评析】

本节课的设计依据《课程标准（2011 年版）》所强调的教学应遵循学生的年龄特点和认知能力。基于五年级学生的文化知识和学习水平，以问题"如何通过帮助学生关注英语日常用语，逐步培养其跨文化交际的能力"为导向，以多样化的情境为依托，通过生活化的故事场景的再现，让学生关注和运用目标语：What's the matter with ...?。同时，以多样化的操练方式为途径巩固和反馈目标用语，在操练中让学生进一步巩固对目标语的理解和运用。通过教师作业的布置，把课堂教学延伸到课外，通过主题式活动鼓励学生对目标语在生活化情景下进行运用，提升学生交际能力。

本节课的教学特色在于目标语的运用都有情境的支撑，语言的运用都有交互式的操练，使语言的使用实现真实的交际功能。通过本堂课的学习，学生会运用目标语表达对别人的关心，同时能简单提取所学信息对一些具体情况进行简单描述，能使真实交流成为可能，教学达到预期的效果。

（点评人：董海运，上海市虹口区第三中心小学）

微课程 24-1　Troubles around us（1）

微课程 24-2　Troubles around us（2）

后　记

“小学英语教学关键问题实践研究”承载着项目组全体成员和诸多一线小学英语教师的努力。书稿即将付梓之际，我们著作团队倍感慰藉。

本书的撰写思路，我们定位于从小学英语学科教学关键问题的内涵入手，提炼小学英语学科教学的关键问题，通过组建专业团队、建立工作机制、开展项目研究，最终形成解决小学英语学科教学关键问题的对策与案例，完成教师培训的微课程视频制作。

在项目实施与书稿撰写中，北京师范大学王蔷教授对项目实施提出了专业的建议与指导，让我们更加清晰了研究的路径；项目研究与书稿撰写也得到了上海市教委教学研究室徐淀芳主任的关心与支持，特此向以上领导及专家表示感谢。

本书的撰写过程中，作为学术指导，上海市特级教师施嘉平老师对全书的架构、体例等提出了许多建设性的意见与建议，使书稿撰写任务得以系统、整体的实施；来自上海师资培训中心资深培训师、部分区县的教研员和一线的优秀骨干教师们深入解读课标、悉心梳理问题、认真总结策略，多次集中研讨，对每一个关键问题作了深入解析，并提出了可实施的解决要点和策略；在48个课例视频的制作中，上海各区教育学院、教师进修学院和学校给予了最大力度的技术保障，确保了视频培训资料的质量。感谢工作在一线的教师们奉献了经验和智慧。编写团队中，各执笔人承担的具体章节任务见下表：

教学关键问题	执　笔
1. 如何通过多途径的听说活动，帮助学生理解语言内容并进行有效的口头反馈？	瞿莉蓉
2. 如何在语境中帮助学生正确使用核心语言开展有意义的语言交流？	沈雯晴
3. 如何运用有效策略帮助学生了解句子意思，知晓故事或短文大意？	赵静华
4. 如何帮助学生在语篇阅读中提取和整理关键信息，正确表达文本的内容？	陈勤凤
5. 如何根据图、文语境，通过写的活动，培养学生规范写句的能力？	陈　鹰
6. 如何根据话题，借助图、文提示，培养学生写话的能力？	陈一明
7. 如何引导学生了解基本读音规则，并借助规则认读、拼写单词？	叶建军
8. 如何利用直观情境帮助学生理解词义并巩固词汇？	施洪青
9. 如何帮助学生在语境中运用所学词汇？	赵爱民

续表

教学关键问题	执　笔
10. 如何帮助学生知道语法规则？	施玮菁
11. 如何帮助学生理解常用的语法规则，并做出正确的表达？	徐　运
12. 如何在语境中，借助思维工具，帮助学生体验语言表达形式所具有的功能？	孔　琦
13. 如何通过有效听读活动，帮助学生理解话题和文本所表达的内容？	杨建中
14. 如何帮助学生围绕话题进行表达？	朱　虹
15. 如何在学习活动中，激发学生主动参与课堂学习活动的热情，提高课堂效益？	侯明翠
16. 如何通过合适的教学活动方式，促进生生之间、师生之间的合作？	吴昱烨
17. 如何在教与学的过程中给学生提供体验中外语言文化的机会，感受差异？	祁承辉
18. 如何抓住核心知识，帮助学生积累语言？	鲁　勤
19. 如何引导学生对重要知识点进行梳理、提炼和归纳，促进记忆和理解？	王　慧
20. 如何通过学习活动引导学生注意倾听，提高获取信息和表达信息的能力？	王梅宝
21. 如何引导学生主动体验，互动交流，提升表达能力？	黄春霞
22. 如何通过听、说、读、写活动方式，引导学生在语言交流活动中，积累必要的学习经历？	王　珏
23. 如何通过适切的学习活动，帮助学生了解在日常生活中，文化差异引起的表达习惯的差异？	奚　敏
24. 如何通过帮助学生关注英语日常用语，逐步培养其跨文化交际的能力？	董海运

最后，感谢高等教育出版社王文颖编辑的辛苦付出，王编辑对书稿体例提出了具体且可操作的修改建议，并对文本进行了大量细致、完善的统稿工作，使得本书的文本呈现自洽、流畅。

希望本书能为小学英语教师的课堂教学提供借鉴，也希望得到同仁的宝贵意见。谢谢！

2015 年 9 月